高职高专旅游与酒店管理专业"十三五"规划教材

前厅服务与管理

高职高专旅游与酒店管理专业教材编写组　编

主　编　张永华　张秋生
副主编　吴　丽

河南大学出版社
HENAN UNIVERSITY PRESS

·郑州·

图书在版编目（CIP）数据

前厅服务与管理／高职高专旅游与酒店管理专业教材编写组编．—郑州：河南大学出版社，2017.5

ISBN 978-7-5649-2850-6

Ⅰ．①前… Ⅱ．①高… Ⅲ．①饭店-商业服务-高等职业教育-教材 ②饭店-商业管理-高等职业教育-教材 Ⅳ．①F719.2

中国版本图书馆 CIP 数据核字（2017）第 113392 号

责任编辑　林方丽
责任校对　陈　冲
封面设计　郭　灿

出版发行	河南大学出版社
	地址：郑州市郑东新区商务外环中华大厦2401号　邮编：450046
	电话：0371-86059712（高等教育与职业教育出版分社）
	0371-86059701（营销部）
	网址：www.hupress.com
排　版	郑州金点图文设计有限公司
印　刷	许昌中信印务有限公司
版　次	2017年8月第1版　　印　次　2017年8月第1次印刷
开　本	787*1092　1/16　　　印　张　16.5
字　数	411千字　　　　　　　定　价　38.00元

（本书如有印装质量问题，请与河南大学出版社营销部联系调换）

前　言

饭店业是中国改革开放后与国际接轨最早、国际化程度最高的行业之一。作为旅游业三大支柱之首，中国现代饭店业三十多年来取得了跨越式发展。目前，我国的饭店业竞争激烈，而企业要在竞争中取胜，必须强化服务意识，提升管理水平，进一步完善各部门对客服务质量。

在这一理念下，前厅部门的职能要进一步深化、扩充。传统教材将前厅客房服务与管理合并编写的方式已不能充分体现前厅部门服务内容的广泛性、细致性与管理方式的精细化、人性化。由此，我们编写了《前厅服务与管理》教材。

《前厅服务与管理》是高等职业院校饭店管理专业的必修课程。我们根据职业教育课程改革精神，对高职饭店管理专业《前厅服务与管理》课程进行了改革创新，经过几年的探索与实践，取得了一系列创新性的教改成果，积累了较为丰富的教改经验，在此基础上编写了本教材。

本教材注重与饭店行业的紧密结合，把握国内外饭店业前厅部服务内容与管理流程的最新发展趋势，尽可能反映与本专业相关的新理念、新技术、新工艺和新方法。在教材编写过程中，考虑到高职学生的从业起点与职业前景，立足企业实境运营与人才对接需求，在强调课程教学的理论性与科学性的前提下，我们更为注重适用性与实践性。本教材充分体现出以下特色。

一是教材内容操作性强，重视实践能力的培养。教材以学生行业工作实际需求为核心，紧密结合饭店前厅部实际操作流程与管理程序，立足岗位的具体工作内容设计流程，着重操作规程的详尽表述，条理明晰，贯彻"管用、够用、实用"的原则，提升学生技能水平。

二是教材编写体例新颖独特，设计灵活。教材遵循项目教学法理念，通过案例导入、知识链接、实例分析等环节，强化学生的职业意识与职业素养。每一任务均根据所在项目的教学目标编写了"案例导入"，引导并启发学生思考；项目内贯穿"知识链接"或"阅读材料"，增进学生的行业认知度与职业敏感度；每一项目中，根据教学进度安排"技能训练"，力求为教师与学生营造一个更为清晰的模拟环境；项目小结则可以帮助学生掌握重点，融会贯通；各项目均编写了案例分析与实训题，帮助学生应用知识，学以致用。

三是教学过程设计合理，注重教材使用实效。教材实施理论学习、操作示范、情景模拟、教师指导与评价的一体式进程，实用性强，使学生边学边练，边总结边提升。对教学过程的把握既可帮助教师安排理论授课，推进实训项目，又能使学生对操作程序与评价标准有清晰的掌握，从而达到强化技能、规范操作的教学效果。

在教材编写过程中，许多行业专家为本书的编写提供了宝贵建议，我们在此表示衷心的感谢。编写这本教材时，我们还参考了许多前辈同行的文献著作，大部分在教材中以"阅读材料"或"知识链接"的形式列出，既是学生拓展阅读的资料，也是本书重要的参考文献，还有些文献受篇幅限制未能列出，特向相关作者致歉。

我们深知这本教材还很不成熟，现在能做的就是期待同行专家和广大读者的批评指教，以期在今后的教学实践中不断修改和完善。

编者
2017 年 5 月

目　录

模块一　导论 　1
项目一　认识前厅部 　2
　任务一　了解前厅部的地位与任务 　2
　任务二　明确前厅部的组织机构 　6
　任务三　掌握前厅部的环境设计 　16
　任务四　领会前厅部的员工素质要求 　20

模块二　前厅部系列服务 　29
项目二　客房预订服务 　30
　任务一　了解客房预订 　30
　任务二　认知客房预订程序 　37
　任务三　学习订房纠纷处理 　52

项目三　前厅礼宾服务 　60
　任务一　了解前厅礼宾服务 　60
　任务二　知晓迎送宾客服务流程 　65
　任务三　明确宾客行李服务流程 　71
　任务四　领会金钥匙服务 　80

项目四　总台服务 　90
　任务一　了解总台接待服务 　90
　任务二　掌握接待服务流程 　106
　任务三　了解行政楼层服务 　117
　任务四　掌握行政楼层服务内容 　122
　任务五　了解总台问讯服务 　132
　任务六　掌握问讯服务内容 　137
　任务七　了解总台收银服务 　148

| 任务八 | 掌握收银服务流程 | **151** |

项目五　电话总机与商务中心服务　　**163**
任务一　知晓电话总机服务　　163
任务二　掌握电话总机服务内容　　169
任务三　了解商务中心服务　　175
任务四　掌握商务中心服务内容　　179

模块三　前厅部综合管理　　189

项目六　前厅销售管理　　**190**
任务一　了解客房价格的制定　　190
任务二　分析前厅部的销售策略与技巧　　198
任务三　开展客房经营统计分析　　202

项目七　前厅部的信息沟通　　**208**
任务一　了解前厅部的信息传递　　208
任务二　前厅部与其他部门的沟通　　213
任务三　确立良好的宾客关系　　216
任务四　掌握宾客投诉处理技巧　　221

项目八　前厅部服务质量管理　　**228**
任务一　了解前厅部服务质量的内容　　228
任务二　做好前厅部的服务质量监控　　231

项目九　前厅部人力资源管理　　**238**
任务一　了解前厅部的人力资源管理　　238
任务二　开展前厅部员工的招聘与培训　　242
任务三　实施前厅部员工的评估与激励　　249

参考文献　　255

模块一 导论

项目一 认识前厅部

学习目标

知识目标：
1. 了解前厅部的含义、地位与作用。
2. 掌握前厅部的组织机构与管理岗位职责。
3. 熟悉大厅布局及环境美化的要求。
4. 掌握前厅部人员的素质要求。

能力目标：
1. 能运用前厅组织机构理论，分析当地不同星级饭店的机构设置情况。
2. 能用基本的前厅布局理论，分析比较当地不同星级饭店的环境、布局及总台特点。
3. 能根据前厅部人员的素质要求，观察并评价当地不同星级饭店前厅部员工的工作流程及工作表现。

实训目标：
1. 能考察当地一家三星级以上的饭店，了解该饭店前厅部机构设置情况，并画出组织机构图。
2. 能观察了解当地一家三星级以上饭店前厅部的布局与环境，撰写评估报告。
3. 能走访当地星级饭店的前厅部管理人员，设计访问问题，并根据访问实录总结个人对前厅部及饭店工作的认识。

任务一　了解前厅部的地位与任务

案例导入

三名消费者到某涉外饭店用完餐，准备离开饭店时，突然发现该饭店门前三根旗杆上悬挂的中国国旗、香港特别行政区区旗和该饭店的店旗处在同一水平线上。之后，他们发现另外两家涉外饭店也存在这样的问题。三名消费者认定这三家涉外星级饭店的做法严重违反了《中华人民共和国国旗法》，是一种侵权行为。于是他们根据《中华人民共和国国旗法》第十五条规定和《中华人民共和国消费者权益保护法》的有关条文，用一纸诉状将这三家涉外饭店告上了法庭。

原告认为，国旗作为中华人民共和国的象征理应受到尊重。被告的行为对原告构成了侮辱，使原告的感情受到莫大的伤害，损害了消费者的合法权益，被告应根据《中华人民共和国消费者权益保护法》第十四条规定"消费者在购买、使用商品和接受服务时，享有其人格尊严、民族习惯得到尊重的权利"自觉维护消费者的利益。他们请求：

1. 判令被告向三名原告及全体市民公开道歉，纠正其违法行为；

2. 赔偿三名原告精神损失费 1949.15 元；
3. 被告承担本案诉讼费用。
三家被告饭店的总经理在得知此事后，均表示会积极配合，做好整改工作。

 思 考　　1. 三位消费者为何如此较真饭店门前的国旗悬挂问题？
　　　　　　2. 饭店前厅部代表着何种社会形象？

前厅部（Front Office）又称前台部、大堂部，是饭店组织客源、销售饭店产品、沟通和协调各部门对客服务，并为宾客提供订房、登记、分房、行李、电话、留言、邮件、委托代办、商务、退房等各项前厅服务的综合性部门。前厅通常设置在饭店入口处较为显眼的位置，虽不是主要营业部门，却对饭店市场形象、服务质量、管理水平与经济效益等起着至关重要的作用。

一、前厅部的地位

（一）前厅部是饭店业务活动的中心

前厅部的服务内容丰富，服务时间完整。客人从预订到登记入住，直至结账离店，前厅部都为之提供系列服务，客人通过前厅部享受饭店服务，完成住店体验。通过客房销售，前厅部带动饭店相关部门的经营活动，并将各类客人信息传递到具体对客服务部门，在沟通与协调中提升饭店对客服务的整体水平。前厅部被视为饭店的"神经中枢"，发挥着承上启下、联系内外、沟通左右的关键作用，是饭店对客服务的中心。

（二）前厅部是饭店形象的代表

前厅部的主要服务机构都设在客人来往最为频繁的大堂，其环境设计、装饰布置、设施设备及前厅部员工的仪容仪表、服务质量、工作效率等都会给宾客留下深刻的"第一印象"，决定着社会公众对饭店的总体评价。人们通过"第一印象"的好坏判断饭店的优劣，做出选择。宾客对饭店的"第一印象"虽产生于瞬间，却可长时间保留在记忆中，影响住店期间的一系列服务评价。宾客离店时，前厅部员工为其办理退房结账手续，提供返程预订服务，热情相送，这些服务行为都决定着宾客对饭店的"最终印象"，决定着宾客的体验满意度。宾客住店期间，其部分服务要求也由前厅部完成。现代商务饭店的迅速发展，使越来越多的非住店客人在饭店开展商务活动。前来就餐、会晤、参观游览与检查指导的宾客都经过大堂，也通过前厅部产生对饭店的总体评价。因此，前厅部是饭店的"橱窗"和"名片"。

(三)前厅部是饭店创造经济收入的重要部门

客房是饭店出售的最大、最主要的商品,但客房部并不直接销售房间,客房销售工作主要由前厅部完成。目前,客房销售额仍是饭店最重要的营业收入。据统计,国际客房收入一般占饭店总营业收入的一半,而我国客房收入往往还高于这一比例。前厅部的有效运转成了提高客房出租率、增加客房销售收入、提高饭店经济效益的关键环节。

(四)前厅部是饭店的信息集散中心

前厅部是饭店中收集宾客信息最为丰富的部门,从客人的订房信息、入住登记资料、委托代办记录、访客登记资料至客史档案,内容最为全面。信息资料的完备性不仅为饭店各部门打下了提供优质服务的基础,各类数据报表与工作报告更为饭店管理层提供了决策依据。

二、前厅部的任务

前厅部是饭店的"神经中枢",在饭店运行中发挥着推销、沟通、协调等重要作用,可使饭店获得理想的经济收益与社会效益。

(一)销售客房商品

客房是饭店的主要产品,客房收入是饭店收入的主要来源。客房价值的不可储存性决定了前厅部销售客房的重要意义,不仅影响着客房收入,也间接影响着饭店餐饮、娱乐、酒吧、商场等部门的营业收入。

其具体表现为:
(1)参与饭店的市场调研、房价及促销策划的制定,配合营销部、公关部进行对外联系,开展促销活动;
(2)开展客房预订业务;
(3)接待有预订和未经预订直接抵店的客人;
(4)办理客人的登记入住手续,安排住房并确定房价;
(5)控制客房的使用状况。

(二)正确显示房间状态

前厅部需要随时正确显示每间房间的状态,包括住客房、走客房、空房等,为客房的销售与分配提供可靠依据,以提高客房的出租率与客房部的服务质量。

(三) 提供前厅系列服务

前厅部除销售客房外,还为宾客提供前厅系列服务,包括迎送服务、行李服务、问讯服务、邮件服务、电信服务、商务中心服务、贵重物品保管服务、委托代办服务等。其服务质量的好坏直接影响宾客对饭店总体印象的好坏。

(四) 协调各部门对客服务

现代饭店是一个有机整体,完整的服务内容需要饭店各部门的协调合作,任何一个部门或环节出现差错,都会影响服务的总体质量。前厅部作为业务活动的中心,承担着调度饭店业务与对客服务的协调工作。它将获得的客人需求与投诉信息传递到饭店相关部门,有效提升了宾客满意度。

其具体表现为:

(1) 将通过销售客房商品活动所掌握的客源市场、客房预订及到客情况及时通报其他有关部门,使各有关部门有计划地安排好各自的工作并互相配合;

(2) 将客人的需求及接待要求等信息传递给各有关部门,并检查、监督落实情况;

(3) 将客人的投诉意见及处理意见及时反馈给有关部门,以保证饭店的服务质量。

(五) 负责客账管理

为每一位在店消费客人建立客账,严格管理客账,提供结账服务,体现饭店的经营成果,是前厅部的重要工作任务之一。建立并管理客账,记录宾客与饭店之间的财务关系,是保持饭店良好声誉与保证经济收益的重要环节。同时,还要编制各种会计报表,以便及时反映饭店的营业活动状况。

(六) 建立客史档案

客史档案是饭店宾客的个人基本信息、爱好习惯、特殊要求、消费记录与投诉等方面的主要资料。这些资料是饭店向宾客提供周到、针对性服务的重要依据,也是饭店了解客源市场、获取经营与管理信息并依此做出决策的重要途径。

阅读材料

利用"晕轮效应"树立优质前台形象

由于存在心理上的"晕轮效应",因此,运用心理效应,打造优质的前台服务形象,将对整个饭店在宾客心目中树立良好形象起到极大的正面促进作用。因此,饭店应该从各个方面加强宾客对前台服务形象的心理感知度。

1. 饭店前台环境布局方面。前台是整个饭店对外展示的平台,是宾客进入饭店后最先看到的景象。虽然在时间上宾客在前台停留较为短暂,但形成的印象会在脑海中保留很长时间。因此,前台的环境和布局应注意合理、和谐,注重美学、美感,充分利用环境对人的心理作用,带给宾客美观舒适的感受。

2. 前台员工的仪容仪表方面。前台员工的仪容仪表是其精神面貌的外在体现,是给客人留下良好印象的重要条件。整齐美观的制服、精致素雅的妆容、自然礼貌的仪表都会使客人发自内心地产生信赖和亲近感,使宾客倍感"宾客至上""宾至如归"的温暖,给他们留下良好的第一印象。

3. 前台员工的言行态度方面。前台服务人员的语言和态度直接影响宾客的心理活动。有的服务语言可能彬彬有礼但欠缺诚恳热情,有的服务态度可能表面恭敬尊重但内心倨傲无礼,这些都是宾客可以感受到的。前台员工如果出现这样的言行态度,会使饭店整体服务质量大打折扣。因此,在服务过程中,前台员工要用热情友好的言语先声夺人,服务态度也应该尽真尽诚,给宾客留下亲切、愉快的感觉。

4. 前台员工的服务技能方面。前台的服务项目较多,服务人员必须有娴熟的服务技能才能给客人留下良好的初始印象。前台服务人员掌握专业化、系列化的本岗位服务技能,才能使宾客感到服务是真正方便周到和亲切舒适的。如前台员工在帮助客人办理入住手续时,需要具有熟练的查询技能、住房分配与登记技能等。流畅快捷的服务可以解除宾客心理上的焦虑感,使宾客对前台服务环节留下美好的印象。

事实上,"晕轮效应"的产生不仅仅在第一印象时,还包括了最后印象的共同作用。前台是在宾客抵达与离店时提供服务的,因此最后印象的形成也和前台的服务有密切关联。打造优质的前台服务,加强宾客对饭店正面积极的第一印象和最后印象,利用"晕轮效应",对树立饭店良好的整体形象意义重大。

任务二 明确前厅部的组织机构

案例导入

某日,8917 房的徐先生气冲冲地跑到总台,把房卡狠狠地往台面上一摔,说道:"你们是怎么搞的,我的房门又打不开!早上已经换了一张,现在又没用了,你们想气死我呀!"大堂副理到场处理,先是安慰客人，让他不要生气，后迅速把房卡读了一遍，的确是 8917 房，时间也对，应该是可以打开的。为确保无误，大堂副理又重新做了一张新卡，并陪同客人一起去房间。当时客人还很恼火，说："早上就打不开了，是服务员给我开的门，我到总台换了一张卡，没想到回来还是打不开。"到了房间，大堂副理却发现房卡没有问题，这种情况很可能是客人没有正确使用房卡，插反了方向。于是，大堂副理把门关上，用慢动作再一次把门打开。这一切客人看在眼里，他心里也明白了怎么回事。但大堂副理还是礼貌地对客人说："对不起，徐先生，可能是刚才门锁有点小问题。"这时客人表情变了，态度也变了，忙说："谢谢，谢谢，麻烦你了。"

思 考
1. 大堂副理的岗位职责是什么？
2. 这位大堂副理的表现说明前厅部管理者应具备什么素质？

科学合理地设置前厅部组织机构，是前厅部顺利开展各项工作、提高运行与管理效率的组织保障。前厅部的组织机构设置必须有利于提高工作效率，有利于对客服务，保证各项工作的相互协调与有序推进。

一、前厅部机构设置的原则

（一）设置合理

前厅部组织机构的设置、岗位职责的划分、人员的配备等应符合饭店自身特色，如饭店的性质、规模、等级、经营管理模式等。例如：规模小的饭店前台可并入客房部，不单独设置机构。

（二）精简高效

为防止机构臃肿、人浮于事的不良现象的出现，前厅部的组织机构设置要遵循"因事设职，因职用人"的原则，但精简并不意味着过于简单化，不宜出现岗位空缺的现象。

（三）便于协作

前厅部组织机构的设置不仅要便于前厅各岗位、各环节之间的沟通协调，同时还要有利于与其他部门的业务协调与合作，使之真正成为饭店的"神经中枢"。

（四）统一指挥

前厅部应建立明确的逐层指挥体系，使内部沟通渠道畅通，分层负责，既统一指挥、步伐一致，又充分发挥各级人员的积极性与聪明才智，从而提高工作效率。

二、前厅部的组织机构模式

饭店前厅部组织机构的具体设置不尽相同，目前，国内饭店因规模不同，前厅部的组织机构大致有以下几种模式。

（1）饭店设客房事务部，简称房务部，下设前厅、客房、洗衣、公共卫生四大部门，统一管理预订、接待、住店过程中的一切业务，并在各部门内设经理、主管、领班与服务员四个管理层次，一般为大型饭店所采用。

（2）前厅作为一个与客房部并列的独立部门，直接向饭店总经理负责，设经理、领班与服务员三个管理层次，一般为中、小型饭店所采用。

（3）前厅不单独设部门，其功能由总服务台承担。总服务台作为一个班组归属于客房部，设主管（领班）与总台服务员两个管理层次，一般为小型饭店所采用。

大、中、小型饭店的前厅部组织机构模式如图1-1到图1-3所示。

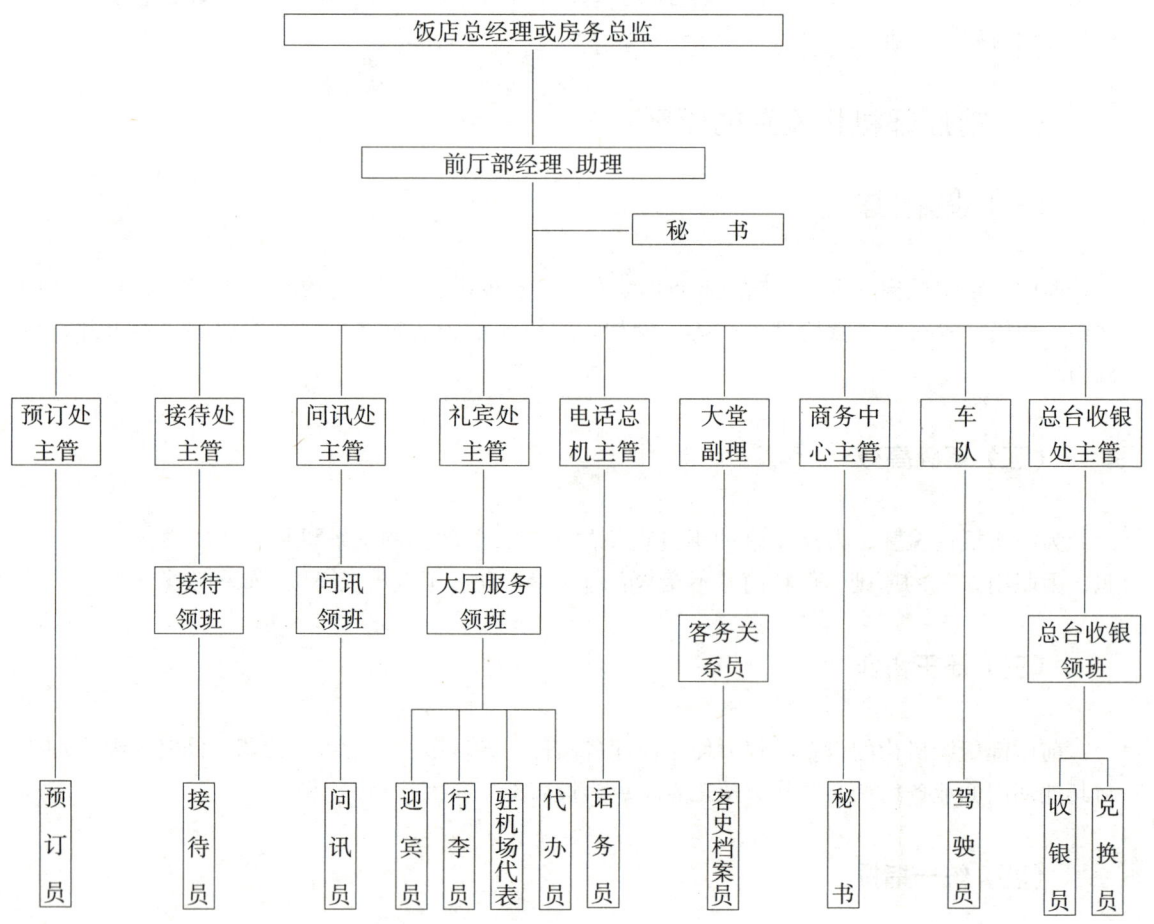

图1-1　大型饭店前厅部组织机构图

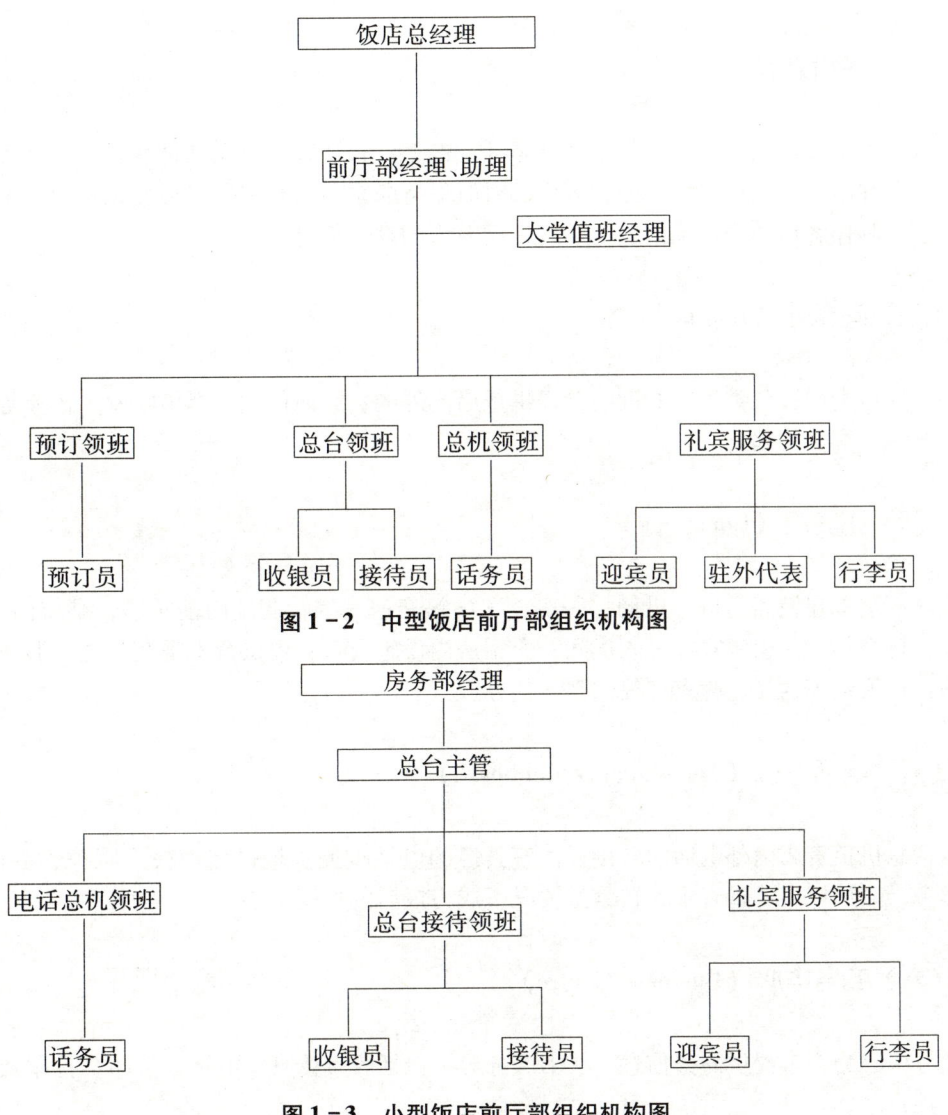

图1-2 中型饭店前厅部组织机构图

图1-3 小型饭店前厅部组织机构图

三、前厅部的主要机构职能

(一)预订处(Reservation)

预订处接受、确认和调整来自各渠道的房间预订,办理订房手续;制作预订报表,对预订开展计划、安排与管理;掌握并控制客房的出租情况;负责联系客源单位;定期进行客房销售预测并向饭店管理部门提供分析报告。

（二）接待处（Reception）

接待处负责接待抵店宾客，包括团队客人、散客、长住客人与无预订客人等；办理入店登记手续，做好房间分配；和预订处、客房部时时保持联系，及时掌握房态变化情况，准确显示房间状态；制作客房销售情况报表，掌握住店客人的动态信息。

（三）问讯处（Information）

问讯处负责回答各类宾客的询问，提供饭店内外的各方面信息；提供收发、传递等服务项目；保管所有客房钥匙。

（四）礼宾部（Concierge）

礼宾部负责在饭店门口、机场、码头、车站等迎送宾客；调度门前车辆，维持门口交通；代客装卸行李物品，引领宾客进入房间，介绍房内设施设备；提供行李寄存与托运服务；分送客人信件、报纸等物品；为宾客提供委托代办服务。

（五）电话总机（Telephone Switchboard）

电话总机负责店内外电话的转接，回答宾客的电话询问；提供店内找人服务、留言服务、叫醒服务；播放饭店背景音乐；在紧急情况下成为饭店的指挥中心。

（六）商务中心（Business Centre）

商务中心为宾客提供商务信息、秘书服务等，包括收发传真、电报，复印，打印及其他商务服务项目。

（七）收银处（Cashier）

收银处负责住店客人消费的所有收款业务；与饭店中所有对客营业部门的收银员及服务员保持联系，催收并核实账单；及时催收与饭店存有业务联系的公司或企业拖欠的账款；做好夜间的账目审核，制作报表。

（八）大堂副理（Assistant Manager）

大堂副理代表饭店总经理负责前厅服务的沟通协调、贵宾接待与投诉处理等工作，同时还应做好大堂环境与工作秩序的维护工作。

> **知识链接**

> **前厅部八个"每一次"**
>
> 每一次电话后面都有一个等待；
> 每一次与客人相遇都是展示自己的最好机会；
> 每一次给客人的惊喜都会带来潜在的客人；
> 每一次结账都是显示技艺才华的时候；
> 每一天的门前都是饭店的广告；
> 每一个细节都是服务的全部；
> 每一个问题都是我们进步的空间；
> 每一个客人的不满都要失去很多客人。

四、前厅部的主要岗位职责

（一）前厅部经理岗位职责

（1）接受房务部经理（副总经理）的督导，协助房务部经理做好日常的房务管理或授权专职管理的各项工作，向房务部经理（副总经理）负责。

（2）协助房务部经理制订和策划各项房务计划，并贯彻执行。

（3）协助房务部经理做好成本控制工作，在保证服务质量的前提下降低各项用品的消耗。

（4）协助房务部经理安排本部门内各项人事调动，处理员工违纪问题。

（5）巡视下属各部门，抽查服务质量，保证日常工作顺利进行。

（6）协助房务部经理检查当天抵达贵宾的房间质量，并于大门外恭候当天抵达的贵宾。

（7）指导主管训练下属员工，并督查各主管的管理工作。

（8）接受客人投诉，及时解决并做好记录。

（9）检查消防器具，做好防火防盗及安全工作。

（10）组织、主持每周（主管）例会，听取汇报，布置工作，解决工作难题。

（11）督查各主管的工作进度，纠正偏差。

（12）掌握房间预订情况及当天客情。

（13）审阅大堂副理的周报，呈总经理批示。

（二）大堂副理岗位职责

（1）代表饭店迎送 VIP（贵宾）客人，熟记贵宾姓名，处理主要事件及记录特别贵宾，注意客人的有关事项。

（2）决定是否受理客人支票，处理客人结账时的问题及其他询问，根据饭店有关规定授权处理。

（3）迎接及带领 VIP 客人到指定的房间，并介绍房间设施。

（4）做 VIP 客人离店记录，落实贵宾接待的每一个细节。

（5）处理换锁、换钥匙的工作并做好记录。

（6）处理客房部报房表上与接待处有误差的房间，亲自锁定房间。

（7）处理客人投诉，针对客人心理解决问题。

（8）替得病或发生意外事故的客人安排送院事宜。

（9）发生紧急事件时必须（在不能向上司请示时）做主动决断的指示。

（10）与保安部及接待处联系，取得资料，制作意外病客报告。

（11）尽量参与接待处工作，了解当天及近期的房间状态走势。

（12）巡查饭店内外部，以保证各项功能运行正常，及时排除可防范的隐患。

（13）与客人谈话时可适当推广饭店设施。

（14）服从管理人员，如总经理、副总经理、总助及直属上司指派的工作。

（15）与保安人员及工程部人员一起检视发出警报的房间区域。

（16）与财务部人员配合，追收仍在店住宿客人拖欠的账款。

（17）必要时可以指挥其他有关部门人员协助工作。

（18）刮台风时（前），联合其他有关部门做出相应防风措施。

（19）遇危险事故而没有高层管理人员可请示时，做出适当决定，视情况（如火警、炸弹恐吓等）疏散客人。

（20）向管理层反映有关员工的表现和客人意见。

（21）负责贵重物品遗失被寻获的处理工作。

（22）检查前厅大堂范围内需维修项目，跟办维修单。

（23）做好本组范围内的防火、防盗工作。

（24）每天坚持在值班记录本上记录当天发生的事情及投诉处理情况，并交前厅部经理。

（三）前厅接待处领班岗位职责

（1）协助前厅做好日常接待工作，创造和谐的工作气氛，减少工作环境中的摩擦。

（2）直接督导迎送服务，确保服务程序贯彻执行，满足客人要求。

（3）掌握预订情况和当天客情，根据当天到达及离店客人名单，最大限度地销售即时客房。

（4）合理安排属下的工作，管理、调配本部门使用的各项消耗品，严格控制成本，及时传达前厅部经理的指示。

（5）参加主管例会，及时了解员工的思想动态并报部门经理，检查督导本部门员工的仪表仪容、劳动纪律、微笑服务、礼貌用语及工作效率。

（6）负责检查本部门的安全消防工作，负责安排重点宾客的接待工作，负责重要留言的落实与检查，负责检查前厅所有报告的准确性。

（7）制订培训计划并组织实施，公平地评估下属工作，做好工作周汇。
（8）参与前厅接待工作，有效解决客人投诉和本部门的突发问题，做好与有关部门的协调及联系。
（9）与大堂副理和收银处密切联系。

（四）预订员岗位职责

（1）按前厅部经理的指示工作。
（2）掌握当天及未来一段时期内的饭店房间供应情况，主动为客人提供服务。
（3）处理电话、电传和文件，处理散客和团体订房，如有变更，按规定更改。
（4）打印和处理由销售部送来的团体预订房单或变更单。
（5）把散客和团体订房单按日期排列好。
（6）准备第二天的重要客人、熟客登记卡与团体资料。
（7）随时完成主管或领班临时委派的工作。

（五）门童岗位职责

（1）服务客人于饭店正门外，代表饭店迎送抵、离店客人。
（2）坚持站立服务、微笑服务和敬语服务，向每一位进店、离店客人致意问候。
（3）为上下车客人开关车门，雨天要为上下车客人撑伞，并派伞套给客人。
（4）协助行李员装运行李。
（5）配合保安确保饭店门前交通顺畅，做好门前的安全保卫工作。
（6）为客人指路，认真回答客人的询问，尽量满足客人要求。

（六）行李员岗位职责

（1）在礼宾领班的领导下，负责饭店宾客行李搬运、清点工作。
（2）随时听从接待员的召唤，迅速接受带房任务。
（3）向客人推销饭店各项服务，介绍饭店客房设施。
（4）负责将住店客人的物品、报纸、邮件、留言单及前厅通知发送的邮件等物品分送到客房、楼面或有关部门。
（5）回答客人提出的有关询问，尽量满足客人的要求。
（6）受理委托寄存服务，保管行李物品，办理登记等有关手续。
（7）负责来访客人登记，协助维持大堂秩序，控制好大堂灯光。
（8）自觉遵守饭店各项规章制度，努力学习，积极工作，圆满完成本职工作和上级交派的其他工作任务。

（七）总机话务员岗位职责

（1）坚守岗位，忠于职守，树立全心全意为宾客服务的思想。礼貌应答，平等待客，耐心细致，讲求效率。

（2）按工作程序迅速、准确地转换每一个电话，保证通信工作畅通，并做好各项记录。

（3）对客人的询问要热情、礼貌、迅速地应答，为客人提供长途挂号、留言、叫醒等电话服务。

（4）熟悉市内常用电话号码，主动帮助客人查找电话号码及接通市内电话。

（5）熟悉各大城市区号及主要饭店的电话号码，接听国际长途电话时，应问清是否对方付款，进行登记并计算出应收账目。

（6）熟悉本饭店内部组织机构，熟悉本饭店内主要负责人和各部门经理的分机号码、手机号码、声音和姓名。

（7）自觉遵守通信保密制度。

（8）遇到日常工作以外的情况或突发事件时，不要擅自处理，应及时上报主管，通知有关部门领导并做好记录。

（9）爱护总机房内的设备，保证通信设备整洁、畅通，维护其正常工作。

（10）掌握市话商业网络机器设备的功能、操作使用程序和注意事项，严格遵守微机操作程序。

（11）刻苦钻研业务，提高英语应答水平，丰富知识，注意语音语调，为客人提供优质的电话服务，以维护饭店的声誉和利益。

（12）执行交接班制度，严格交接手续，对重点情况重点交代，保证工作的准确性和连续性。

（13）自觉遵守饭店各项规章制度和员工守则，不得利用工作之便与客人拉关系，不得在电话中与客人谈与工作无关的话，不得利用工作之便与客人交朋友、泄露饭店秘密，不得违反有关外事纪律。

（八）商务中心服务员岗位职责

（1）工作积极主动，讲究文明礼貌，严格要求自己，努力提高服务质量。忠于职守、讲求效率、自重自爱、秉公办事，不利用工作之便谋私利、干私活。

（2）为饭店宾客提供长途电话、电传、复印、打字等秘书性服务工作，直接向商务中心领班和主管负责。

（3）听从上级指挥，服从领班安排，努力完成领班交办的每一项业务工作，为求保质保量提供快捷服务。

（4）具备过硬的英语知识和打字技术，掌握所用仪器设备的性能及保养和简单维修方法，以便迅速、准确地为客人提供服务。

（5）熟悉电报、电传、复印等各项业务，工作中严格按照操作规程上岗。

（6）微笑服务，对客人热情有礼，有问必答。尽量满足客人的要求，耐心解释客人的疑问。

（7）自觉遵守饭店的各项规章制度和员工守则，认真做好交接班工作。

（8）刻苦钻研业务，对技术精益求精，努力提高业务工作水平，提高商务中心的整体服务质量。

阅读材料

饭店前厅部的制胜"秘诀"

一、前厅的笑脸

笑一笑，十年少。笑一笑，不仅会让自己开心，也会让客人感到放松和愉快，从而拉近服务员与客人之间的距离。前厅部是饭店的一个窗口，接待员做到甜蜜微笑是提升服务质量的开始。

二、超常的记忆

接待员每天都会接触到形形色色的客人，要用心去记住每一位客人。客人下一次到店时，要能够在第一眼判断出是回头客。待客人到前台柜台时，要以真挚的微笑报出客人姓氏，表示欢迎，客人也会感受到对他的尊敬。要让客人感受到像是回到家一样，和客人见面时就如和自己的亲人见面时一样日常地招呼。

三、工作的高效

要及时将客人送进房间，接待过程不超过3分钟，让客人感受到如此顺利地入住就像回到自己家一样。

四、信息的传递

客人从前厅办理入住手续之后，要密切留意客人的潜在服务要求，并积极向相关部门传递信息。如客人快到客房时，打电话通知楼层服务员在电梯门口守候。楼层服务员遇到客人时第一时间叫出姓氏并礼貌地打招呼，领其入住房间，会让客人感到无比惊喜，同时也会让客人意识到饭店对服务品质、细节的要求。

五、用心的服务

饭店服务的境界是无止境的，如查询客人的生日，并于客人生日时发出生日快乐贺帖，让客人感受到饭店尊重他、关注他。记住客人的喜好，并为之提供有针对性的个性化服务。

服务无处不在，"秘诀"多多益善，唯有用心，才是"秘诀"之首。

讨论

结合这份制胜"秘诀"，谈谈前厅部的工作要领。

任务三 掌握前厅部的环境设计

案例导入

　　Y城是一座国际性的商贸城市，国内外流动人口很多。该城市要建两座四星级饭店，在饭店的门面——大堂的装修设计上，两家饭店采用了截然不同的两种方案。A饭店以意大利现代风格为主调，材料以石材为主，全部进口，营造一种雍容华贵的气氛，这样能使外宾有种亲切感，也能较多吸引内宾；B饭店采用较浓郁的中国风格，在大堂设置了太湖山石、小桥流水，材料多采用中国花梨木做饰面，体现"民族的即世界的"主题。

　　建设中，社会对这两家饭店均有议论，但盖成后，两家都获得了成功。

　　资料来源：孙茜. 饭店前厅客房服务与管理［M］. 北京：旅游教育出版社，2008.

思　考　　1. 两家饭店为什么采用了截然不同的前厅设计方案？
　　　　　2. 两家饭店的前厅设计都获得了成功，这种现象说明了什么？

　　饭店前厅是指包括正门、大堂、总服务台及楼梯、电梯、公共卫生间等在内的属于前厅部管辖的接待服务场所。前厅是客人进出饭店的必经之地与活动汇集处，是饭店建筑的重要组成部分，是客人对饭店产生第一印象的关键场所。

一、前厅的功能布局

　　前厅是饭店服务的中心，是饭店集交通、服务、休息等多种功能为一体的共享空间。按功能划分，前厅可分为饭店入口处、服务区、人流通道、休息区与公共卫生间等主要区域。

（一）饭店入口处

　　饭店入口处包括雨棚和大门。雨棚是为方便宾客进出或上下车遮挡风雨设置的，有长方形、正方形、半圆形、月牙形等造型。雨棚下常设有圆形或方形支撑柱，并多用高档大理石或花岗岩镶嵌而成。

　　饭店大门通常设有正门与边门。正门外观应新颖、醒目，能吸引客人注意力。门的规格大小应考虑饭店等级、客流量与服务水平等因素。正门一般为双重门，以保持大堂内的室温，节约能源，同时也起到一定的防尘效果。使用旋转门为正门的饭店，应确保空间宽敞、旋转性能良好，以保证客人的安全。

　　饭店正门前应设有供客人上下车的空间与回车道；台阶旁应设有专供残疾客人轮椅进出的坡道；边门旁应设置伞架，供客人存放雨具。

（二）服务区

前厅的服务区以总台为主，包括总台、行李处、大堂副理处等。总台是为客人提供登记入住、问讯、运送行李与结账等服务内容的场所，是饭店对外服务的业务中心。这一区域需靠近正门，位置明显，灯光明亮，以便客人迅速办理各类手续。

1. 总台

（1）总台的位置。理想的总台应使员工既能清晰地观察到整个大堂的基本情况，又能使客人一目了然。总台一般设置在大堂侧面，便于服务、管理与控制。

（2）总台的大小。总台的长度与面积应与饭店等级、规模相符，等级越高、规模越大，则总台越长、面积越大；反之亦然。总台一般设计成两层重叠的工作面，外层高度为110厘米左右，台面宽度以65~80厘米为宜；内层为员工操作台，台面高度为80厘米左右，供接待员为宾客提供各项服务。

（3）总台的形状与设置。总台的形状应与前厅设计相匹配，一般为长排水平式柜台，也有L形、半圆形等，给客人留下一种良好的空间印象。同时，总台中接待、问讯、收银等功能分区需有醒目的标识。星级饭店的总台后墙面上，还要配备国际时钟、日历、天气预报、外币汇率牌等，以方便住店宾客。

（4）总台的材料。硬木、大理石与磨光花岗岩是总台的常见材料，体现出饭店的档次与规格，经久耐用且便于清洗。近几年来，皮革与软性材料也陆续出现于新型饭店的总台设计中，体现总台设计与大堂整体氛围的协调性。

2. 行李处

行李处一般设置在正门内侧，方便行李员尽早观察到入店车辆，及时上前迎接。行李房位于行李处柜台后侧，为宾客提供行李寄存服务。

3. 大堂副理处

大堂副理的办公地点通常设置在离总台和正门不远的一处开阔、安静的场所，配备办公桌椅与必要的办公设备，方便办公与接待宾客。

（三）人流通道

大堂中的人流通道一般在楼梯、电梯前，设计、装修时要有意识地组织导向。一般可根据大厅空间布局组织导向：对称的大厅常按中轴线加强导向，自由布局的大厅则常用连续渐变、转折突变及引申渗透等方法引导方向。醒目的地面图案，明暗有别的灯光照明，有方向性的吊顶、台阶、栏杆和标志牌等都明示或暗示着运动方向，将人们从大厅引导至其他空间。

（四）休息区

前厅休息区通常位于大堂安静的角落，是专供宾客休息、等候或会面的场所，体现舒适需求，由落地灯具、茶几、沙发等设施设备构成。休息区的座位不宜设置过多，一般以每15个房间一个座位的比例配置。

（五）公共卫生间

大堂的公共卫生间被称为饭店的"名片"，反映饭店的档次与规格，其装饰设计应与大堂保持一致。卫生间的位置应在既方便客人又能避开外人直视的地方，标志醒目。除基本设施外，卫生间内还应提供烘手机、手纸、小毛巾、香皂等设备及用品，要求宽敞干净、设施完好、用品齐全。

阅读材料

饭店前台的"站"与"坐"

近年来，有些国内饭店在设计时为突出饭店的经营特色，提高档次，模仿一些国外著名饭店的"座位式前台"理念，一改常见的站立式前台服务模式，让客人坐下来，同时前台接待人员也坐着服务，显得颇有新意，给人以亲切感，但是应该注意到以下几点。

1. "坐式前台"设计与大堂整体规划密切相关，对前台办公室、财务室、结算台、客人休息区、贵重物品保险室等的布局都会产生影响，须统一布置，不能只让前台接待人员坐下来了事。

2. "坐式前台"一般适用于大型休闲度假饭店、城市度假饭店或高级公寓式饭店，尤其是有信用卡自动结算功能的先进饭店。

3. "坐式前台"对前台接待人员的职业技能、素质、办理入住和结算速度的要求很高，对计算机系统的配置要求也很高，一般适用于由专业饭店管理公司管理的饭店。

4. "坐式前台"是一个完整的工作单元，由接待、服务、客位、等候休息、资料等部分组成，不是简单的桌椅组合。

5. "坐式前台"的数量、大小、位置、角度都与饭店的性质、规模、风格有关，应仔细论证。

因此，"坐式前台"的性质、适用范围和相关的技术要求不能忽视。相比之下，"站式前台"要成熟一些。

 思　考　你如何看待前厅部的"坐式服务"？

二、前厅的装饰美化

前厅作为整个饭店的中心，其环境、氛围极为重要。前厅必须要有热情迎接宾客的气氛，使客人一进大堂就有一种"宾至如归"的感受，有一种享受与被尊重的感觉，给客人留下美好的第一印象。同时，前厅还应为服务人员营造一种愉快的工作环境，使前厅的对客服务工作卓有成效。为了创造良好的气氛与环境，除了人员素质外，还需重视前厅的装饰美化。

（一）光线

大厅内要有适宜的光线，能使客人在良好的光线下活动、员工在适当的光照下工作。大厅内最好能通入一定数量的自然光线，同时配备层次、类型各不相同的灯光，以保证良好的光照效果。过于明亮的光线会使人的眼睛过分紧张，使人产生头晕目眩等不舒适的感觉，影响前厅员工的工作效率；过于昏暗的光线不易使员工和客人彼此看清对方的脸部，也不利于客人准确地填写表格。客人从大门外进入大厅，是从光线明亮处进入光线昏暗处，如果这个转折过快，客人会很不适应，睁不开眼睛，所以，灯光的强弱变化应逐步进行。要使每位客人的眼睛都能逐步适应光线明暗的变化，可采用不同种类、不同亮度、不同层次、不同照明方式的灯光，配合自然光线达到上述要求。总服务台上方的光线不能太暗或太亮，不能直接照在客人和服务员的脸上，使他们睁不开眼睛，也不能将阴影留在服务员脸上，导致服务员工作不便或微笑服务变形。

（二）色彩

前厅环境的好坏还受到前厅装饰色彩的影响。前厅内客人主要活动区域的地面、路面、吊灯等应以暖色调为主，烘托出豪华热烈的气氛。前厅的服务环境及客人休息的沙发附近，色彩就应略冷些，使人产生一种宁静、平和的心境，满足服务员工作和客人休息对环境的要求，创造出前厅应有的安静、轻松气氛。

三、前厅的微小气候

为保持前厅舒适的环境与气氛，其温度、湿度、通风、噪声控制、采光亮度与空气卫生状态应良好。现代新型饭店运用有效的科技手段，通过定量检测与控制，确保了前厅环境的质量水平。

（一）温度、湿度与通风

饭店通过单个空调机或中央空调可以把大厅温度维持在人体所需要的最佳温度，一般为22℃～26℃，再配合适当的湿度：40%～60%，整个环境就比较宜人了。前厅内人员集中，密度大，人员来往活动频繁，耗氧量大，如通风不畅，会使人觉得闷，产生压抑感，应使用性能良好的通风设备及空气清新剂等，改善大厅内空气质量，使之符合人体的要求。

（二）声音

前厅离饭店大门外的闹市区或停车场较近，人员较多，客人及服务员的多种交谈声、电话铃声等混杂,声源多,音量大。如噪声过于集中,就会超过人体感觉的舒适限度,使人烦躁不安,易于激动和争吵,降低工作效率。因而在建造前厅时,应考虑使用隔音板等材料,降低噪音。饭店员工工作交谈时,声音应尽量轻些,有时甚至可以使用一些体态语言。要尽量提高工作效率,使客人在高峰时间不致长久滞留于大厅,破坏大厅的安静气氛。对来店参观、开会、购物、用餐的客人,必要时也应劝告他们降低话语音量。饭店应尽可能播放轻松动听的背景音乐,以减少噪音对客人的危害。

(三)空气卫生

大厅内的空气中含有一氧化碳、二氧化碳、可吸收颗粒、细菌等空气污染物,有害人体健康,必须予以控制。我国《旅店业卫生标准》(GB9663—1996)对星级饭店室内空气卫生质量标准作了具体规定,其中包括:

一氧化碳含量不超过 5 mg/m^3;

二氧化碳含量不超过 0.1%(三星级以上饭店不超过 0.07%);

可吸收颗粒物不超过 0.15 mg/m^3;

细菌总数不超过 1 500 cfu/m^3(三星级以上饭店不超过 1 000 cfu/m^3)。

任务四 领会前厅部的员工素质要求

案例导入

> 客人迟迟不来,虽然大堂内的环境优雅、温馨,胡先生却有些坐立不安,毕竟此次生意的成败关系到公司的兴衰。
>
> "先生,请您把脚放下来,好吗?"当训练有素的服务员一边添加开水一边委婉地轻声提醒时,胡先生才发现自己竟不经意地把脚搁在对面的椅子上摇晃,并引起了其他客人的频频注视。长时间的等待令胡先生极为烦躁,未加思索,他带着怨气盯着服务员一字一句地说:"我偏不放下,你怎么办?"
>
> 片刻的沉默后,服务员笑了笑说:"先生,您真幽默,出这样的题目来考我,我觉得您蛮有素质的。"说完,她很快转身就走,并且始终没有回头。稍后,胡先生借弯腰弹烟灰的刹那,把脚放了下来。

1. 为什么前厅部服务员有责任劝阻客人在大堂的不雅行为?
2. 这位服务员的表现说明了前厅部员工应具备何种素质?

在饭店各部门中,前厅部对员工素质的要求是比较高的。前厅部的任务能否完成,主要取决于前厅部员工的素质能否达到工作要求。前厅部员工素质的高低,是影响一家饭店经营成败的重要因素之一。

一、前厅部管理人员素质要求

1. 前厅部管理人员的通用素质要求

（1）良好的职业道德。良好的职业道德是每位员工都应具备的基本素质，而前厅的管理人员责任更为重大，所以对他们的职业道德要求就更高。

（2）较高的业务水平。管理人员发挥着指导与管理的职能，无论是服务技能、业务知识，还是英语水平及其他方面的知识，前厅部管理人员都应具备，这样才能赢得员工的尊重，使各项管理工作得以顺利进行。

（3）较好的管理能力。管理者必须了解管理学的基本理论和知识，掌握一定的管理技术与技巧。

（4）良好的人际关系。管理工作是与人交往的工作，加之前厅部肩负着与其他部门联络、沟通的职责，因此，前厅部的管理人员必须具备较高的人际沟通能力，要及时与下属、客人、上级和其他部门管理人员沟通，取得同事的信任与合作，赢得顾客的好感与称赞。

（5）较好的语言能力。前厅部工作人员在语言方面的要求比其他部门高，管理人员应该以身作则，训练自己的语言表达能力，不断提高英语水平，较好地与外宾沟通。

（6）健康的体魄。饭店管理工作相当辛苦，每天工作量较大，而前厅的工作又很复杂，随机性更大，如果没有强壮的体魄很难完成，因此特别要求前厅部管理人员有强健的体魄。

2. 前厅部管理人员的具体素质要求

（1）前厅部经理（副经理）的素质要求。前厅部经理需具有较强的领导能力、组织能力，需有很强的协作精神，能与其他各业务部门密切配合，共同协调好工作；应有五年以上饭店前厅工作经验，三年以上管理工作经验，熟悉前厅部及客房部、销售部等部门的工作；英语水平良好，能进行对话；能处理日常事务，具有较强的事务处理能力。

（2）前厅部主管的素质要求。前厅部主管要熟悉本部门的各项工作内容；五官端正，气质优雅；口齿伶俐，表达能力强；具有良好的团队协作精神；英语水平良好；身体强健，能适应超时工作。

（3）前厅部领班的素质要求。前厅部领班要有两年以上的饭店前厅工作经验，具备一定的管理能力，熟悉电脑基本操作，有良好的英语口语水平，五官端正，口齿伶俐，机智、灵活，性格开朗，理解能力强，了解旅游及娱乐方面的知识与信息。

 **阅读材料**

拿走大堂副理的座椅

去掉大堂副理处舒服气派的座椅，保留客人舒服气派的座椅，让大堂副理站着为客人提供服务，这样才能真正给客人贵宾般的感觉。广州花园酒店大堂副理处不摆放座椅，大堂副理处理客人问题必须站着提供服务，这样不仅提高了工作效率，还能给客人被尊重的感觉，否则，大堂副理有事没事都坐在舒服的椅子上磨蹭，哪里还有时间去为客人提供贵宾服务？还有，如果大堂副理舒服地坐在椅子上处理客人的投诉和不满，即使态度再真诚也无法给客人留下美好和被尊重的心理体验，不能真正让客人感觉到站在他面前的是一个能帮他解决问题的服务人员。如果大堂副理站着服务，能让客人觉得其不是一个"官"，这样更有利于客人提出要求和意见，而不是发火和埋怨。

二、前厅部服务人员素质要求

（一）品行

前厅部员工首先必须品行端正且具有较高的修养水平。前厅部的工作涉及价格、钱款及饭店营业机密，如果员工品行不正，很容易利用饭店管理中的漏洞为个人谋取私利。

（二）服务意识

前厅部员工应具有良好的服务意识，随时为客人服务。此外还应通过自己的细心观察，及时发现客人尚未提出的服务要求并予以满足，以达到优质服务水准。

（三）基本素质

1. 良好的语言基础

前厅部员工应该有良好的语言基础：首先必须具有良好的汉语表达能力及理解能力，普通话发音应准确，音质较好，语音应圆润动听；其次必须熟练掌握一门以上的外语，并在听、说、读、写方面，尤其是口语方面达到相应水平；此外还应掌握一些常用的方言，如广东话、闽南话等，以便于更好地接待港、澳、台同胞。此外，前厅部员工还应具有幽默感，必要时能够用幽默的语言活跃气氛，打破僵局。

2. 认真的工作态度

（1）及时向上级或同事准确地报告工作或传递信息。

（2）对前厅部工作有全面正确的认识。

（3）责任心强。

(4) 对客人的需求有一定的敏感度。
(5) 具有一定的灵活性。
(6) 有创造性。
(7) 有服从性。
(8) 遇事冷静、不冲动，始终保持理智。
(9) 爱护饭店财产，关心饭店利益。

3．较广的知识面

前厅部员工必须对历史、地理、气候、金融、风景名胜、交通、风俗、宗教等方面的知识有较全面的了解。

4．礼貌礼节

前厅部员工必须对客人有礼貌，遇到客人主动问好，并询问客人是否需要帮助。无论与谁交谈，前厅部员工都应养成聆听的习惯，不打断他人的讲话，同时眼睛自然地注视对方，与客人进行目光交流。微笑是礼貌的表现，前厅部员工的微笑服务一方面能向客人展示出饭店对他们的诚挚欢迎，另一方面也能使自己精力集中、精神饱满地为客人提供服务。同时，按照饭店规范，前厅部员工应具有连续 8 小时站立服务的能力。

5．职业素养

前厅部工作涉及的知识面广，对员工的素质要求高，这就要求每位前厅部员工勤奋好学，不断学习新知识，以迎接工作挑战。

知识链接

常用礼貌用语七字诀

与人相见说"您好"，问人姓氏说"贵姓"，仰慕已久说"久仰"，长期未见说"久违"；
求人帮助说"劳驾"，向人询问说"请问"，请人协助说"费心"，请人解答说"请教"；
求人办事说"拜托"，麻烦别人说"打扰"，求人指点说"赐教"，得人帮助说"谢谢"；
祝人健康说"保重"，向人祝贺说"恭喜"，老人年龄说"高寿"，身体不适说"欠安"；
看望别人说"拜访"，请人接受说"笑纳"，欢迎购买说"惠顾"，希望照顾说"关照"；
赞人见解说"高见"，归还物品说"奉还"，请人赴约说"赏光"，自己住家说"寒舍"；
需要考虑说"斟酌"，无法满足说"抱歉"，请人谅解说"包涵"，言行不妥说"对不起"；
慰问他人说"辛苦"，迎接客人说"欢迎"，宾客来到说"光临"，等候别人说"恭候"；
没能迎接说"失迎"，客人入座说"请坐"，陪伴朋友说"奉陪"，临分别时说"再见"。

（四）仪容仪表

1．制服

（1）随时保持制服的清洁、挺括，特别注意领口、袖口、襟边等处。
（2）制服上不可出现破洞、纽扣掉落和明显的折皱。
（3）保持制服线条美观、合身，衣袋内不可放置东西。
（4）铭牌属制服的一部分，必须将铭牌端正佩带于左胸前。

2．领带

（1）穿着制服必须系饭店指定的领带，且第一颗衬衣纽扣必须扣上。
（2）系领带的长度以下垂部分盖于腰带扣为宜。
（3）衬衣下摆塞入裙、裤腰内。

3．裙子

（1）裙子的大小、长度是由饭店统一规定并量裁的，员工不可擅自改动。穿着过程中如腰围、臀围出现不合，由饭店统一改制。
（2）始终保持裙子的干净、挺括，无明显折皱。
（3）上岗前，先检查穿着是否合乎要求，特别是裙扣、腰部拉链纽扣，必须拉扣好；衬衣下摆不可掉出裙腰外，同事间应相互提醒。

4．鞋袜

（1）女员工穿裙子必须穿长筒丝袜，男员工穿深色袜子。
（2）丝袜是女士的"第一层皮肤"，应紧贴皮肤，无任何破洞或挑丝。为防万一，衣柜里应存放备用丝袜。
（3）丝袜的颜色以接近肤色为宜。
（4）丝袜长度须穿至大腿二分之一处以上，以防袜颈与裙摆间脱开，或坐下时袜颈外露。
（5）穿饭店统一规定、配发的皮鞋、布鞋上岗，皮鞋保持光亮，布鞋干净、无破洞。
（6）皮鞋以中跟、黑色为宜，须避免因鞋底破损或鞋钉摩擦地面发出声响。

5．头发

（1）女员工头发长度以不过肩部为宜，前不盖眼，留长发的女员工应用饭店下发的发兜盘发；男员工要求发不过耳。
（2）勤洗头，以每三天内至少洗一次为宜。上班前，须将头发梳理整齐。为防头皮屑脱落，可上少量发油。
（3）严禁彩色染发或吹烫怪异发型，头发以整洁自然为美。

6．个人卫生

（1）保持面容整洁，男员工养成剃须的习惯。
（2）勤洗澡、勤换衣物，不可有汗臭或其他异味。
（3）随时保持双手清洁，坚持勤洗手、勤剪指甲，指甲边缘不得藏污纳垢，不可在手上涂写。

(4) 不得涂有色指甲油。

7. 妆容

(1) 化妆以淡雅为原则，不可浓妆艳抹。

(2) 淡妆的粉底不可太厚，应均匀，接近肤色。

(3) 眼影以不易被明显察觉为宜，眼线切勿色调太重，眼眉描画自然。

(4) 涂胭脂以较淡和弥补脸型不足为基准。

(5) 各部门内唇膏颜色要统一，且使用时要以本人基本唇形为主，不可追求夸张效果，切忌化舞台妆。

(6) 淡妆应使人感到自然，衬托出面部最美的部分，不留下明显的化妆痕迹。

(7) 化妆效果须与工作现场的灯光、色彩、环境气氛相适宜。

(8) 不使用香味过浓的香水。

（五）工作能力

1. 自我控制能力

前厅部员工应具有较强的自我控制能力，能在较短时间内使自己的情绪由差转好，能在未预料的事件发生时保持理智，有条不紊地处理问题。

2. 较强的人际关系能力

前厅部员工与一般同事、客人及上级都应该保持良好关系，互相理解、互相合作，以顺利完成工作。

3. 推销能力

前厅部的首要任务是推销客房，前厅部员工的推销能力强，才能为饭店创造经济效益。

4. 应变能力

客人的性别、国籍、年龄、职业、教育程度、职务等不同会造成需求差异，这就要求前厅部员工具备应变能力，这样才能有针对性地提供优质服务。

5. 记忆能力

前厅部员工应有较强的记忆能力，特别是对时间、人名、客人特征等，应能够迅速、准确地记住，以提供令宾客满意的服务。

6. 理解及表达能力

前厅部员工应有较强的理解能力，能迅速、准确地理解他人的言行，同时还应该善于用准确、简单的方式表达自己的意图。

（六）技能技巧

前厅部常用的技能技巧有打字，速记，电传，电脑操作，接打电话，常用中英文信函写作，计算器操作，有关业务表单的填写、整理、存档等。熟练掌握以上技能技巧，是前厅部员工提供高效、优质服务的前提。

饭店对前厅部员工的素质要求极高,一位合格的前厅部员工,应担当下列重要角色:管理机构的代表、饭店的推销员、信息的提供者、资料的记录与保存者、钱款的处理者、客人问题的解决者、饭店对外交往的代表、饭店各部门的协调者、饭店的友善大使、饭店服务质量与规格的展示者。

项目小结

本项目主要叙述了前厅部的地位与作用、前厅部的主要业务内容、前厅部的组织机构设置和主要岗位职责、前厅部的环境要求、前厅部的人员素质要求等方面的内容。

前厅部是现代饭店的重要组成部分,前厅部能否正常运转与管理水平的高低,将直接影响饭店经营状况及企业形象的好坏。前厅部是赢得客人好感的战略要地,因此,前厅部的组织机构必须依照科学合理的原则进行设置。前厅部的环境设计和布局应从满足饭店经营与管理的需要出发,前厅部的人员素质要求也要根据前厅部各服务岗位的特点来制定标准。

综合能力训练

······ **基本训练** ······

一、解释

前厅部　预订处　接待处　大堂副理　噪音

二、选择

1. 前厅部的首要功能是（　　）。

A．销售客房商品　　　　　　　B．调度饭店业务

C．提供前厅服务　　　　　　　D．处理客人账目

2. 据统计,目前国际上（　　）收入一般占饭店总营业收入的50%左右,而在我国还要高于这个比例。

A．前厅　　　B．客房　　　C．餐饮　　　D．娱乐

3. 一般饭店的大堂面积应不少于客房数乘以（　　）。

A．0.2平方米　　　　　　　　B．0.4平方米

C．0.6平方米　　　　　　　　D．0.8平方米

4. 前厅部（　　）负责保管所有客房钥匙。

A．接待处　　　B．问讯处　　　C．礼宾部　　　D．商务中心

三、思考

1. 简要说明前厅部在饭店中的地位与作用。
2. 简要阐述前厅部机构设置应坚持的原则。
3. 试举例说明前厅部的环境设计要素。

4. 结合实际谈谈前厅部人员的素质要求。

四、案例分析

转怒为喜的客人

正值秋日旅游旺季，有两位外籍专家出现在上海某大饭店的总台。总台服务员小刘（一位新手）查阅了订房登记簿之后，简单化地对客人说："客房已定了708号房间，你们只住一天就走吧。"客人们听了以后很不高兴地说："接待我们的工厂有关人员答应为我们联系预订客房时，曾问过我们住几天，我们说打算住三天，怎么会变成一天了呢？"小刘机械呆板地用没有丝毫变通的语气说："我们没有错，你们有意见可以向厂方人员提。"客人此时更加火了："我们要解决住宿问题，我们根本没有兴趣也没有必要去追究预订客房的差错问题。"

正当形成僵局之际，前厅值班经理闻声而来，首先向客人表明他是代表饭店总经理来听取客人意见的。他先让客人慢慢地把意见说完，然后以抱歉的口吻说："你们所提的意见是对的，眼下追究接待单位的责任看来不是主要的。这几天正当旅游旺季，双人间客房连日客满，我想为你们安排一处套房，请你们明后天继续在我们饭店做客，房金虽然要高一些，但设备条件还是不错的，我们可以打九折优惠。"客人们觉得值班经理的表现还是诚恳、符合实际的，于是应允照办了。

过了几天，住在该饭店的另一位外籍散客要去南京办事几天，然后仍旧回上海出境归国，离店时要求保留房间。另外一位服务员小吴在回答客人时也不够策略。小吴的回答是："客人要求保留房间，过去没有先例可循，这几天住房紧张，你就是自付几天房金不来住，我们也无法满足你的要求！"客人碰壁以后很不高兴地准备离店，此时值班经理闻声前来，对客人说："我理解您的心情，我们无时无刻不在希望您重返我饭店做客。我建议您把房间退掉，过几天您要回上海前先打个电话给我，我一定优先照顾您入住我们饭店，或者我也一定为您设法改住他处。"

数日后客人回上海，得知值班经理替他安排了一间楼层和方向比原先还要好的客房。当他进入客房时，看见特意为他摆放的鲜花，不由翘起了拇指。

问题：
1. 对大堂值班经理的岗位职责与素质要求有哪些？
2. 结合这位大堂值班经理的工作艺术，谈谈你的观点。

技能训练

一、任务名称

对××饭店前厅布局与环境设计的评估。

二、任务目标

1. 使学生了解饭店的工作环境并感受工作氛围，实地观察前厅部的各个工作岗位。
2. 使学生学会运用所学知识对该饭店的大堂布局和环境设计进行评估，找出优势及存在的问题，帮助学生真正掌握饭店前厅部的相关知识。

三、任务实施

1. 将班级学生分组，5~6人为一组，每组确定一位组长，分批安排到饭店参观。
2. 对学生开展入店前培训，强调各项纪律及注意事项。
3. 参观时间以1~2小时为宜。
4. 教师带队进行跟踪指导。
5. 结束后写出评估报告。
6. 各组在班级进行交流与汇报。

四、任务考核

1. 成果形式：《对××饭店前厅布局与环境设计的评估报告》。
2. 考核标准：

工作任务	评价方式		评价标准	分值
对××饭店前厅布局与环境设计的评估	个人自评	20%	评价学生在完成任务过程中的执行情况、任务完成效果、工作态度、操作技能及自主解决问题的能力等	100
	小组互评	40%		
	教师评价	40%		

模块二　前厅部系列服务

项目二 客房预订服务

学习目标

知识目标：
1. 了解客房预订的含义与任务。
2. 掌握客房预订的渠道、方式和种类。
3. 掌握客房预订的工作程序。
4. 掌握超额预订率的计算方法。
5. 熟悉超额订房的操作要求及超订过度的补救方法。

能力目标：
1. 能够掌握客房预订的操作程序。
2. 能够按照要求为客人提供客房预订服务。
3. 学会填写客房预订单。
4. 能准确计算客房超额预订数。
5. 能妥善解决因超订过度引起的订房纠纷。

实训目标：
1. 能够根据饭店客房预订的不同渠道所占的比例，分析该饭店的主要客源情况。
2. 能够熟练掌握客房预订的电话受理程序。
3. 能够正确计算饭店的超额预订率。
4. 能够较好地处理因超订过度引起的各类订房纠纷。

任务一 了解客房预订

案例导入

某天，南京金陵饭店前厅部的客房预订员小王接到一位美国客人从上海打来的长途电话。这位客人想预订两间每天收费在 120 美元左右的标准双人客房，三天以后开始住店。

小王马上翻阅了订房记录表，回答客人说由于三天以后饭店要接待一个大型国际会议的多名代表，标准间客房已经全部订满了。他讲到这里并未就此把电话挂断，而是继续用关心的口吻说："您是否可以推迟两天来，要不然请您直接打电话与南京××饭店联系询问，如何？"

美国客人说："我们对南京人生地疏，你们饭店比较有名气，还是希望你给想想办法。"

小王暗自思量以后，感到应该尽量不令客人失望，于是接着用商量的口气说："感谢您对我们饭店的信任，我们非常希望能够接待像您这样尊敬的客人，请不要着急，我很乐意为您效劳。我建议您和朋友准时来南京，先住两天我们饭店的豪华套房。每套每天也不过收费280美元，在套房内可以眺望紫金山的优美景色。室内有红木家具和古玩摆饰，提供的服务也是上乘的，相信你们住了以后会满意的。"

小王讲到这里故意停顿一下，以便等待客人的回话。对方沉默了一些时间，似乎在犹豫不决，于是小王开口说："我料想您并不会单纯计较房价的高低，而是在考虑这种套房是否物有所值，请问您什么时候乘哪班火车来南京？我们可以派车到车站来接，到店以后我一定陪您和您的朋友参观一下套房，您到时候再决定也不迟。"

美国客人听小王这么讲，倒有些情面难却了，最后终于在答应先预订两天豪华套房之后挂了电话。

1. 预订员小王的工作有哪些可取之处？
2. 饭店前厅部的预订处对客房商品的销售发挥着什么作用？

客人事先进行客房预订是为了免遭饭店客满的风险，希望抵店时所需客房已由饭店备妥，而饭店之所以运用预订系统受理客人的房间预订，是希望尽力为客人提供满意的客房，为饭店争取较高的住房率。

一、客房预订的含义

客房预订，是指客人或代理机构在客人抵店前与饭店客房预订部门所达成的订约。对于客人而言，通过预订可以满足住宿需求，尤其是在旅游旺季。对于饭店而言，一方面可以提前做好人员、物品及卫生等方面的接待准备，提高客房的利用率；另一方面又可以使饭店满足现有客源市场，提高客房出租率，并获得理想的平均房价。因此，预订是前厅服务中的一项关键业务。预订服务是指通过受理并确认客人住宿要求，记录、储存预订资料，实时控制预订，进而完成客人抵店前的各项准备工作。因而，客房预订工作是整个前厅服务及客房销售的重要组成部分。

二、客房预订的任务

饭店设有预订处，专门从事客房预订服务工作。预订处是调节与控制客房预订与销售的业务中心，是服务于宾客的超前部门。预订处一般隶属于前厅部，其工作任务如下：

(1) 接受、处理宾客的订房要求；
(2) 记录、储存预订资料；
(3) 检查、控制预订过程；
(4) 完成宾客抵店前的各项准备工作。

三、客房预订的渠道、方式和类型

（一）客房预订的渠道

1. 直接与饭店预订

直接与饭店预订是指客人不通过任何中介而直接与饭店预订处联系，以电话、传真、互联网、信函等方式办理订房手续。

2. 通过与饭店签订商务合同的单位预订

饭店为发展业务，通常与商社、公司签订订房合同，为来本公司的客人或本公司外出的职员提供合作订房业务。

3. 通过饭店加入的预订网络预订

国际或国内连锁饭店相互推荐免费客源，相互提供免费订房服务，是连锁饭店在客房销售中的显著优势。而独立经营的饭店往往组建预订网络，开展订房业务的融通，以相互推荐客源的方式接受客人的订房要求。

4. 通过旅行社预订

旅行社作为宾客与饭店之间的桥梁，具有专业性强、市场接触面广等优势，是饭店开展预订业务的主要间接渠道。通过旅行社来饭店订房的既有散客，又有团体和会议客人。旅行社订房的特点是房价低、订房时间集中、订房取消率低等。此外，饭店通过旅行社订房，还须向旅行社支付佣金。在国内实行佣金，已成为与国际旅游运作方式相接轨的一种趋势，因为只有这样，才能促使旅行社积极开拓市场，争取订房客源，达到饭店与旅行社双赢的局面。

5. 通过航空公司预订

随着航空事业的发展，由航空公司代为订房的客人越来越多。航空公司不仅能提供预订航班、出售机票的服务，还能预订饭店房间，为乘客、机组人员和客人订房，起到中间商的作用。一些国际饭店集团与航空公司携手合作开拓订房业务已有几十年的历史，这种合作随着网络技术的发展，已形成了全球分销系统（GDS，Global Distribution System）。

GDS 是以一些大航空公司的中央预订系统为基本框架，由饭店、旅行社以及其他旅游企业加入其中而形成的一个世界范围内的多层次配票网络。航空公司的预订员接到订房要求后，即可通过网络转到饭店的预订系统中，饭店将能否接受预订的信息又立即转回航空公司的预订员，保证及时答复宾客。饭店也可以通过不同方式与其他交通运输公司，如铁路、长途客运公司、航运公司等联手合作，开拓订房来源。

6. 通过会议组织机构预订

随着商务型饭店的发展，饭店的会议功能逐渐完善。会议组织机构在为参会客人预订房间时，通常还要对饭店的其他产品进行预订，如餐饮、用车、会议室及相关设备等。

7. 通过政府机关或企事业单位预订

这一类主要是政府机关或企事业单位邀请的贵宾、团队及专家学者的房间预订业务。

上述七条渠道被视为饭店的客源销售渠道。饭店总是设法将自己的产品直接销售给客人，但往往因人力、财力有限而无法仅通过直接销售渠道吸引客源。因此,饭店常借助于中间商,并利用他们的销售网络、专业特长及营运规模等优势,将饭店产品及时、大量、顺畅地推销给客人,以扩大客源,增加销售量。

(二)客房预订的方式

客人采用何种方式进行预订,受其预订的紧急程度和客人预订设备条件的制约。因此,客房预订的方式多种多样,各有其不同特点。通常,客人采用的预订方式主要有下列几种。

1. 电话订房

电话订房是指客人或其委托人使用电话预订房间。该方式较为普遍,特点是迅速、简便,便于客人与预订员直接沟通,可帮助客人根据饭店客房的实际情况及时调整预订要求,从而预订到满意的客房。电话预约订房有利于预订员详细了解客人对房间种类,用房数量,房价,付款方式,抵、离店时间及特殊服务等的要求,并适时进行电话促销。

在受理电话预订时,预订员应及时受理,不可让对方久等。电话铃响三声内,预订员应立即拿起听筒,主动、热情地向客人问好:"您好,预订处。"若铃声响过三次以上,则应向客人致歉:"让您久等了,对不起。"若对客人所提的预订要求不能及时进行答复,则应请对方留下电话号码,并确定再次通话的时间;若对客人所提的预订要求能够受理确认,应及时做好完整的记录,并在通话结束前重复其主要预订内容,以免出差错,如"李先生,请允许我重复您的预订要求,您订的是从10月6日到10月9日的一间商务套间,感谢您的来电,恭候您的光临"。若通话中涉及外宾的姓名,则应请对方拼写,复述时亦如此。由于受电话的清晰度以及受话人的听力水平等影响,电话预订容易出错,所以需要建立、健全受理电话预订的程序及其相关标准,以确保预订的有效性(表2-1)。

表2-1 电话预订的程序与标准

程　序	标　准
1. 接电话	铃声响起三声以内
2. 问候客人	(1) 问候语:您好 (2) 自报岗位:××饭店预订部
3. 询问客人姓氏	(1) 询问客人的称呼 (2) 复述确认
4. 询问客人订房要求	(1) 确认客人订房日期 (2) 查看电脑及客房预订控制板
5. 推销房间	(1) 介绍房间类型及房价(注意推销技巧) (2) 询问客人公司名称 (3) 确认客人是否属于合同单位,以便于确定优惠价格
6. 询问付款方式	(1) 询问客人付款方式,在预订单上注明 (2) 公司或旅行社承担费用者,要求在客人抵达前书面确认,做付款担保

续 表

程 序	标 准
7. 询问客人抵达情况	（1）询问客人乘坐的交通工具及抵达时间 （2）向客人说明饭店为客人保留房间的最后时间
8. 询问客人特殊要求	（1）询问客人有无特殊要求 （2）对有特殊要求者，详细做好记录并复述
9. 询问预订人或预订代理人情况	（1）预订人或预订代理人的准确姓名、电话号码（单位） （2）对上述情况做好记录
10. 复述预订内容	（1）客人乘坐交通工具抵达时间 （2）房间类型、房价 （3）客人姓名 （4）特殊要求 （5）付款方式 （6）代理人情况
11. 完成预订	向客人致谢

2．面谈订房

面谈订房是客人或其委托人直接来到饭店，与预订员面对面地洽谈预订事宜。其特点是预订员有机会更详尽地了解客人需求，并可当面回答客人提出的任何问题，同时还能根据客人的神态、表情等洞察其心理状态，有针对性地采取推销技巧，进行适时销售。受理此方式的预订时，应注意避免向客人做具体房号的承诺，否则，因情况变化而失信于客人会影响服务信誉。若客人不能确定逗留的具体天数，也应设法说出最多和最少天数，以利于总台排房；若客人不能确定具体抵达时间，在用房紧张时期可明确提醒客人，预订的客房保留到抵店当天的下午六点。

与客户面谈订房事宜时应注意以下几点。

（1）仪表端庄，举止大方，讲究礼节礼貌，态度热情，语音、语调适当、婉转。

（2）把握客户心理，运用销售技巧，灵活地推销客房和饭店其他产品。必要时，还可向客人展示房间及饭店其他设施与服务，以供客人选择。

（3）受理此方式的预订时，应注意避免向宾客做具体房号的承诺。

3．传真订房

传真预订是当今饭店与客人进行预订联系的最理想通信手段之一。其特点是传递迅速、即发即收、内容详尽，并可传递客人的真迹，如签名、印鉴等。此方式可将客人的预订资料原封不动地保存，不易出现预订纠纷。

4．信函订房

信函预订是客人或其委托人在距抵店日期尚有较多时间的情况下采取的一种古老而正式的预订方式。此方式较正规，如同一份合约，对客人和饭店起到一定的约束作用。在受理此方式的预订时，应注意做到以下几点。

（1）及时复信。越早让客人收到回信，越能赢得客人好感，从而成为客人的住宿首选，影响也最大。多数饭店规定24小时内须寄出复信，并使用打时机或时间戳来控制回信速度。

（2）避免给客人留下公函式信件的印象。复信应使收件人感到信件是专门为他所写的，是一封私人信函。如预订员不能用"Dear sir（亲爱的先生）"做信头称谓，而应正确使用客人的头衔与称呼并准确拼写其姓名。

（3）复信格式正确完美，注意中英文书信格式的差异。

（4）复信内容明确、简洁且有条理。对客人来信中所提要求要给予具体答复，即使是不能应允或不能满足的要求，也须婉转地表达歉意，做到谦恭有礼，避免含糊不清，应使用书面语。

（5）复信地址、日期书写完整、准确。

（6）注意信纸、信封的格式，邮票的选择及复信者的亲笔签名。

5．互联网订房

通过互联网（Internet）进行预订是目前国际上最先进的预订方式。该方式不仅方便了客人，而且可以提高预订员的工作效率，使其能广泛争取客源，同时还能及时处理和更新预订信息。随着互联网的发展，越来越多的上网客人开始采用这种方便、快捷、先进而又廉价的方式进行预订。

6．电传/电报订房

尽管先进的传真机和国际互联网预订已逐渐取代传统的电报和电传预订，但仍有部分客人乐意采用电报和电传方式进行预订。电传（Telex）亦称用户电报，它既具备电话预订的快速，又具备信函预订可做资料保存的优点。同时，与国际长途相比，这种方式不但费用便宜，而且不受时差限制。

无论客人使用何种预订方式，预订员都应做到以下几点。

（1）无论是接受预订还是婉拒预订，都必须及时给客人以明确答复。

（2）不要给客人具体房间号码的许诺。

（3）尽可能地掌握客人的离店日期。如果客人没有讲清房间需要预订几天，通常饭店只为其预订一夜客房，但一定要事先讲明。

阅读材料

全球订房网络系统的分类

1．电话传真预订系统。此系统主要是在各地设立订房中心、销售办事处，通过免费电话（或者是拨打国际长途只收市内电话费）和传真接受客人的预订，如巴斯集团酒店免费电话预订系统。

2．联号酒店预订系统。这种网络系统由集团所属酒店的电脑构成网络，客人如需要预订该集团内任何一家酒店的客房，可以通过该集团的任何一家酒店进行网上预订。国际上一些著名的酒店集团，如巴斯酒店集团的 Holidex 预订系统、洲际集团的 Global II 预订系统、雅高集团的 Accor 订房系统、希尔顿的 Hiltron 中央预订系统和 1999 年 4 月推出的 Hilstar 预订系统等，都属于这类系统。

3．网络在线预订系统。此系统主要是在互联网上建立网站，接受客人的直接预订。国际知名酒店管理集团，如假日、雅高、希尔顿、喜来登、香格里拉、威斯汀、万豪、贵都、富豪等，都建立了这样的预订系统。

4．全球网络分房系统。此系统又称 GDS 系统，可以通过 Interface（界面）接入。雅高、贵都等集团的订房系统由此接入 GDS 中，让采用电脑网络技术的旅行社团、散客直接访问该集团的中央预订系统，从中得到某酒店的详细资料，包括酒店的出租状况，并能立即接受预订和确认。巴斯集团的 Holidex 也接入了 GDS 系统中，代号是 HI。其他分房系统还有尤特网（Utell International）、顺领网（Sterling Hotel & Resorts）、环球网（World Hotel & Resorts）等。

（三）客房预订的类型

由于客人预订客房时采取的方式不同，饭店为便于管理，将各种预订归纳为临时性预订、确认类预订、保证类预订和等待类预订四种类型。

1. 临时性预订（Advanced Reservation）

临时性预订是最简单的一种类型，指客人在即将抵达饭店前很短的时间内，或在当天才联系预订。由于时间紧迫，饭店无法要求客人预付订金，也没有时间进行书面确认，但可以口头确认。接受此类预订时，预订员的通常做法是重复客人的订房要求，问清客人抵店航班、车次及时间，尤其要提醒客人饭店将房间保留至当日下午六点。按照国际惯例，饭店会为预订的客人保留房间直至抵店当日下午的六点，这个时间也称为"取消订房时限"或"截房时间"（Cut-off Date）。超过这一时间，客人又事先未与饭店取得联系，饭店有权将房间出租给其他客人。

2. 确认类预订（Confirmed Reservation）

确认类预订通常是指饭店同意为客人预订并保留客房至某一事先约定的时间，这是一种比较重信誉的预订方式。如果客人错过了商定的截止时间而未到店，也未提前通知饭店，在用房高峰阶段，饭店可另租给其他客人，例如等候名单上的客人。

确认预订的方式有两种：口头确认和书面确认。两种方式相比较，书面确认又具有以下特点。

（1）能复述客人的订房要求，使客人了解饭店是否已正确理解并接受了他的订房要求，让客人放心。

（2）能申明饭店对宾客承担的义务及变更预订、取消预订等方面的规定，以书面形式确立饭店和客人的关系。

（3）能验证宾客所提供的个人情况，如姓名、地址等，所以持预订确认书的客人比未经预订直接抵店的客人在信用方面更可靠。

3. 保证类预订（Guaranteed Reservation）

保证类预订是饭店在任何情况下必须保证客人的预订得以实现，同时客人也要保证按时入住，否则需承担经济责任的一种信誉最高的预订方式。保证类预订通常以以下三种方式具体实施。

（1）预付订金担保。此种方式即客人或他们的代理人（机构）在住客抵店入住前须先行支付预订金或全额房款。由于各饭店自行制定的信用政策不同，所以标准不一。饭店需预先向客人说明取消预订、退还预付款的政策及规定，并保证按客人要求预留出相应客房。对于饭店而言，客人预付订金是最理想的保证性预订方式。

饭店为加强对预付订金的管理，要提前向客人发出支付预订金的确认书，陈述饭店收取预订金及取消预订、核收取消费的相关政策。收到预订金后，饭店应出具收据（表2-2）。

表 2-2　订金收据（Deposit Receipt）

```
房间号码                              日　期
Room No. _____                  Date _____
兹收到_____先生/女士
Received from Mr. /Mrs. /Miss _____
现金/支票/其他
Cash/Cheque/Others  ¥ _____
RMB（大写）_____
Please do not lose this deposit receipt, and present this to the Front Office Agent upon settlement.
请勿遗失此押金收据，在结账时请交回前台接待员。
```

（2）信用卡担保。这是指客人将所持信用卡种类、号码、失效期及持卡人姓名等以书面形式通知饭店，以达到保证性预订的目的。即使因各种原因客人不能按时抵店，饭店仍可通过银行或信用卡公司获取房费。

（3）合同担保。该方法是指饭店与有关公司、旅行社等就客房预订事宜签署合同，以此确定双方的利益和责任。合同的主要内容是明确向未按预订日期抵店入住的客人收取房费，同时，亦明确饭店应保证向与之签订合同的公司或旅行社提供所承诺的客房。总之，保证类预订维护了入住客人的利益，同时也维护了饭店的经济利益。

4．等待类预订（Waiting Reservation）

等待类预订是指在客房预订已满的情况下，再将一定数量的订房客人列入等候名单，如果有人取消预订或有人提前离店，饭店就会通知等候客人来店。预订员在处理此类预订时，应征得订房人的同意，并向客人解释清楚，以免日后发生纠纷。对未接到通知就来店的客人，饭店可尽量安排，或介绍到附近饭店，但不必为其支付房费、交通费等费用。

任务二　认知客房预订程序

案例导入

某饭店是一家按四星级标准建造的饭店，由于所处地段不甚理想，散客不是很多，所以该饭店以接纳团队为主。10月18日该店将有6个团队抵店，由于506房的房客将延迟至下午7:00退房，故预订处早班员工将韩国团由原来安排的506房换至516房，并在团队资料及电脑上分别做了调整，但房卡及团队欢迎卡上却忘了更改。

当晚8:30该韩国团一行抵店，中班员工也未发觉房卡、欢迎卡上的资料与团队资料及电脑中不符，当即为客人办理好了入住手续。客人拿了房卡便上了房间，致使电脑中516房为住房（而实为空房），客人真正入住的是506房（但电脑上显示为空房）。晚上10:30，因电脑显示506房为空房，总台员工便将此房分派给一位散客，客人办好手续上了楼层，不到3分钟便打电话下来质问："你们是怎么搞的?! 房间里有其他人在，我要找大堂副理投诉。"

思　考
1. 预订处出现双重卖房错误的原因何在？
2. 预订处工作人员需具备哪些素质？

为了确保预订工作的正常运行，必须建立完整详尽的工作程序。客房预订的程序大致是：通信联系—明确订房要求—接受或婉拒预订—确认预订—记录、储存订房资料—预订的变更、取消—客人抵店前的准备工作，如图2-1所示。

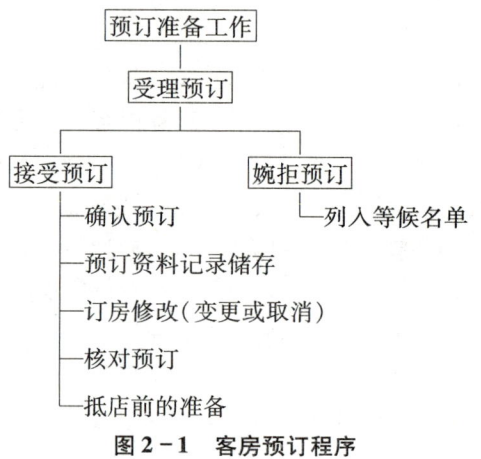

图2-1　客房预订程序

一、预订前的准备工作

（1）检查预订报表与各类统计报表，掌握已经预订出的客房数量。

（2）查阅电脑，明确当日住店与即将离店的客人状况，掌握哪些客房从哪天开始可以接受预订，防止订房与住店客人用房发生冲突。

（3）查阅交接班记录，了解已完成与未完成的预订处理情况。

（4）准备好预订单和预订表格、用品，调整电脑处于待工作状态。

二、通信联系

宾客可以用面谈、信函、电传、电报或网络等方式向饭店提出订房要求。

三、明确订房要求

预订员将宾客的订房要求填入统一规格的订房单，以明确饭店处理预订所需的各种信息，如客人姓名、人数、国籍、抵店与离店日期及时间、车次或航班、所需客房种类及数量、价格、付款方式、预订人姓名或单位及地址、电话号码、特殊要求等。

四、接受或婉拒预订

饭店决定是否接受客人订房要求时主要考虑下列几方面的因素：
(1) 客人预期抵店的日期；
(2) 客人所需房间的类型；
(3) 客人所需房间的数量；
(4) 客人的入住天数。

根据上述条件，预订员决定是否接受客人的订房要求。若客人的上述需求与饭店的接待能力和规定相吻合，则予以接受，反之则予以婉拒。接受客人的订房要求后，需填写订房单（表2-3）或团队预订卡（表2-4）。婉拒客人的预订要求时，需顾及客人心理，用友好、遗憾和理解的态度对待客人，并主动提出可供客人选择的建议（表2-5）。

表2-3 订房单（Room Reservation Form）

```
                                                          CONF. No. _____
                                                          确认号：_____
New booking 新预订         Amendment 变更                  Cancellation 取消
Guest Name 客人姓名：_____
_____
_____

Orig. Arr. _____   New Arr. _____   Flight/Time：_____
原订到达日期            到达日期              航班/时间

Orig. Dep. _____   New Dep. _____   Flight/Time：_____
原订离店日期            离店日期              航班/时间

No. of Room/Type 房数/类型：_____
Room Rate 房价：_____
Transportation Required：  APT—HTL      HTL—APT      Round Trip
机场接送                   机场—酒店    酒店—机场    机场往返

Charge
收费：_____

Company Name 公司名称：_____

Reserved by 联系人：_____ Tel/Fax 电话/传真：_____

Billing Instruction：Guest own A/C 客人自付  Room only to Co. /TA 公司/旅行社付房费
付款方式   All bills on Co. /TA 公司/旅行社付所有费用 Collect voucher 旅行社单
Special instruction 特殊说明：_____
```

续　表

```
Guaranteed by 担保方式：Company Letter 公司信　Deposit 押金　Credit Card 信用卡
Notice：The room will hold till 6 p. m. 房间将保留至下午 6 点

Remarks 备注：_____

Amenities 设施：_____

Taken by 预订员：_____Date 日期：_____
```

表 2-4　团队预订卡

```
□预订                                            团队代号：_____
□更改                                            预订日期：_____
□取消
抵达日期：_____                                离店日期：_____
客房种类：_____  房间数：_____  人数：_____
房价：_____                                    接受预订人：_____
抵达时间：_____  航班号：_____

保证预订□
团队名称：_____
公司名称：_____  地址：_____
旅行社名称：_____  联系人：_____
地址：_____
信用卡号码：_____  提前开房要求：_____
备注：_____
        _____
        _____
```

表 2-5　婉拒致歉信

```
_____小姐/女士/先生：
    由于本饭店____年____月____日的客房已经订满，我们无法接受您的订房要求，深表歉意。
    感谢您对本店的关照，希望以后能有机会为您服务。
                                                    ××饭店预订处
                                                    ____年____月____日
```

五、确认预订

确认了宾客的订房要求后，饭店应及时发出预订确认书（表 2-6）。确认书中应复述客人的订房要求、房价、付款方式，申明饭店对宾客订房变更、取消预订的规定。对确认类预订的客人要说明抵店时限，对保证类预订的客人要申明收取预订金。最后，还应向客人表达对其选择本饭店的谢意。

（1）重申客人的订房要求，包括住客姓名，人数，抵、离店时间，房间类型和数量等。

（2）双方就付款方式、房价问题达成的一致意见。
（3）声明饭店取消预订的规定。
（4）对客人选择本店表示感谢。
（5）预订员或主管的签名、日期。

为进一步使客人放心，饭店提供给客人一系列由字母、数字组成的号码形式的编码——预订编码（Reservation Code）。给予客人的编码表明饭店确认或保证在特定的日期内为客人提供住宿服务。编码同时还包括一些对客人没有任何实际意义的字母和数字，这些字母和数字主要用来表明饭店属于某个连锁集团、预订的经办人、客人的抵达时间、离店时间、信用卡的种类、信用卡的号码、客房价格以及预订序列号等，方便对某一预订系统的有效管理。

表 2-6 预订确认书（Booking Confirmation）

致 To		由 From	
电话 Tel		电话 Tel	
传真 Fax		传真 Fax	
邮箱 E-mail		邮箱 E-mail	
日期 Date			
女士/先生 您好！ 很高兴与您确认以下订房：			
Dear Sir/Madam, We are delighted to confirm the following reservation details:			
客人姓名 Guest Name		确认号码 Confirmation No.	
抵店日期 Arrival Date		离店日期 Departure Date	
用房数量 No. of Rooms：		房间类型 Room Type	
房价 Room Rate		付款方式 Payment	
早餐 Breakfast			
接机服务 Airport pick-up		航班号码/时间 Flight No. /Time	
特殊要求 Special Request			

续　表

酒店入住时间是下午2点以后，退房时间是中午12点前
请提供信用卡号码及有效期限，作为保证订房，否则房间将保留至预抵当天下午6点
谢谢您的预订，并欢迎您（或您的客户）入住本酒店
Hotel check-in time is after 14：00 and check-out time is before 12：00 noon
Please kindly provide us with a credit card number and expiry date to guarantee the above booking, or the room will be released automatically after 6 p. m. on the arrival day
Thank you for your reservation and we are looking forward to welcoming you (your guest) to our hotel

六、记录、储存订房资料

当预订确认书发出后，预订资料必须及时、正确地记录与储存，以防疏漏。订房资料一般由订房单、确认书、预订金收据、预订变更单、预订取消单、客史档案卡、客人的书面预订凭证等组成。订房资料的储存可采用以下两种方式。

1. 按客人的抵店日期排列

按时间顺序排列就是按客人抵店日期的先后顺序排列。要将预订卡归档储存，以确保预订工作的准确性，也便于随时掌握每天有哪些、有多少客人预订了房间。按时间顺序归档的预订卡一般放在一个大的卡片箱或抽屉里。

2. 按客人姓氏字母顺序排列

按字母顺序排列也就是按客人姓氏第一个英文字母的顺序排列，把预订卡归档。这种归档方式较适合大中型饭店。通过客人姓名可以迅速了解其预订情况，总台接待员按照客人姓氏字母顺序能快速找到有关客人的预订资料，问讯处和电话总机也可通过查找资料进行服务，方便有效。

预订资料的存档比较理想的做法是：既把预订资料按客人到达日期归档，又把同一天的预订资料按客人姓氏字母顺序排列，这样有利于提高前台预订和接待服务的效率。

七、预订的变更和取消

预订客人在实际抵店前，因种种原因可能对其原有预订进行更改或取消。在处理时，预订员应注意下列服务要点：

（1）迅速查找出该客人的预订单，并做出相应标记（更改或取消）；

（2）记录来电人的姓名、电话号码、单位地址等，便于双方进行联系；

（3）修改相应的预订资料，如更改计算机信息预订总表、预订卡条等，确保最新预订信息的准确性；

（4）若预订的变更内容涉及一些特殊安排，如派车接送、放置鲜花水果等，则需尽快给相关部门发出变更或取消通知；

（5）尽量简化取消预订的手续。

在处理预订更改和取消时，预订员应耐心、高效地对客人进行服务。不论是变更，还是取消或婉拒预订，都有客人方面或饭店方面的客观原因，预订员既要灵活地面对现实，又应表现出极大的热情，为客人提供有效帮助。

八、订房的核对

客人抵达饭店之前的订房核对工作是订房业务的一个重要环节。订房核对工作利于掌握订房的准确程度，此时发现任何问题都可以及时更正或补救。为了确保订房工作准确无误，在客人抵达前，通常要进行三次核对。

1. 第一次核对

这是在客人抵达饭店前的一个月，由订房员与客人联系进行的核对。核对的内容是抵达日期、预订天数、人数、房间数量与种类等，核对的主要对象是重要客人和重要团体。

2. 第二次核对

这次核对在客人抵达前一周进行，方式与第一次相同，核对的主要对象是变动的订房和重要客人的订房。

3. 第三次核对

这是指在客人抵达前一天对订房进行的最后一次核对。订房员要将订房信息及时、完整、准确地传递到总台接待处。这次核对非常重要，核对的主要内容是非担保订房、变更订房以及重要客人、有特殊要求客人的订房。

三次核对法主要针对零散的订房客人，对于大型或重要的团体客人，核对订房常常多于三次。

九、宾客抵店前的准备工作

客人抵店前的准备工作大致分成下列三阶段。

（1）提前一周或数周将饭店主要客情，如重要客人、大型团队、会议接待、客满等信息通知各部门。可采取分发各类预报表的方法，如"一周客情预测表"（表2-7）、"重要客人预报表"（表2-8）等，也可召开由运营总经理主持的协调会。

（2）客人抵店前夕将客情及具体接待安排以书面形式通知相关部门，做好准备工作。饭店在这方面常使用的表格有"次日抵店客人名单"（表2-9）、"VIP接待申请单"（表2-10）、"VIP接待通知单"（表2-11）、"接站单"（表2-12）、"订车单"（表2-13、表2-14）、"订餐单"（表2-15、表2-16）等。

（3）客人到店当天，总台接待员应根据客人的预订具体要求提前排房，并将有关接待细节（变更或补充）通知相关部门，共同完成客人抵店前的各项准备工作。

表2-7　一周客情预测表

日期：从_____年_____月_____日到_____月_____日

日期	星期	抵店用房	离店用房	住客房	空房	待修房	出租率%	人数	
								团队（会议）	散客

送：总经理_____　餐饮部_____　问讯处_____　本期平均住房率_____
　　副总经理_____　客房部_____　大厅服务_____
　　值班经理_____　财务部_____　接待处_____　制表人_____
　　公关营销部_____　商场部_____

表2-8　重要客人预报表

　　　　　　　　　　　　　　　　　　　　　　　　　　　　　　　　　年　月　日

姓名或团名		国　籍		
身　份		人　数		
来馆日期		班　次		
离馆日期		班　次		
接待单位				
具体要求：				
备　注：				经手人：_____

表2-9　次日抵店客人名单

年　　月　　日

序号	房号	房间类型	客人姓名	人数	预订号	到达日期	到达时间	离店时间	预订人员接待单位	签名

表2-10　VIP接待申请单

贵　　宾：A　　　　　B　　　　　C
客人姓名：＿＿＿＿＿＿＿　　　国籍：＿＿＿＿＿＿＿
公司名称及职称：＿＿＿＿＿＿＿
到达日期：＿＿＿＿＿＿＿　　　退房日期：＿＿＿＿＿＿＿
预期到达时间：＿＿＿＿＿＿＿　预期离店时间：＿＿＿＿＿＿＿
交通安排：＿＿＿＿＿＿＿　　　保安安排：＿＿＿＿＿＿＿
用房数量：＿＿＿＿＿＿＿　　　房　　号：＿＿＿＿＿＿＿
生　　果：A　　　　　B　　　　　C
饮　　品：　　　　欢迎饮品
酒　　吧：　　　　特级酒吧摆设　　　　　普通酒吧摆设
管家部：鲜花　A　　　　　B　　　　　C
备　　注：＿＿＿＿＿＿＿＿＿＿＿＿＿＿＿＿＿＿＿＿＿＿＿＿＿
＿＿＿＿＿＿＿＿＿＿＿＿＿＿＿＿＿＿＿＿＿＿＿＿＿＿＿＿＿＿＿
＿＿＿＿＿＿＿＿＿＿＿＿＿＿＿＿＿＿＿＿＿＿＿＿＿＿＿＿＿＿＿
＿＿＿＿＿＿＿＿＿＿＿＿＿＿＿＿＿＿＿＿＿＿＿＿＿＿＿＿＿＿＿

申请部门：＿＿＿＿＿＿＿＿＿＿＿＿＿
日　　期：＿＿＿＿＿＿＿＿＿＿＿＿＿
（白）财务部、　（红）餐饮部、　（绿）管家部、　（黄）前台、　（蓝）大堂副理

表 2-11　VIP 接待通知单

No.

姓名（团体）/身份			国籍		
人数	男：	女：	房号		
来馆日期			班次		
离馆日期			班次		
拟住天数			接待标准		
客人要求					
接待单位			陪同人数/身份	男：	女：
特殊要求					
审核人			经手人		
备注：					

年　月　日

表 2-12　接站单

时间：＿＿＿＿＿＿＿＿＿＿＿＿＿＿＿＿＿＿

航班：＿＿＿＿＿＿＿＿＿＿＿＿＿＿＿＿＿＿

姓名：＿＿＿＿＿＿＿＿＿＿＿＿＿＿＿＿＿＿

其他：＿＿＿＿＿＿＿＿＿＿＿＿＿＿＿＿＿＿

年　月　日　预订处

表 2-13 订车单

客人姓名_____ 共_____人
车型_____ 数量_____

抵达日期_____ 航班/车次_____ 抵达时间_____
接车地点_____ 接车后送往_____

送车日期_____ 航班车次_____ 客人要求离馆时间_____
送往地点_____ 注：请汽车调度与客人确认送车时间

收费方式 （ ）现付/签单人房数（ ）报账
注：请汽车调度与客人确认付款方式

预订方式_____ 填表日期_____
职员签名_____ 调度签名_____

备注：

表 2-14 团队接车预订单

	预订号	团队代号	客人姓名	乘车人数	预订日期	抵达时间	实际到达日期	接车时间	接车人	备注
第一联	1.									
	2.									
	3.									

☐预订　　　　　1:00 p.m. ☐　　　　接车预订人：
☐更改　　　　　6:00 p.m. ☐　　　　接受预订人：
☐取消　　　　　保证预订 ☐　　　　签字_____
　　　　　　　　　　　　　　　　　　签字_____

续 表

	预订号	团队代号	客人姓名	乘车人数	预订日期	抵达时间	实际到达日期	接车时间	接车人	备注
第二联	1.									
	2.									
	3.									
	□预订 □更改 □取消			1:00 p. m. □ 6:00 p. m. □ 保证预订□				接车预订人： 接受预订人： 签字_____ 签字_____		
	预订号	团队代号	客人姓名	乘车人数	预订日期	抵达时间	实际到达日期	接车时间	接车人	备注
第三联	1.									
	2.									
	3.									
	□预订 □更改 □取消			1:00 p. m. □ 6:00 p. m. □ 保证预订□				接车预订人： 接受预订人： 签字_____ 签字_____		

表 2−15 散客订餐单（Dinner Order Form）

房号 Room No.		姓名 Name		国籍 Nationality	
酒家 Name of Restaurant					
用膳日期及时间 Date & Time					
人数 Persons			台数 Tables		
每人（台）标准 Price for Each Person（Table）					
有何特殊要求 Special Request					
处理情况	酒家承办人： 经手人： 年　月　日				

表 2-16 团队用餐通知单

```
                                                         日期：_____
团    号：_____        旅行社名称：_____
入住日期：_____        离店日期：_____
用餐地点：_____        用餐时间：_____
用餐人数：_____成人_____幼童_____
司陪人数：_____
领队（司陪）：_____    接待员：_____
餐厅经手人：_____
CC：（白联）餐饮部        （红联）团队        （蓝联）接待处
```

综上所述，客房预订过程极其复杂，且准确率要求极高，故采用计算机进行全过程的操作是十分必要的，不仅方便、快捷，而且准确、高效（表 2-17）。

表 2-17 客房预订工作程序

工作步骤	具体内容	标准	备注
接受预订	了解房态	1. 认真查看交接班记录和电脑，准确掌握即时客态、当日及未来一段时间内可出租房的具体信息 2. 准备好接受预订时所需要的各种预订单和回复单	
	获取信息	总台一般通过电话、电传、网络、口头、书面信函或预订通知单获取订房信息，也使用同样的方式给予客人回复	若是网络订房，要电话与营销部文员和商务中心确认是否收到传真
	明确客源	饭店的客源一般可分为：零散客人、团队客人、会议客人	
处理预订	订单内容	1. 客人的姓名、性别、国籍、来源地、公司、名称、人数 2. 预计抵、离店日期 3. 所需客房的种类、数量与价格 4. 预订者的姓名及联络方式 5. 付款方式 6. 特殊要求（如接机、房间要求等） 7. 根据预订情况识别客人级别 8. 客房可保留的最晚时间	1. 客人的联系方式要准确记录，以便与客人及时沟通，方便信息的畅通 2. 需要接机服务的，一定要准确记录客人的航班号、飞机大概到达的时间、客人的姓名 3. 如果当时没有客人想要的房型，记下客人的电话，一有此类房型，第一时间电话通知客人，并做好预订工作
	婉拒预订	因客满而婉言拒绝客人预订要求，并非意味着终止对客服务，可根据当时情况给予客人各种建议，以让客人满意，如为客人换另一类型的客房或推荐另外的饭店；亦可将客人的订房要求、电话号码等记录在"等候名单"上，一旦有相应的空房就马上通知客人	

续表

工作步骤	具体内容	标准	备注
确认预订	确认方式	口头确认或书面确认	
	确认内容	1. 是否满足了客人的订房要求 2. 双方就房价是否达成了一致的意见 3. 双方就付款方式是否达成了一致的意见 4. 是否声明了饭店取消预订的规定，告知客人最晚到店时限 5. 是否对客人的选择表示了感谢 6. 注意给客人的承诺要忠实履行，如客人无特殊要求，应尽量避免向客人做出确认房号的承诺	1. 预订时，客人有特殊要求的，一定要记录好，及时通知相关部门，提前做好准备 2. 网络订房或传真订房，一旦为客人订好房间，需及时通知总台或商务中心，给客人回传确认或取消房间
资料存储	填写预订单	填写预订单，并按抵店日期顺序与客人姓氏字母顺序进行储存保管	资料录入一定要准确，方便客人和饭店相关人员查找
	录入电脑	及时将客人的订房信息录入电脑	
预订变更或取消	变更方式	1. 客人变更 2. 饭店原因需要客人更改预订	
	处理变更	1. 查找原始订房单，并做出相应标记 2. 询问并记录对方姓名、单位及联系方式 3. 查阅有无符合客人要求的房间，或更改或取消，并将所取消预订作为候补优先等候名单处理，修改相应的订房资料（书面订单、电脑预订信息） 4. 如果客人想要的房型已满，应记录客人的姓名及联系方式，以便有此房型时告知客人，增加预订量 5. 书面变更需再次发预订确认书 6. 如果是因饭店方面的原因导致预订变更，要向客人致歉并提供客人认可的解决方案 7. 如果变更及取消涉及原有特殊安排，如：鲜花、水果、房内特殊布置等，应立即通知相关部门	1. 及时做好单据归类 2. 通知相关部门 3. 及时整理预订单 4. 检查控制房态，避免超预订
预订核实	核实周期	1. 提前一个月 2. 提前一周 3. 提前一天 4. 当日核实	
	核实信息	在抵店前与预订单位或个人核实预订的相关信息，尽可能掌握主动，防止因预订变更或取消带来的混乱	
抵店准备	通知	提前将预订信息（特别是 VIP 客人信息）通知相应部门	与相应部门做好沟通，避免有些环节的遗漏
	排房	根据客人订房要求，提前做好房间安排	排房时考虑宾客特殊需求

 知识链接

客房控制系统

客房控制系统，是利用计算机控制、通信、管理等技术，基于客房内的客房控制系统（RCU，Room Control Unit）构成的专用网络，对饭店客房的安防系统、门禁系统、中央空调系统、智能灯光系统、服务系统、背景音乐系统等进行智能化管理与控制，实时反映客房状态、宾客需求、服务状况以及设备情况等，协助饭店对客房设备及内部资源进行实时控制分析。其由于功能丰富，兼容性强，并提供与饭店管理系统的接口，已成为饭店全面智能化必不可少的一部分。饭店客房控制系统具有以下特点和优势。

（1）网络通信。网络通信采用国际标准的 TCP/IP（传输控制/互联网）协议，控制主机 RCU 嵌装 10/100M 自适应快速以太网接口，兼容性强，传输速率快，对于客房数量多的饭店特别适用，稳定可靠。其应用极为普遍，通用性组网的特性无须专门培训，便于日后维护。

（2）控制面板。控制面板采用墙装弱电复位开关的方式。智能化的控制更安全，更人性化，美观大方。

（3）空调控制。空调控制通过网络可对饭店每间客房的空调系统进行实时监控，根据饭店事先预置的空调控制策略（时间表），在保证不影响为客人提供舒适环境的前提下，有效降低冷热源消耗和三速风机的消耗。在单客房系统中配备带通信接口的大液晶显示空调温控器，该温控器本身带有对风机和电动阀控制的端口。它与 RCU 之间通过内部通信总线进行通信，一台 RCU 可带多达 16 个温控器模块。这种配置设计对于有多个温控器的套间和总统套房特别适用，不需为每个温控器配置一个 RCU，可大大节省投资和工程预算。这种方式布线简单，结构清晰，稳定可靠。由于空调温控器模块本身带有对风机和电动阀控制的端口，即使 RCU 出现故障，空调温控器模块仍可正常工作，不影响客人的使用。通过系统软件可对每间客房的空调进行远程集中控制，以达到有效节能。

（4）智能身份识别插卡取电模块。该模块有别于传统的条码识别取电开关，还是内置 M1 或 TEMIC 读卡器，可读取开锁卡的预置信息，以判断持卡人的身份是客人、服务员还是管理人员。它与 RCU 通过内部通信总线进行通信，对不同身份赋予不同的权限。RCU 通过通信系统将插卡人身份信息传送至系统服务器，客房管理部门可实时了解进入房间的人员情况。

（5）成熟的系统软件。客房控制系统软件经过十余年的经验积累，功能强大，注重细节，稳定可靠。它包括系统服务器端软件和客户端软件。服务器端软件可适应多种操作系统（Windows NT4.0，Windows 2000 Server），使用功能强大的 Microsoft SQL Server 数据库管理系统。客户端软件有四个模块，分别是客房状态的管理控制模块、服务功能的控制与显示模块、空调控制模块与工程管理模块。其接口丰富，全面参与饭店网络化管理，采用 ODBC（开放的数据库连接：Open Database Connectivity）数据库管理系统的编程接口可与多家饭店管理系统（西软、中软、贵德、泰能和 Micros-Fidelio）进行相关的数据交换，实现房态真正的动态管理。

（6）兼容性强。客房控制系统可与多种类型的门锁系统兼容，读取门锁卡的预置信息。

（7）性能稳定、可靠。本系统独立于其他网络，可防止其他网络数据信号传输故障（如数据流量不稳定、互联网病毒等）造成的失误或失效动作；采用工业自动控制级标准生产的系统设备，确保系统的长期频繁可靠使用。

任务三 学习订房纠纷处理

案例导入

6月份,哈尔滨一年一度的哈洽会期间是饭店的接待高峰,为了保证饭店的经济效益,一连几天前台都实行了超额预订。一个下雨天,一位来自北京的客人要入住饭店,可是他没有提前预订房间,而且此时饭店房间已全部出租,没有空余的房间。当前台服务员向客人解释时,客人却不理睬。这位客人提着行李在大堂大喊大叫,说自己第一次来哈尔滨又冒着大雨,因为公司与饭店签了协议才来的,他是不会走的。

这时,大堂副理走过来,将客人引领到大堂副理工作台前,耐心地向客人解释。可这大雨天也得让客人有地方住才行,最后大堂副理打电话与同星级的饭店联系,终于在附近的饭店找到了一间房,价格相近,之后又经请示,派出饭店的车辆将客人送至附近饭店,这时客人的气儿才消了。大堂副理将客人安顿好后,北京的客人对大堂副理说他对饭店的服务感到非常满意,并承诺下个月来时会提前预订房间。

1. 客人没有在该饭店预订房间,为何饭店仍然为其提供服务?
2. 试总结大堂副理的处理艺术。

预订客人抵店后,可能会因为各种原因就订房问题与饭店之间发生纠纷,饭店应酌情积极妥善地处理好这些纠纷,便于保障双方的合法权益,维护饭店的良好声誉。

一、超额订房

即使实现了客房预订,也并非所有的客人都能按约如期到达。经验告诉我们,即使饭店的客房全部都预订出去,仍会有一小部分订房者因各种原因而不能按期抵达或临时取消,使饭店出现空房,延误出租并遭受一定损失,因为并非所有客人的预订都是保证类预订。饭店为了追求较高的出租率,争取获得最理想的经济效益,有可能或有必要实施有效的超额订房。

所谓超额订房,是指饭店在订房已满的情况下再适当增加订房的数量,以弥补少数客人因预订未到、临时取消预订或提前离店而出现的客房闲置。超额订房既是饭店经营管理者胆识与能力的表现,又是一种有风险的行为,关键是如何有效地实施超额预订,避免或最大限度地降低由于失误而造成的麻烦。因此,超额预订的决策应该是有依据的,这个依据既来自经验,又来自对市场的预测及对客情的正确分析。

(一)超订数量的控制

做好超额订房的关键在于掌握超额订房的数量和幅度。按国际饭店的管理经验,超额订房的百分数可以在5%~15%之间。实施超额订房时应考虑下面一些主要因素。

1. 掌握团体订房和散客订房的比例

团体订房一般由国内外旅行社、专业会议、商业机构等事先计划和组织。他们与饭店签订订房合同，双方愿意共同履行契约。因此，团体订房可信度较好，预订不到或临时取消的可能性很小，即使有变化也会提前通知。散客是个人订房，一般支付订金的不多，随意性很强。所以，在某段时间内团体订房多而散客订房少的情况下，超额预订的幅度不可过大；反之，在散客订房多而团体订房少的情况下，超额订房的数量不宜过少。

2. 掌握预订类别之间的比例

为维护声誉，取信于民，饭店在具体实践中往往把保证类预订和确认类预订视为准确订房，作"订房契约"处理，会最大限度地保证这些客人的住房要求，尤其是确保保证类预订客人的住房要求。其他的预订则可视为意向性订房，届时若发生纠纷，饭店不对客人承担经济责任，若客人不按时抵达，饭店也不要求客人赔偿。所以，在某一时期准确订房多而意向性订房少的情况下，超额预订的幅度不宜过大，反之亦然。

3. 根据订房资料及以往工作实践统计有关客人数量所占的比例

这些客人包括订房未到者、临时取消者、提前离店者、延期离店者和提前抵店者。只有对以上各种因素进行综合分析，结合过去、近期的情况，并估计将来一段时间的情况，做出正确的判断，才有可能使超额预订做得恰如其分。以下是超额订房的计算公式及其运用，为合理掌握超额预订的数量和幅度提供了手段：

$$X = \frac{(A-C) \times r + C \times f - D \times g}{1-r}$$

(X：超额订房数；A：饭店可供出租客房数；C：续住客房数；r：预订未到及临时取消和变更的比率；D：预期离店客房数；f：提前离店率；g：延期住宿率）

4. 掌握好淡、旺、平季的差别

旺季时超额预订的比例应小些，平季应大些。

5. 掌握现有订房中不同预订的比例

如果保证类预订较多，超额预订的比例就应小些；确认类预订较多，超额预订的比例相应大些；临时类预订比例高，超额预订的比例应更大些。

6. 了解酒店附近同等级酒店的住房情况

如果本地区其他同等级酒店已经客满或接近客满，就应减少超额预订比例；反之，则可提高超额预订比例。

7. 了解本酒店在市场中的信誉度

一般来讲，如果酒店在社会公众心目中影响力不大，就可适当将超额预订的比例提高一些；反之，比例则应小些。

8. 注意未来几天天气变化情况

有时天气变化会使预订客人无法如期抵店，这种情况下可以考虑适当提高超额预订比例。

阅读材料

2004年4月16日，新疆某旅行社与新疆某饭店签订了一份协议书。双方在协议书中约定：2004年4月16日至同年9月期间，由某旅行社组织旅游团队在该饭店集体订房并使用，等旅行社累计用房到一定数量后，饭店须以等值的免费房间给予旅行社奖励。协议签订后，某旅行社便向某饭店交纳了押金1 250美元。

2004年9月底，协议期满，经双方同意，于同年9月30日就饭店给旅行社奖励用房又签订了补充协议。协议上写明："奖励给旅行社的房间差价为贵宾楼30 690元，迎宾楼42 320元。对于上述免费房的等值房款额，根据市场行情分为两个时间段按不同房价进行折抵。而且，旅行社提出了订房申请后，饭店应于24小时内做出是否接受订房申请的确认。协议期限为2004年10月1日至2005年6月30日。"之后至2005年4月，某旅行社共享用了某饭店价值为30 010元的奖励房。但在此后的两个月内，当某旅行社向某饭店申请用房时，某饭店要么不予答复，要么干脆说"客满无房"。

某饭店的生意真的那么"好"吗？某旅行社想探明真伪，便委托"外人"向某饭店申请订房，结果得到该饭店爽快的答复：房间有的是。

2005年6月中旬，某旅行社愤然将某饭店起诉到乌市天山区人民法院，要求某饭店偿还押金、解除补充协议、赔偿剩余房款43 000元。2005年8月底，法院开庭审理了这起服务合同纠纷案。在法庭上，某旅行社认为某饭店违约，向法庭提供了4次向某饭店订房的申请，以及在被告知无房的情况下委托他人再次向饭店订房即得到订房的相关证据（已经过公证）。饭店则认为，饭店确实因"客满无房"无法接受旅行社的预订，不属违约行为。法院经调查，双方签订的用房协议书及补充协议书是双方的真实意思表示。补充协议履行期间，旅行社申请订房后，饭店不予答复或告知无房，但在旅行社委托他人订房时却接受订房的证据属实。

2005年9月20日，法院审理本案后认为，某饭店与某旅行社之间签订的协议以及补充协议均有效，双方应本着诚实守信的原则，严格履行合同约定。由于某饭店的违约行为致使某旅行社在2005年6月30日前无法使用完奖励用房，不能实现合同目的。依据《中华人民共和国合同法》，判决某旅行社与某饭店签订的补充协议书予以解除，某饭店应返还某旅行社押金1 250美元，并赔偿某旅行社经济损失44 416.12元。一审判决后，某饭店不服，又上诉到中级人民法院。2005年12月16日，乌鲁木齐市中级人民法院通过调查审理后，最终依法判决：驳回某饭店上诉，维持原判。2006年2月，乌鲁木齐市天山区人民法院执行局终于将这起服务合同纠纷案执行完毕。

讨 论

订房协议书为何具有法律效力？

（二）超额过度的补救措施

饭店由于承诺了超额预订的客人，有时会使已经预订的客人到店后无房可住，从而出现超订过度的现象。产生超订过度的原因可能是预订资料的记录、储存中出现了差错，前厅经理及预订主管缺乏经验,更主要的是过高估计了预订和未抵店客人、临时取消客人及提前离店客人的用房数量,或者是未能正确地估计延期离店客人的用房数量。为了避免纠纷、维护饭店声誉,饭店应积极采取补救措施,以示歉意,并希望客人以后有机会能再次光临。

(1) 与本地区饭店同行加强协作,建立业务联系。一旦超订过度,可安排客人到有业务协作关系的同档次、同类型饭店暂住。

(2) 客人到店时,由主管人员诚恳地向其解释原因,并赔礼道歉,如有需要还应由总经理亲自出面致歉。

(3) 派车免费将客人送到联系好的饭店暂住一夜,如房价超过本店,其差额部分由本饭店支付。

(4) 免费提供一次或两次长途电话或电传,以便客人将住宿地址临时变更的情况通知其家属和有关方面。

(5) 将客人姓名及有关情况记录在问讯卡条上,以便向客人提供邮件及查询服务。

(6) 对于连住又愿回本店的客人,应留下其大件行李。次日排房时,优先考虑此类客人的用房安排。次日一早将客人接回,大堂副理在大厅迎候并致歉意,陪同办理入住手续。

(7) 客人在店期间享受贵宾待遇。

(8) 事后由前厅部的主管人员向提供援助的饭店致谢。

二、订房纠纷处理

饭店因客满不能安排预订客人入住,或客人抵店时所提供的房间不尽如人意等情况时有发生。一旦发生订房纠纷,饭店应根据不同情况妥善处理。除超额订房纠纷外,饭店中常见的订房纠纷主要有以下几种情况。

(1) 客人通过信函要求订房,因客满,饭店在回信时只同意列为候补。

(2) 客人抵店时间已超过规定的截房时间,或是未按指定的航班、车次抵达,事先又未与饭店联系,饭店无法提供住房。

(3) 客人打电话到饭店要求订房,预订员同意接受,但事后并未寄出确认书,客人抵店时无房提供。

(4) 客人声称自己办了订房手续,但接待处没有订房记录。

(5) 在价格上发生争执或因不理解饭店入住和住房方面的政策及当地法规而产生不满。

上述第一种情况中,饭店只将客人作为候补,并未承诺一定有房提供;第二种情况虽为确认订房,但已超过了饭店规定的留房时限。显然,因这两种情况发生纠纷,责任都不在饭店一方,但是在对待客人时同样要热情接待,耐心解释,并尽力提供帮助,绝不可与客人争吵。如果饭店没有空房,可与其他饭店联系安排客人入住,但饭店不承担任何费用。

第三种情况,虽无书面凭证,但从信义上讲,口头承诺应同书面确认一样有效。遇到这种情况,应向客人道歉,尽量安排客人在本饭店住宿,实在无房提供时,可安排客人在附近饭店暂住,次日接回并再次致歉,最忌有的饭店处理此类问题时借口未确认而对客人失礼。

遇到第四种情况,接待处要与预订处联系,设法找到客人的订房资料,看是否放错或丢失,或有其他原因。如经查找,确认客人是前一天的订房客人,但未能按时抵店,或是客人提前抵店,在饭店客满的情况下,总台接待人员应尽力提供各种帮助,为客人解决面临的困难。如经查找,确认客人是当天抵店的订房客人,但饭店此时已无法提供客房,而必须将客人安排在其他饭店,那么应按超订过度的补救方法处理。

遇到第五种情况,总台接待人员必须耐心而有礼貌地向客人做好解释工作,使其既接受现实又不致产生不满情绪,无论如何不能与客人发生争执。

预订政策的制定不仅要满足宾客的要求,保护宾客的利益,还要有利于饭店的经营管理工作,使预订工作有章可循;同时,预订政策也可作为处理预订中发生的纠纷的依据和规则,保护饭店自身的合法权益。

项目小结

开展客房预订不仅是旅客的要求,对饭店自身的经营管理而言,客房预订同样具有重要意义。本项目主要介绍了客房预订的类别、程序及客房预订失约行为的处理方法。客房预订的类别一般分为两大类:一类是非保证类预订,包括临时性预订、确认类预订、等待类预订;另一类是保证类预订,即客人通过预付订金的方式来保证自己的订房要求。客房预订的大致程序是:通信联系—明确订房要求—接受或婉拒预订—确认预订—记录、储存订房资料—预订的变更、取消—客人抵店前的准备工作。

综合能力训练

······ 基本训练 ······

一、解释

客房预订　超额预订　确认类预订　保证类预订

二、选择

1.（　　）订房是客户亲自到饭店,与订房员面对面地洽谈订房事宜。
　A．口头　　　　　B．电话　　　　　C．电传　　　　　D．面谈
2. 客人的预订日期与抵店日期接近,甚至是抵店当天的订房属于（　　）。
　A．确认类预订　　B．保证类预订　　C．临时性预订　　D．等待类预订
3. 有些饭店规定,对于客人的信函订房,从收到预订信起（　　）小时内必须寄出复信。
　A．12　　　　　　B．48　　　　　　C．72　　　　　　D．24
4. 调查表明,（　　）取消预订的客人,在后来的旅行中仍会返回该饭店预订。
　A．95%　　　　　B．90%　　　　　C．85%　　　　　D．80%
5. 订房核对分三次进行,下列哪一次时间是不合理的?（　　）
　A．提前一个月　　B．当天　　　　　C．提前一周　　　D．提前一天

三、思考

1. 简述接受电话预订的服务程序。
2. 谈谈预订处在客人入住前应做好哪些准备工作。
3. 试分析超订过度而导致客人无法入住时，饭店应采取哪些措施。
4. 试叙述如何做一名优秀的饭店预订员。

四、案例分析

客房重复预订之后

销售部接到一日本团队住宿的预订，在确定了客房类型和安排在 10 楼同一楼层后，销售公关部开具了"来客委托书"，交给了总台石小姐。由于石小姐工作疏忽，错输入了电脑，而且与此同时，又接到一位台湾石姓客人的来电预订。因为双方都姓石，石先生又是饭店的常客，与石小姐相识，石小姐便把 10 楼 1015 客房许诺订给了这位台湾客人。

当发现客房被重复预订之后，总台的石小姐受到了严厉的处分。石小姐不仅工作出现了差错，而且违反了客人预订只提供客房类型、楼层，不得提供具体房号的店规。这样一来，饭店处于潜在的被动地位。如何回避可能出现的矛盾呢？饭店总经理找来了销售公关部和客房部的两位经理，商量了几种应变方案。

台湾石先生如期来到饭店，当得知因为有其他客人来才使自己不能如愿时，表现出了极大的不满。换间客房石先生是坚决不同意的，无论总台怎么解释和赔礼，这位台湾客人仍指责饭店背信弃义，崇洋媚外，"日本人有什么了不起，我先预订，我先住店，这间客房非我莫属"。销售部经理向石先生再三致歉，并道出了事情的原委和对总台失职的石小姐的处罚，还转告了饭店总经理的态度，一定要使石先生这样的饭店常客最终满意。

这位台湾石先生每次到这座城市，都下榻这家饭店，而且特别偏爱住 10 楼。据他说，他的石姓与 10 楼谐音，住在 10 楼有一种住在自己家的心理满足感。不仅如此，他对 10 楼客房的陈设、布置、色调、家具都有特别的亲切感，这些会唤起他对逝去的岁月中一段美好而温馨往事的回忆，因此对 10 楼他情有独钟。

销售部经理想，石先生既然没有提出换一家饭店住宿，表明对我们饭店仍抱有好感，于是他说："住 10 楼比较困难，因为要涉及另一批客人，会产生新的矛盾，请石先生谅解。""看在饭店和石小姐的面子上，我同意换楼层，但房型和陈设、布置各方面要与 1015 客房一样。"石先生做出了让步。

"14 楼有一间客房与 1015 客房完全一样，"销售公关部经理说，"事先已为先生准备好了。"

"14 楼？我一向不住 14 楼的。西方人忌 13 楼，我不忌，但我忌讳的就是 14，什么叫 14，不等于是'石死'吗？让我死，多么不吉利。"石先生脸上多云转阴。

"那么先生住 8 楼该不会有所禁忌了吧？"销售部经理问道。

"您刚才不是说只有 14 楼有同样的客房吗？"石先生疑惑地问。

"8 楼有相同的客房，但其中的布置、家具可能不尽如石先生之意。您来之前我们已经了解石先生酷爱保龄球，现在我陪先生玩上一会儿，在这段时间里，饭店会以最快的速度将您所满意的家具换到 8 楼客房。"销售部经理说。

"那还差不多，可以，我同意。"石先生惊喜地说道。

销售部经理拿出对讲机，通知有关部门："请传达总经理指令，以最快速度将 1402 客房的可移动设施全部搬入 806 客房。"

饭店的这一举措弥补了工作中的失误，赢得了石先生的心。为了挽回饭店的信誉，同时也为了使"上帝"真正满意，饭店做出了超值的服务。此事被传为佳话，声名远播。

问题：

1. 总台石小姐的工作失误在哪？
2. 饭店销售部与前厅预订处销售客房的对象有何差异？
3. 结合实例，谈谈饭店针对重复卖房的处理艺术。

••••• •••••• •••• 技能训练 •••••• •••••

一、任务名称

客房预订模拟实训。

二、任务目标

选取本项目客房预订工作程序之一作为操练项目，进行情境设计、角色分工和操作体验，在此基础上撰写实训报告。

三、任务实施

1. 将班级学生分成若干实训组，每组确定一名组长。
2. 各组分别选取本项目中客房预订所列工作程序之一，学习和讨论学习内容，作为本次实训的知识储备。
3. 各组分别将所选的工作程序作为操练项目，进行情境设计，根据情境需要进行角色分工。
4. 各组以所选的工作程序学习内容为规范，进入角色，体验本项目模拟实训的全过程。
5. 各组学生记录本次模拟实训的主要情节，总结实训操练的成功经验、存在的问题及解决办法，在此基础上撰写实训报告。
6. 在班级讨论交流、相互点评与修改各组的实训报告。

四、任务考核

1. 成果形式：《客房预订模拟实训报告》。
2. 考核标准。

（1）操练考核标准：

序号	考核内容	考核要点	配分	评分标准	扣分	得分
1	仪容仪表	整洁得体，鞋袜洁净，纽扣齐全，女生化淡妆，不佩戴夸张的饰物	10	有一项不符合要求，扣2分		

续 表

序号	考核内容	考核要点	配分	评分标准	扣分	得分
2	仪态	行走、站姿正确,行为规范有礼	10	有一项不符合要求,扣2分		
3	了解需求	礼貌地询问清楚客人的订房要求	10	每有一处错误或遗漏扣2分		
4	介绍房间	向客人介绍三种以上的客房,正确描述各类房间的优点及房价	20	少介绍一种扣2分,描述不全面扣2分,报错价格扣2分		
5	填写表格	规范、完整地填写预订表	10	每有一处错误扣2分		
6	确认订房	确认客人订房的时间、天数、房型、房价、付款方式、保留时间、特殊要求、联系电话等	20	每有一处错误或遗漏扣2分,扣完为止		
7	道别	礼貌地向客人道谢、道别	10	每有一处遗漏扣2分		
8	预订程序	按照正确的程序提供预订服务	10	出现一处程序错误扣2分		
合计			100			

(2) 任务考核标准:

工作任务	评价方式		评价标准	分值
客房预订模拟实训报告	小组自评	20%	评价学生完成任务过程中的执行情况、任务完成效果、工作态度、操作技能及自主解决问题的能力等	100
	小组互评	40%		
	教师评价	40%		

项目三 前厅礼宾服务

📖 学习目标

知识目标:
1. 熟悉礼宾服务内容与服务要求。
2. 掌握礼宾部店内外迎送宾客的工作流程。
3. 掌握礼宾部各类行李服务的工作程序。
4. 熟悉"金钥匙"的含义与服务范围等相关知识。

能力目标:
1. 能够熟练地按规范程序为各类客人提供店外迎送服务。
2. 能够熟练地按规范程序为各类客人提供店内迎送服务。
3. 能够熟练地按规范程序为散客与团队客人提供各类行李服务。
4. 能够熟练地按规范程序为各类客人提供礼宾部日常性服务。

实训目标:
1. 能够以礼宾员的规范标准来要求自己。
2. 熟练掌握礼宾部店内外迎送服务、行李服务与"金钥匙"服务的工作流程与服务特色。
3. 将课堂理论知识运用于实践,在各类模拟训练中掌握饭店礼宾部服务的基本技能,为将来迅速适应岗位工作打下基础。

任务一 了解前厅礼宾服务

🌐 案例导入

2008年11月7日,礼宾员Mark像往常一样早早来到饭店上班。正与客人交谈时,一位来自台湾的卢先生来到礼宾台拿出一张明信片交给了Mark,称想要找这位给他寄明信片的好友金其全先生。Mark接过明信片仔细一看,上面只留有寄信人与地址,而无其他联系方式。卢先生表示这次到杭州非常想与这位失散多年的好友见一面,而卢先生目前唯一的线索就是手中的这张明信片,希望饭店礼宾部能帮他找到这位朋友。Mark得知这一情况后,留下卢先生的联系方式,立即开始了寻找之旅。

首先,Mark想到了通过114查询卢先生留下的地址"西子花园"的物业管理处电话,希望通过此小区物业可以找到卢先生好朋友金其全的联系方式,但遗憾的是小区物业并没有在114信息平台注册任何信息。

于是,Mark又通过网络寻找到了以前入住在"西子花园"的业主杨先生。在与杨先生取得联系后,Mark向其说明了事情的来龙去脉,杨先生了解情况后表示非常乐意帮助饭店。通过杨先生的协助,礼宾部获取了"西子花园"小区物业的电话号码,于是 Mark 拨通了这个号码。

Mark 向小区物业管阿姨说明了寻人情况,询问小区内是否有一位叫金其全的业主。在得到确有其人的回答后,Mark 希望管阿姨能够帮忙提供金其全先生的联系方式,但管阿姨表示她必须在征得业主同意后才能告诉饭店联系方式。小区物业与金先生联系后,金其全先生主动与饭店取得联系,留下了电话号码,委托 Mark 转告卢先生。在饭店的热心帮助下,卢先生当日下午就见到了与他失散多年的好友,并激动万分地向 Mark 表示由衷的谢意,感谢 Mark 了却了他多年的愿望。

思 考 饭店前厅礼宾员的工作职责有哪些?

前厅礼宾部所提供的服务项目和管辖范围因其所属饭店的规模、种类不同而存在差异。但在宾客心目中,前厅礼宾部是能提供全方位"一条龙服务"的岗位,其英文名称为"Bell Service"(大厅服务)和"Concierge"(礼宾服务)。为统一指挥、协调礼宾部员工的对客服务,饭店常在大堂某一区域设置礼宾值班台,由礼宾司或具有较丰富经验的礼宾员负责值班工作。礼宾部是提供迎送宾客服务、行李服务、递送邮件与留言单服务以及客人委托代办的各项服务的综合性部门。礼宾部的全体员工是最先迎接和最后送别宾客,并向客人推荐饭店和宣传饭店的服务群体,他们的服务对客人第一印象与最后印象的形成发挥着重要作用。

一、礼宾服务要求

(1)上岗前按规定着装,服装挺括、整洁,皮鞋光亮;左胸前佩戴胸牌;头发梳理整齐,男员工头发不过衣领,不留胡须,女员工头发不得过肩。

(2)在岗时站立服务,站姿端正,保持自然亲切的微笑,任何时间不得随意离岗。

(3)礼貌周到,待客和气,见到客人主动打招呼,对客人用敬语,语言规范、清晰,如遇繁忙,请客人稍等。

(4)热情接待客人,用相应语言接待中外客人,提供周到、细致的服务。

(5)态度和蔼、亲切,切勿谢绝客人,应使客人感到轻松、愉快。

(6)服务快捷、准确,为客人办理入住登记手续不超过3分钟。

(7)准确、及时地将客人抵、离时间及各种活动安排通知有关部门,保证衔接无差错。

(8)大堂服务台各种工作用品完好、有效、整齐、清洁、有序,周围环境整洁,盆景鲜艳、美观。

(9)管理人员坚持在服务现场督导,每天做好岗位考察记录。

(10)做好交接班记录,交接工作清楚、准确、及时、无差错。

> **阅读材料**

> **香格里拉酒店礼宾部工作守则**
>
> 无论何时何地,遇到客人时,不管是内部客人还是外部客人,都必须面带微笑,主动、热情地向对方说"你好",并称呼对方的姓名。
>
> 如果客人为你做了一些事情,永远不要忘记说一声"谢谢"。
>
> 如果客人对你说"谢谢",必须回复一声"不用谢"。
>
> 客人和你交谈时,仔细聆听,保持双目接触,不时点头并略带微笑表示认可。对客人提出的问题迅速做出解答。当有问题不能解决时,请立即联系你的主管。当需要客人等待时,每一次都应向客人道歉,并说"非常抱歉,让您久等了"。
>
> 永远礼让客人优先使用酒店的任何设施,如电梯、门等。
>
> 无论任何时候发生任何过错,都应该主动道歉,并立即采取补救措施。
>
> 站立保持平衡,走路速度适中匀称,不要摇晃。
>
> 在酒店工作的时间内,请用普通话进行交谈,并且注意音量保持中等,不要过大。
>
> 每天下班前应至办公室信息栏查看第二天或下一周的排班,若对下一周的排班有特别要求,请在这一周的周五以前填写好申请表,经过经理同意签字后生效。没有得到经理同意和看错排班表而缺勤,将做旷工处理。任何排班一经批准,不可更改。
>
> 在任何情况下都应保持仪容仪表整洁,制服洁净平整,没有破损、皱褶。
>
> 每天上班时,必须严格执行酒店的仪容仪表标准,佩戴工牌。
>
> 如有病假应提前通知当班经理,24小时内带正规医院开出的有效病假单来酒店医务室转病假,急诊48小时内转病假。
>
> 在工作时间内,不仅会接触客人,同时也要和内部员工沟通,沟通时尽量保持友善、理解的态度。
>
> 积极配合环保政策,遵守环保最佳操作程序。
>
> 维护酒店财产,发现损坏、丢失物品要及时报当班主管和文员,并做好记录。
>
> 员工须保持衣柜的清洁及整齐,柜内不准存放与酒店相同的食品、饮料,不准存放黄色书刊与危险品。
>
> 员工衣柜内只能存放两支酒店的塑料圆珠笔、三块酒店磁卡(必须有打洞标志)。
>
> 遗失钥匙必须去人事部补办。
>
> 若有紧急情况或忘带钥匙,可向保安部借用备用钥匙,但须经部门经理同意。

二、礼宾服务项目

迎送宾客服务与行李服务是饭店礼宾员最主要的服务项目,除此之外,礼宾员还需提供以下辅助性的服务工作。

（一）电梯服务

现代饭店大多使用自动电梯，不需有人看管。但饭店为了对某些重要客人显示礼宾规格或为尽快疏散客人，会派行李员专门为客人操纵电梯或在电梯口照顾、引导。

（二）呼唤寻人服务

应住客或访客的要求，礼宾员可协助客人在饭店规定的公共区域内呼唤寻人。服务人员使用装有柔和灯光及清脆、低音量铃铛或蜂鸣器的寻人牌。在寻人过程中，应注意自己的步伐节奏和音量控制，以免破坏大厅气氛。

（三）递送转交服务

递送转交服务的内容主要有：递送客人的邮件、留言、报纸、个人物品、内部单据等。递送邮件与留言的方法有两种：大部分饭店的礼宾员将客人留言条、普通信件或报纸从门缝下塞入房间，这样做是为了尽量不打扰客人；电报、电传、传真、挂号信、包裹、汇款单和其他有关物品，一定要当面交给客人，并请其在登记本上签收（表3-1至表3-3）。

提供递送转交服务时，需要注意以下五个方面。
(1) 不得延迟，重要的东西要签收。
(2) 在邮件及留言单上打上时间。
(3) 不得拆阅客人的邮件或留言。
(4) 完成任务后，须填写"行李员工作任务记录表"。
(5) 如需将邮件送给餐厅或大厅的客人时，最好使用托盘。

表3-1 礼宾部信件传送记录表

编　号		团队名称	
送件人		房间号	
送达单位			
送到时间		收信时间	
信件类别		收信人姓名	
备　注			
		制表人：	审核人：

表3-2 礼宾部留言/传真/邮件收发记录（Message/Fax/E-mail Receiving and Delivery Record）

日期：
DATE：

姓名 Name	房号/部门 RM NO./DEPT	收到时间 Receiving Time	留言/传真（数量）Message/Fax (No.)	报纸/杂志（数量）Newspaper/Magazine (No.)	邮件 E-mail	其他 Others	发放时间 Delivery Time	行李员签字 Bell Boy	接收人签字 Receiver

表3-3 礼宾部租/借物品登记表

日期	房号/部门	所租/借物品名称	数量	押金情况	客人签字	租/借时间	员工签字	归还时间	员工签字

（四）出租服务

为了增设服务项目，满足客人需要，提高服务质量，很多饭店为客人提供出租自行车、雨伞和饭店专用车服务。服务人员向客人说明租用的方法，请客人填好租用单，预交订金，办好手续即可租用。对租用车辆的客人，应提醒其注意安全。

（五）预订出租车服务

大厅行李服务员应该将客人的订车要求准确及时地填写在出租汽车预约记录表内，书面通知本饭店车队或出租汽车公司的预约服务台，并留意落实情况。

（六）替客人泊车服务

有些饭店在前厅行李服务处专设泊车员负责客人车辆的停放工作。客人驾车来到饭店，泊车员将车辆钥匙寄存牌交给客人，并将客人的车开往停车场。此时，应注意检查车内有无遗留的贵重物品、车辆有无损坏之处、车门是否关上。车辆停妥之后，将停车的地点、车位、经办人等内容填写在记录本上。客人需要用车时，须出示寄存牌，核对无误后，泊车员去停车场将客人的汽车开到饭店大门口，交给客人。

（七）衣物寄存服务

行李处接到通知后，提前将存衣处内的挂衣架、存包架、存衣牌准备充足。客人存衣物时，服务人员应主动说明谢绝寄存贵重物品，然后将存衣牌取下交给客人，并提醒客人妥善保管。客人凭存衣牌取衣物时，须当面确认衣物是否完好。闲杂人员不得进入存衣处。

（八）外修外购服务

当客人提出修理箱包、手表、照相机等要求时，值班员应仔细问清楚所修物品的规格、型号、时限、故障及客人房号、姓名等情况，并填写工作记录。外出为客人修理物品的行李员应迅速完成送修、取送任务，手续清楚，各项费用、单据齐全，符合规定。

任务二　知晓迎送宾客服务流程

案例导入

王小姐和她的朋友乘坐的出租车刚刚停在国际大饭店大堂门口，面带微笑的门童立刻迎上前去，并躬身拉门问候道："欢迎光临！"王小姐和她的朋友们谈笑风生地走下了出租车。当门童正准备关门时，忽然发现前座上遗留了一部漂亮的手机，于是扭头对正准备进饭店的王小姐说："小姐，您是否遗忘了手机？"王小姐一听，停止了说笑，忙说："哎哟，是我的手机，谢谢，谢谢。"门童将手机递还给客人，同时又写了一张小条子递给了王小姐，这张小条上写着这辆出租车的号码。然后门童迅速引领客人进入大堂。

王小姐来到前厅接待处，接待员礼貌地问候道："你们好，欢迎光临国际大饭店，请问有没有预订？"王小姐说："我们早在十天前已经预订了一间三人间。"接待员随即请王小姐出示证件，并熟练地查阅预订，立即为客人填写了入住登记表上的相关内容，并请王小姐预付押金和签名，最后说："小姐，你们住在1501房，这是你们的房卡与钥匙，希望您入住愉快。"王小姐办理入住登记手续时，行李员恭立在她们身后，为客人看护着行李箱。

行李员带着客人刚来到1501房间门口，客房服务员便迅速走了过来，笑容可掬地躬身说："你们好，欢迎光临，请出示房卡，请这边走。"服务员来到1501房门口敲门报："Housekeeping（客房服务），housekeeping，housekeeping。"王小姐诧异地说："不是没有人吗？""这是我们的服务规范。"客房服务员打开房门后，开始介绍客房设施与服务。行李员将客人的行李放在行李架上，同时发现客人将外套脱下随手扔在了床上，便走过去将客人外套挂进了壁橱。客房服务员和行李员询问道："王小姐还有何需要帮助？"王小姐高兴地说："不用了，谢谢你。""祝你们在本饭店居住愉快！"然后两个服务员告辞退出。

王小姐和她的朋友经过了一天的旅行，已经非常疲惫了。她们躺在柔软的床上，听着悠扬的音乐，欣赏着舒适豪华的室内装潢，回忆着进入饭店的整个过程，王小姐满意地对朋友们说："这真是星级饭店的服务啊！我们要的不就是这种感觉吗？"

 思　考　　门童在整个饭店服务中的地位与作用是什么？

一、店外迎送宾客服务

店外迎送宾客服务主要由饭店代表提供。饭店在所在城市的机场、车站、码头设点，派出代表，接送抵、离店的客人，争取未预订客人入住本饭店。这是饭店设立的一种服务规范，既是配套服务，也是根据自己的市场定位所做的一项促销工作。为了做好迎送服务工作，饭店为客人提供接车服务，旺季在机场（车站）与饭店之间开设穿梭巴士，还可根据客人要求指定专门的车辆服务。

（一）饭店代表的素质要求

（1）注重仪容仪表，举止言谈温和得体。
（2）动作快而准确。
（3）具备强烈的工作责任心、自觉性、灵活性、协调性及独立工作的能力。

（二）店外迎接客人工作程序

店外迎接客人工作程序如图3-1所示。

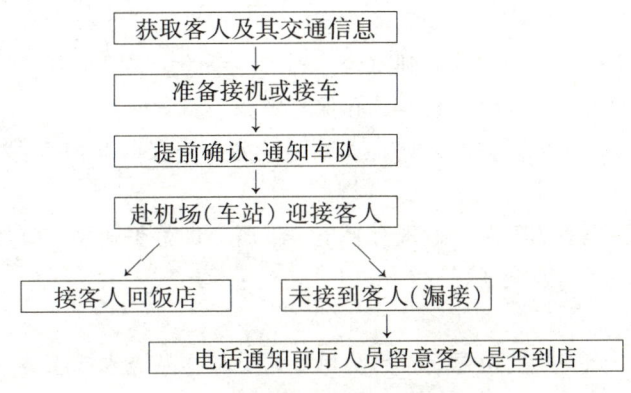

图3-1 店外迎接客人程序

饭店代表每天应掌握预抵店客人名单，向预订处索取"宾客接车通知单"，了解客人的姓名、航班（车次）、到达时间、车辆要求及接待规格等情况。然后安排车辆，准备饭店标志牌，做好各项准备工作。此外还要及时了解航班变更、取消、延迟的最新消息，并通知接待处。

在飞机、火车抵达时，要有标明宾客姓名的饭店提示牌，以引起客人注意。接到客人后，应代表饭店向客人表示欢迎，同时提供行李服务，安排客人上车。

客人上车离开机场（车站）后，马上电话通知接待处，以便做好准备工作。如果客人是贵宾，则应通知大堂副理，并告知其客人离开机场（车站）的时间，以合理安排有关部门做好迎接工作。

如果发生漏接客人的情况，则应及时与接待处联系，查核客人是否已经到达饭店，并向有关部门反映情况，以便采取弥补措施。

在机场（车站）设点的饭店，一般都有固定的办公地点，注有饭店的明显标志，如店名、店徽及星级等。饭店代表除了迎接有预订的客人外，还要积极向未订房的客人推销本饭店，主动介绍设备设施情况，争取客人入住。有些饭店还利用穿梭巴士免费送客人到饭店。

有些住客离店时，由于携带行李较多或其他原因，要求饭店派员陪同送至机场、码头或火车站等。送客服务的服务程序基本上与接客相同，主要是了解客人离店情况、订车和送别客人。

二、店内迎送宾客服务

店内迎送服务主要由迎宾员负责。迎宾员也称门童（Doorman），通常由高大英俊、彬彬有礼的青年男子担任，但有的饭店也会根据自身特色，选用气质好、仪态端庄的女性，或稳重、具有绅士风度的中老年男子做门童。门童通常在饭店门口迎接客人的到来，展示饭店形象和对客的礼遇。有些饭店中，门童与行李员同属前厅部大厅服务处或行李处，有些饭店的门童则隶属于保安部。

（一）门童的主要职责

（1）按规定准时到岗，始终保持仪容仪表端庄整洁、精神饱满、姿态端正、微笑对客。

（2）为客人开车门、店门，并主动招呼致意。

（3）帮助客人提拿行李，引领客人到总台办理入住手续。

（4）下雨天，主动为客人提供雨具存放和保管服务。

（5）阻止精神病人及衣冠不整者入内，如劝阻无效，应及时与值班保安或大堂副理联系，妥善处理。

（6）保持岗位周围环境的整洁，发现有果皮、纸屑、烟蒂等杂物，应及时清理。

（7）疏导车辆，保持门前交通畅通。

（8）替客人叫车。

（9）提高警惕，加强安全防范意识，严防可疑人员和物品进入饭店。

（二）迎接宾客服务

1. 迎接散客服务

散客到达饭店的方式分为步行和乘车抵达两种。如果客人是步行来到饭店门口，门童应主动向客人致意问好，欢迎客人的到来，同时为客人开门。现代饭店多采用自动门或旋转门，提高了门童的工作效率和机动性。如果客人是首次到来，应为客人指明总台方向，或引领客人前往。客人如带有行李，要主动帮客人提拿，并送客至总台，行李较多时应通知行李员提供行李服务。下雨天，应为客人提供雨具存放保管服务，或配送雨伞套，供客人使用，给客人提供方便，保持饭店清洁卫生。

如果客人是坐车抵达，门童要注意以下几个方面。

（1）及时疏导大厅门前的车辆，保证交通通畅，并引导抵店车辆至客人方便上下的位置。如客人自己驾车前来，有的饭店还为客人提供代客停车服务，客人只需停车至饭店门前，由饭店派专人帮客人把车停入停车场。如客人乘出租车到达，应注意等客人付费完毕后再开车门，并记录车号，以防万一。

（2）如有多名乘客乘车，要注意开车门的顺序。一般要先开后排右侧的车门，在时间允许的情况下，再为其他客人打开车门。

（3）开车门时，应以左手拉开车门成70度角，车门正面贴近身体，右手放在车门沿，为客人护顶，确保安全。如客人信仰佛教或伊斯兰教，要注意其忌讳，不可护顶，这主要是通过观察客人的衣着、举止，并结合自己的工作经验加以判断。

（4）如果遇到行动不便的客人，如病人、老人、小孩等，要扶他们下车并进入饭店。

（5）客人下车后，注意提醒其清点行李，然后引导车辆离开。

2. 迎接团队客人服务

团队客人到达前，要做好迎接的准备工作。团队客车到达时，应注意维持好门前的交通秩序,并站立于车门一侧,对下车客人致意问好,以示欢迎。如客人行动不便或提有行李,要主动上前帮助。同时,还要注意同团队领队和饭店行李员做好配合,为客人提供方便。客人下车完毕后,引导司机把车开走,或进入停车场。

(三)送别宾客服务

1. 送别散客服务

(1)当散客步行离店时,门童应与客人道别。此时可根据具体情况进行道别:如客人是暂时外出,可以说"一会儿见";如客人是结账离店,则说"再见,一路顺风"等。

(2)对乘车离店的散客,门童要将车引导至便于客人上车而又不妨碍装行李的位置。等车停稳后,拉开车门,请客人上车、护顶,待客人坐稳后再关车门。注意不夹住客人的衣、裙等,护顶的方法及禁忌与迎接坐车散客到达时相同。

(3)客人如果有行李,门童应与行李员一起,将行李装上汽车的后舱,请客人核实无误后关上后车盖。

(4)客人离店时饭店留给他的最后印象,与客人抵店时饭店留给他的第一印象同样重要。送别客人时要怀着感激的心情,门童及有关人员应站在汽车斜前方0.8~1米的位置,挥手向客人告别,目送其离开,以示礼貌,并说"再见,欢迎您再来"或"一路顺风"等送别语。

2. 送别团队客人服务

送别团队客人时,门童应站在车门一侧,边点头致意边注意客人的上车过程,如发现有行动不便的客人,应扶助其上车。客人上车后,导游应告知门童人已到齐,门童随后示意司机开车。若是大客车,门童则应站在车子斜前方1~1.5米处,向客人挥手道别,目送客人离店,表示饭店对客人光顾的感激及欢迎客人再次光临的诚意。

> **阅读材料**
>
> 一位在某家五星级商务饭店入住数日的客人,偶尔在电梯里碰到进店时送他进房间的门童小田。小田询问他这几天对饭店的服务是否满意,客人直率地表示,饭店各部门的服务比较好,只是对中餐厅的某道菜不太满意。
>
> 当晚这位客人再来中餐厅时,中餐厅陈经理专门准备了这道菜请客人免费品尝。原来,客人说者无心,但门童小田听者有意。当客人离开后,他马上用电话将此事告知了中餐厅陈经理,陈经理表示一定要使客人满意。当客人明白了事情的原委后真诚地说:"这件小事充分体现出贵饭店员工的素质及对客人负责的程度。"几天后,这位客人的秘书打来预订电话,将下半年该公司即将召开的三天研讨会及100多间客房的生意均放在了该饭店。
>
> 分析:
>
> 本案例中,顾客随口对门童说的话能很快反映到餐厅,并且餐厅又马上做了同样的菜肴请顾客免费品尝,实在是不得不让人感叹该饭店内部信息沟通的快速和沟通渠道的完整。内部营销沟通做好了,门童也能帮助餐厅提供优质服务。内部营销沟通的概念是由美国著名营销学家隋塞摩尔和比特纳提出来的,其中包括垂直沟通和水平沟通。垂直沟通指的是从管理层到普通员工的向下沟通和

从普通员工到管理层的向上沟通。水平沟通指的是企业内组织的各个功能机构、部门间的交叉沟通。要做好内部营销沟通，企业，特别是服务性企业管理人员要在企业全体员工中树立全员营销的企业文化，培训员工，强化每一位员工的营销观念——人人都是营销员。要让每一位员工都认识到自己对提高企业服务质量的重要性，了解企业对顾客的每一项承诺，在认真做好本岗位工作的同时还要主动维护整个饭店的荣誉。

在本案例中，顾客和门童在电梯中相遇引起的故事说明以下内容。

（1）该饭店的内部营销沟通工作是相当成功的，门童知道自己应该对顾客在饭店的所有经历负责。

顾客从进入饭店到最后结账离店，通常要经历与服务员面对面交往的若干接触点，这些接触点分别是：门童欢迎并协助顾客进入饭店大堂，前台服务员为顾客办理入住手续，行李员引导顾客进入客房并向客人介绍饭店服务设施，客人享用客房内各项服务设施和用品，在餐厅中服务员引导并帮助客人进餐，当顾客离店时快速为客人结账并真诚感谢顾客的光临，等等。当以上的任何接触点均能由有经验的服务员自始至终为顾客负责时，才能保证顾客有一个良好的经历。"负责"的含义应是：服务员可以真正为顾客着想，并在此前提下保证提供的任何一项服务刚好是顾客所需要的。只有对顾客的经历负责，才能让顾客承认饭店的服务是优质的。

（2）此例中门童和中餐厅经理的行为之所以能得到客人如此的称赞，是由于饭店提供的服务已超过了客人的期望。

一般情况下，当各项需求得到满足时，顾客就会比较满意，但这种满意不一定导致发自内心的称赞。只有提供的服务出乎顾客的预料，即服务出色得令人事先不能预料时，客人的感情才会受到震撼，并会由此带来对饭店的信任与忠诚，而此例中门童和中餐厅经理提供的服务恰恰使顾客产生了这样的感受。

（3）饭店可以将服务与销售的关系理解为过程与结果的关系，即把服务作为帮助顾客享受饭店产品的过程。只要保证此过程完全达到了顾客的期望，顾客就会认可饭店的服务质量。在质量得到保证的情况下，结果就会显现出来，即顾客因质量出色而再次光临饭店，这样销售的任务也就可以完成了。

营销学家曾经将"促销"这个词定义为"企业通过适当方式把商品或劳务信息传递给消费者，引起其兴趣和注意，激发其购买欲望，促进其购买行为的活动"。此案例中，当门童和中餐厅经理创造出的额外服务引起了客人的兴趣和注意时，客人再次购买饭店产品的欲望就得到了激发，最终促成了购买——预订三天研讨会和入住100多间客房的行为。因此，只有优质的服务才能带来成功的销售，而良好的内部营销沟通则是提供优质服务的基础。

（四）贵宾迎送服务

贵宾迎送是饭店为下榻的重要宾客提供的一种礼遇，迎宾员应根据前厅预订处发出的接待通知，做好充分准备。

（1）根据需要，负责升降某国国旗、中国国旗、店旗或彩旗等。

（2）负责维持大门口秩序，协助做好安全保卫工作。

(3) 正确引导、疏通车辆，确保大门前交通畅通。
(4) 讲究服务规格，并准确使用贵宾姓名或头衔向其问候致意。

（五）日常服务工作

1. 大门周围的检查和清洁

大门是饭店的脸面，饭店应随时保持其清洁。虽然门童一般不负责清扫大厅，但也有责任保持大厅清洁，提醒客人不要乱丢垃圾。如果在大厅内发现体积小、容易清除的垃圾，门童应随时清除，如在大厅内发现烟蒂，门童应立即捡掉；如果在大厅内发现大块垃圾，门童应立即通知公众区域清洁组打扫。

2. 大门的安全措施

大门的安全非常重要，门童应随时注意，保证饭店大门上所有部件的完好无损。如发现故障，应随时排除或迅速通知维修人员修理。如果有人碰伤，要及时与医务室或医院联系，尽快救护。

3. 大门周围的警戒

门童应与安全部人员一起，注意出入者的动向。若在门口发现无主箱包，应检查其中是否有危险品，并密切注意饭店大门口的形迹可疑人员，必要时通知安全部甚至公安部门处理。如果有衣冠不整的人要进入大厅，门童应尽可能地劝其穿戴整齐后再进入。

4. 回答客人的询问

门童应准确回答客人提出的问题，如果对客人的问题没有把握，应请客人到问讯处询问。

5. 升降旗帜

根据节日的不同，门童应按饭店要求，升挂彩旗、国旗、带有店徽的店旗等。例如某国国家元首下榻饭店，就应在升挂我国国旗的同时，升挂该国国旗，以示尊重。国旗一定要是新的，不可有破损或脏污。从门里向外看，我国的国旗应挂在左边，外国国旗则挂在右边，每个国家的国旗应挂得一样高。挂三国以上的国旗时，应按英文字母顺序，由左向右排列升挂。

任务三　明确宾客行李服务流程

案例导入

10月17日上午11：30，深圳某饭店C2209房间的Lambelet Claude先生来礼宾部取机票，行李员小钟帮客人办好了手续。之后，小钟顺便问客人有没有其他需要帮忙的，客人非常高兴地问能不能帮他订一间上海的三星或者四星级饭店客房，并且要求在浦东机场附近。小钟答应客人可以帮他预订，并询问了客人要订什么时候、什么样的房间以及有没有其他要求等。然后小钟请客人先回房间休息，等联系好以后打电话告诉他具体的预订情况。

小钟告知了领班小陈，并且拨打了上海携程网订房电话，得知上海饭店的房间很紧张，没有客人要求的两人小床的标准间，而且离上海浦东机场最近的华美达饭店里也只有一张大床的豪华型房间了。小钟把这一情况告诉了客人，客人与其朋友商量之后，决定预订华美达饭店。随后，小钟到客人房间为客人订下了华美达饭店的一张大床豪华间，房价是 807 元，含一份早餐，并按照订房中心的要求用客人信用卡做了担保。另外，怕客人找不到华美达饭店，他还给客人写了一份该饭店的中英文名称、地址以及电话，方便客人联系饭店。客人于 10 月 18 日早飞往上海，他对饭店的服务非常满意。

思 考 行李员小钟提供的延伸服务为饭店创造了何种社会形象？

　　行李服务的主要提供者是行李员，行李员的工作岗位和内容灵活性很强。行李处一般设在正门附近较显眼的位置，有的饭店也会将其设在总台旁边。行李员通常在大厅正门处活动，便于随时为住店客人提供服务，有时也会在行李处，为客人提供行李寄存服务或准备为退房客人提供行李服务。如果是门童帮客人提行李并带到总台，行李员需接替门童继续服务，并送客到房。行李员还为前厅部其他岗位提供工作协助。

一、行李员的主要岗位职责

（1）按照行李服务的规范要求，主动热情地为抵、离店客人提供行李搬运服务并做好相关记录。

（2）向客人介绍饭店设施、服务项目及客房设备，随时解答客人的询问。

（3）做好行李车及相关使用工具的检查和保养工作，确保正常使用。

（4）对团队行李的进出要仔细清点，文明搬运，做好签收和交接工作。

（5）做好大堂各类告示牌的放置和保管工作。

（6）及时传送总台的有关报表及客人紧急信件、留言、传真。

（7）做好行李房的日常清理与物品保管工作。

（8）早晚升降国旗、店旗。

（9）当班结束，与下一班做好交接工作。

二、行李员的素质要求

（1）掌握饭店服务与管理基础知识。

（2）了解店内外诸多服务信息。

（3）具备良好的职业道德，诚实，责任心极强。

（4）性格活泼开朗，思维敏捷。

（5）熟知礼宾部、行李员的工作程序及操作规则。

（6）熟悉饭店内各条路径及有关部门的位置。

（7）吃苦耐劳，做到眼勤、嘴勤、手勤、腿勤。

（8）善于与人交往，和蔼可亲。

（9）掌握饭店内餐饮、客房、娱乐等各项服务内容、服务时间、服务场所及其他相关信息。

（10）掌握饭店所在地名胜古迹、旅游景点及购物场所等信息。

阅读材料

当好行李员先得学会"站"

看过电影《大腕》的人都会对影片结束部分李成儒的那段台词记忆深刻："……门口站一个英国管家，用标准的伦敦腔问您'Can I help you？'……"以此来显示住房人身份的不同凡响。这是句笑谈，但在国外事实的确如此。国外的高级饭店中，很多行李员并不像大家想象中的都是年轻小伙子，而是由40岁左右极具绅士风度的人来担任。因为他们相信，这样具有绅士风度的人会使客人对饭店有更好的印象，而且也更能体现饭店的档次和形象。

"饭店的行李员，他们的一言一行代表着一家饭店的形象，也反映了饭店服务行业从业人员的形象。饭店的行李员通常站在饭店大厅的门前，是一家饭店的招牌，同时也是客人在入住饭店时见到的第一位服务人员。如果他们能够做到文明、热情、规范地迎接客人，为客人服务，就能让客人在入住前对饭店有一个好的印象，所以对他们会用高标准来要求。"某饭店前厅部陈经理热情地进行介绍。

陈经理介绍说，对于"招牌岗位"的行李员，饭店对其仪容仪表方面的规定是非常严格、细致的，要求他们从头到脚都要"照章行事"。比如发型，要求都是统一、标准的发式；着装不仅要求干净整齐，而且还要熨烫平整，佩戴胸牌；还有脚底下的鞋子，也要按规定"统一且光亮"。

行李员在岗位上基本都保持站姿，这就又对他们的站姿提出了很高的要求。陈经理表示，行李员在饭店门外等候客人时，双手要自然交叉于身前，双脚自然开立。这样的站姿不仅显得规范得体，而且还有深层次的含义，即随时准备为客人服务。虽然有关站姿的规定只是一个再小不过的细节，但客人看到标准的站姿后会觉得很舒服，会感到自己是被尊重的。

陈经理强调，饭店行李员还应该把服务做得更加细化、到位。比如要保持微笑，尽量称呼客人的姓或名，让客人有宾至如归的感觉。再比如为客人安排出租车，有时遇到下雨或交通拥堵时，出租车很难驶到饭店的门前，这时行李员应该把服务再做到位一些，去路边示意出租车到饭店门前接客人等。

讨　论

结合实例，谈谈行李员的岗位特征与工作要求。

三、入店散客行李服务程序

（1）客人抵店时，行李员应主动问候以示欢迎，帮助客人卸下车上的行李，请客人清点行李件数并检查行李有无破损。

（2）引领客人到总台办理入住手续，帮客人提拿行李，注意贵重、易碎的物品不要主动提拿。行李多时，要使用行李车。如果是门童送客至总台，应上前替换，继续为客人提供服务。

（3）行李员把行李放置在客人身后2~3米的地方，以正确的姿势站立于行李旁，看管行李并等候客人登记完毕。

（4）待客人办妥入住手续后，应主动上前从总台接待员手中接过钥匙和住房卡，引领客人去房间。

（5）引领时，行李员应保持在客人左前方两三步远的地方，遇有拐弯时，应向客人示意。途中，行李员还要主动向客人介绍饭店的设施和服务项目。

（6）乘扶手电梯或上楼梯时，应请客人先行。乘电梯时，应一手扶挡电梯门，一手礼貌地示意客人先进。进入电梯后，行李员应站立在电梯控制台处，便于操作。出电梯时，以同样服务规范请客人先出，并注意做到前方引领。

（7）开门前，根据情况向客人介绍房卡的使用要求，并在例行性敲门后打开房门，留意房间是否有异常，然后请客人先进。例行性敲门是服务工作的规范要求，有时可以起到弥补疏漏的作用。

（8）进房后，将行李放在行李架上或按照客人的要求摆放，将钥匙和住房卡交给客人。有的饭店客房内设有节能钥匙孔，行李员在进房时应及时将钥匙插入，并告知客人。

（9）在征得客人同意的情况下，主动为客人调节空调，倒上茶水，打开电视，放好拖鞋，并简要介绍客房设施。不同档次的饭店，服务规程也不一样，需要和楼层服务员协调好。

（10）在客人没有其他服务要求时，向客人礼貌告别，应先退2~3步，然后离开。关房门时应身体正面朝向客人，轻轻关上房门，以示礼貌。

（11）回到自己的工作岗位，并做好工作记录（表3-4）。

表3-4 散客进店行李搬运记录表（Baggage Handling Record）

DATE:
日期：

Rm No. 房号	Porter Name 礼宾员姓名	Time in 进店时间	Porter Down 礼宾员回到大厅时间	No. of Pc. 行李件数		Remarks 备注
				Big 大件	Small 小件	

四、离店散客行李服务程序

(1) 大堂里的行李员看到离店客人提有行李时,要主动上前帮助提拿。

(2) 当离店客人打电话寻求行李帮助时,行李员应问清客人的房号、行李件数和搬运时间。行李多时,要带行李车上楼。

(3) 进房时,应先敲门或按门铃,并报"Bell Service",或用中文说"行李服务",征得客人同意后才能进入房间,与客人一起确认行李件数,同时留意行李有无破损,并提醒客人不要遗忘物品在房间。同时还要询问其是否有委托代办的事项,然后同客人一起到前台收银处结账。如客人让行李先下楼,行李员则应搬运行李经员工电梯到大堂等候客人。

(4) 客人结账时,应把行李放在客人身后 2~3 米远的地方,帮其看管。

(5) 确认客人已办完结账手续后,随同客人将行李送至门外,请客人确认行李件数后,再协助搬上车,向客人礼貌道别。

(6) 如客人不是马上离店,可请客人将行李寄存在行李房,并办理寄存手续。客人离开时,到行李处领取行李,行李员帮其提拿,送离饭店。

(7) 回到自己的工作岗位,并做好工作记录。

五、入店团队行李服务程序

(1) 团队行李到达后,行李领班应与送行李的负责人共同清点行李件数,检查行李的破损及上锁情况,并在"团队行李登记表"上做好记录,请对方签名认可。同时,在对方行李交接单上要注明同样的情况。

(2) 行李领班从领队处获取团队的名单和房号,根据每个行李上的姓名卡,在行李上系上标有房号的饭店行李牌。如果该团行李不能及时分送,应在适当地点摆放整齐,并用行李网将该团所有行李罩在一起,妥善保管。

(3) 搬运行李分送至各楼层时,应再次清点。注意同一楼层的行李要集中装运,并根据行李的大小、硬度以及分送房间的先后顺序在行李车上摆放整齐,同一客人的行李不能分开装车。运送过程中,必须轻拿、轻放,使用专用电梯。

(4) 行李送到楼层后,按行李摆放顺序分送至各房间。进门时,敲门三下或按门铃,并报"Bell Service"或"行李服务"。客人开门后,主动向客人问好,然后把行李放置于房间行李架上或客人指定的位置,请客人确认后,礼貌道别,离开房间。

(5) 行李分送完毕后,行李员回到自己的工作岗位,并做好工作记录。

六、离店团队行李服务程序

(1) 行李领班应提前一天与次日离店的团队领队联系,确认该团行李的收取时间、件数,并在工作交接本上做好记录,与下一班做好交接。

(2) 行李领班安排行李员上楼收取行李,应从楼层走廊尽头由里到外地逐房收取,并请客人确认，做好记录。目前有一种常见的做法，由领队通知客人，告知其提前将行李放置在房门口，行李员根据事先确认的行李件数进行收取就可以了。收取行李时要注意辨别行李上所挂的标志牌是否是同一团队的。

（3）如客人不在房间，门口也无行李，应及时和领队联系，以免误事。

（4）行李装车后，应立即乘服务专用电梯将行李送到大堂指定位置，与领队核对行李件数，如无差错请其签名确认。

（5）在客人离店前，行李应有专人看管，并用绳子串起来，盖上网罩，以免丢失。

（6）接待单位来运行李时，请对方核对件数，然后签名确认并注明车号。

（7）行李完成交接后，将团队情况记录归档（表3-5）。

表3-5　团队行李收发记录表

团队名称：＿＿＿＿＿＿＿＿＿＿＿＿＿＿＿＿＿＿＿＿＿＿＿＿＿＿＿＿＿＿＿＿＿＿

入店日期：＿＿＿＿＿＿＿＿＿＿＿＿＿＿＿　　离店日期：＿＿＿＿＿＿＿＿＿＿＿＿＿

到店时间：＿＿＿＿＿＿＿＿＿＿＿＿＿＿＿　　离店时间：＿＿＿＿＿＿＿＿＿＿＿＿＿

行李件数：＿＿＿＿＿＿＿＿＿＿＿＿＿＿＿　　备　注：＿＿＿＿＿＿＿＿＿＿＿＿＿

房间号码	行李件数	礼宾员	备注	房间号码	行李件数	礼宾员	备注

领队签名：＿＿＿＿＿＿

七、宾客存取行李服务程序

（1）客人寄存行李时，首先问清是否有贵重物品或易碎物品，如有贵重物品，应礼貌地请其存放在饭店贵重物品保管柜内；如有易碎物品，应在该行李上挂"小心轻放"的牌子。

（2）检查行李是否破损、有无上锁，请客人确认并要求尽可能上锁。如无法上锁，应在客人面前用封条将行李封好。易燃、易爆、易腐烂以及违禁物品不能寄存。

（3）填写有上下联的"行李寄存单"（表3-6），并由行李员和客人签名确认，下联交给客人，上联系于行李上，提醒客人下联为领取行李的凭证。

（4）将行李放入行李房内，摆放整齐。同一客人的多件行李，要用绳子串在一起，以免混淆。

（5）客人领取行李时，须收回行李寄存单下联，并与行李上的上联进行核对，确认无误后，从行李房拿出行李，同客人当面核对，然后请客人在行李暂存记录表上签名确认（表3-7），并检查签名是否和原签名字迹相同后，再将行李交给客人。

（6）如客人遗失寄存卡，应让客人出示足以证明身份的证件，并请客人报出寄存行李的件数、原房号和行李特征。确认无误后，请客人写出行李已取得的证明，并登记证件号码或留下证件复印件，方可放行。

（7）如由他人代领时，需由原客人事先确认的人员领取。要检查代领人的有关证件，确认姓名是否相符，然后收回寄存卡，请客人确认行李，签名领取。行李员还要记录代领人的证件号码或留下证件复印件。

（8）帮助客人搬运行李至指定地点，向客人礼貌道别。

表3-6 行李寄存单（Luggage Claim）

上联
No.:
姓名_____ Name
日期_____ Date
描述_____ Description
房间号_____ Room No.
客人签名_____ Guest Signature
服务员署名_____ Concierge Signature
日期_____ 时间_____ Date   Time

下联
No.:
姓名_____ Name
日期

续　表

```
Date
描述_____
Description
房间号_____
Room No.
客人签名_____
Guest Signature
服务员署名_____
Concierge Signature
日期_____  时间_____
Date                              Time
```

表 3-7　行李暂存记录表

核对日期

寄存日期	经手人	房号	客人姓名	件数	行李牌	提示牌	提取日期	提取时间	经手人	备注

八、宾客换房行李服务程序

（1）接到客人换房通知后，到接待处领取"换房通知单"，弄清客人的姓名、房号及换房后的房号。

（2）到客人原房间楼层，将"换房通知单"的一联交给楼层服务员，通知其查房。

（3）按进房程序并经住客允许进入客房，请客人清点要搬的行李及其他物品，将行李装车。

（4）引领客人到新的房间，为其开门，将行李放好，必要时向客人介绍房内设备设施。

（5）收回客人原来的房卡及钥匙。

（6）向客人道别，退出客房。

（7）将原房卡及钥匙交回接待处。

（8）做好换房工作记录，并填写换房行李登记表（表3-8）。

表3-8 礼宾部服务记录表格（Concierge Supervisor's Control Sheet）

礼宾部领班 Concierge Supervisor：_____ 值班由 Shift from：_____ 至 to：_____ 日期 Date：_____

行李员 Bell Boy	房间号码 Room Number	进店 C/I	离店 C/O	换房 Room Changed		件数 Number of Pieces	服务时间 Service Time		卡号 Card No.	备注 Remarks
				From	To		Out	In		

九、行李破损、错送、丢失的处理

（一）行李破损的处理

（1）在饭店签收前发现破损的行李，饭店不负任何责任，但必须在团体行李进店登记簿上登记。

（2）签收后行李破损，由饭店负责，尽力修复，并与客人协调赔偿事宜。

（二）行李错送的处理

多出行李时，将多余的行李存放在行李房中，在行李标签上注明到店时间及与哪个团体行李一起送来，等候查找。

发现缺少行李时，在签收单上加以说明，同时与旅行社取得联系，尽快追回。

发现行李错送时，将非本团行李挂上行李标签注明后，存放于行李房，等候别的团队来换取，或通过旅行社联系换取事宜。

行李无人认领时，如价值较高，应尽量查找线索，找寻失主；如果超过了饭店规定的保存期，可予拍卖；如无价值，则可丢弃。

（三）行李丢失的处理

1. 到店前丢失行李

饭店押运的行李在去饭店的途中丢失或已订房客人的行李由行李员在运往饭店的途中丢失，饭店负责任。

2. 到店后丢失行李

在办理入住手续前或办理退房手续后丢失的行李，饭店一般不负责任。但为了声誉和长远利益，也可酌情适量赔偿。

3. 已寄存的行李丢失

已寄存的行李丢失，根据饭店对贵重物品的保存规定，在一定的限额内予以赔偿。

4. 客房中丢失行李

行李在客房中丢失，饭店一般不必赔偿。

5. 客人过失丢失行李

由客人过失导致行李丢失，饭店可不负责，但如果饭店也有过失，则双方应视责任的大小各自承担一部分责任。

6. 不可抗力丢失行李

因不可抗力丢失行李，饭店一般不负责任。

任务四　领会金钥匙服务

案例导入

2007年A1国际大奖赛上海站期间，有一位名叫John Hardman的澳大利亚客人和他的朋友入住上海某饭店。两位客人非常喜欢喝酒，每天看完比赛后必然回到大堂吧台喝酒。

作为"金钥匙"的丁连超，在此期间一直协调安排饭店和赛车场的班车，所以就和他们渐渐地熟悉了起来。可是在最后一天早上，送客人上班车时，细心的小丁没有发现John Hardman和他朋友的身影。在送走了所有客人之后，他打电话到John Hardman的房间，询问客人为什么还没出发。原来他昨天晚上和朋友喝完酒后不小心摔了一跤，把头磕破了，而且还缝了三针。两个人昨晚从医院回来已经很晚了，加上头也破了，不愿意再到赛场观看比赛，就留在了房间里。

小丁向上级说明了情况，在上级领导的支持下到西餐厅拿了一份水果送到客人的房间，代表饭店慰问他。在知道他不能去观看比赛后，小丁马上安慰他，去不了赛场同样也可以观看比赛。客人感到非常奇怪，小丁解释说中国的电视台会全程直播此次比赛，于是把电视调到了CCTV—5体育频道。当时正在直播开幕式，John Hardman高兴坏了，抓起电话通知他的朋友一起到他房间里观看比赛，两个人就在房间里度过了一个愉快而又刺激的下午。

John Hardman 第二天准备回澳大利亚时，特意找到小丁表达了深深的感谢，并且留下自己的名片，告诉小丁明年一定再来这家饭店，如果小丁去澳大利亚的话务必联系他。就这样，两位来自澳大利亚的远方客人踏上了回家的旅程。

 思　考　　饭店金钥匙服务的核心要旨是什么？

金钥匙（Concierge）是一个国际服务品牌，拥有先进的服务理念和标准，是服务的专家、服务的榜样，也是一个服务的网络。国际金钥匙组织起源于法国巴黎，1929 年成立，是全球唯一拥有 88 年历史的网络化、个性化、专业化、国际化的品牌服务组织。金钥匙自 1995 年被正式引入中国以来，已发展了 22 年，并覆盖到 260 个城市，1 850 多家高星级饭店，2 800 多名金钥匙会员，金钥匙服务已被国家旅游局列入星级饭店标准。

一、金钥匙的含义

关于"Concierge"一词的来源，一种说法是来源于拉丁文，语意为"保管""管理"或"仆人"；另一种说法则是起源于法语单词，原意为"钥匙的保管者"，指古代饭店的守门人，负责迎来送往和饭店钥匙的保管。现代饭店业中，金钥匙已成为向宾客提供全方位、一条龙服务的代称。只要不违反法律和道德，客人的任何要求金钥匙都应该尽力做到极致，以满足宾客的全面需求。

金钥匙向宾客提供优质的委托代办服务，能够在不违反法律和道德的情况下为客人解决吃、住、行、游、购、娱等方面的所有难题，这在较大程度上体现了高档次饭店的管理服务水平。其服务内容涉及面很广：向客人提供市内最新的流行信息、时事信息和举办各种活动的信息，并为客人代购歌剧院和足球赛的入场券，或为域外举行的团体会议制订计划；满足客人的各种个性化需求，包括计划安排在国外城市举办的正式晚宴、为一些大公司制定旅程安排、照顾好外出旅行的客人和在国外受训的客人子女，甚至可以为客人把金鱼送到地球另一边的朋友手中。

二、国际金钥匙组织的发展历程

1800 年，随着陆上铁路和游轮的增加并初具规模，旅游业欣欣向荣，现代饭店的"Concierge"诞生了。1929 年 10 月 6 日，来自法国巴黎 Grand Hotel 的 11 位委托代办员建立了金钥匙协会，协会章程允许金钥匙们通过提供服务得到相应的小费，他们发现那样可以提高对客服务的工作效率，还建立了城市内的联系网络。随后，欧洲其他国家也相继开始建立类似的协会。1952 年 4 月 25 日，来自欧洲 9 个国家的代表在法国东南部的戛纳举行首届年会并创办了"欧洲金钥匙大饭店组织"。在此次年会上，来自法国巴黎 SCRIBE 饭店的礼宾司斐迪南·吉列先生被推选为该组织主席，他为金钥匙事业呕心沥血，是金钥匙组织的主要创始人，被尊称为"金钥匙之父"。

1970年，UEPGH成为"国际金钥匙大饭店组织"（Union International Portiers Grand Hotel），简称"UIPGH"。这一联盟的成立象征着不只是欧洲，来自全球的不同国家都在争取加入金钥匙组织。1994年，"UIPGH"将名称改为"UICO"，1997年变成了今天的名称——"UICH"（Union Internationale des Concierges D'hotels）。

国际金钥匙组织的标志为垂直交叉的两把金钥匙，代表两种主要职能：一把金钥匙用于开启饭店综合服务的大门；另一把金钥匙用于开启城市综合服务的大门，即金钥匙成为饭店内外综合服务的总代理。国际金钥匙组织利用遍布全球的会员所形成的网络，使金钥匙服务具有独特的跨地区、跨国界优势。

现在国际饭店金钥匙组织已拥有超过4 500名来自34个国家的金钥匙成员，对比欧洲和美洲，亚洲男性选择从事这一职业的人数占有一定比例。在中国旅行的客人也正在继续加深对饭店金钥匙的认识，以便知道如何获得饭店金钥匙的帮助。在中国一些大城市里，金钥匙委托代办服务被设置在饭店大堂，他们除了照常管理和协调行李员与门童的工作外，还负责许多其他的礼宾职责。

 阅读材料

中国金钥匙组织发展史

第一次参加金钥匙国际会议。

1990年4月，白天鹅宾馆首次派前台部的林文杰经理、李慧广助理和肖远辉主管赴新加坡，参加国际金钥匙协会亚洲区总部的成立大会，学习和了解这一全球性服务组织的服务思想、工作内容、在饭店中的作用等，以及成为其会员的加入条件、标准和申请办法。

第一位中国的金钥匙。

1990年底，白天鹅宾馆礼宾部的叶世豪助理加入了国际金钥匙组织，是首位中国籍的国际金钥匙组织会员。

第一次参加国际金钥匙组织年会。

1993年12月，白天鹅宾馆派林文杰、孙东、林志钊赴新加坡参加第41届国际金钥匙组织年会，学习和交流在实际工作中遇到的问题，并向同行介绍了一些中国的发展情况，引起了国际金钥匙协会的重视。

第一次参加国际金钥匙服务理论培训。

1994年6月，孙东被派往美国康奈尔大学进修，期间参加了该学院首次举办的委托代办服务及管理课程，系统地学习了有关理论和操作，带回大量委办服务资料，回来后又将所学知识传授给其他委办职员，使大家对金钥匙服务有了更全面、更深刻的认识。

1994年10月，广州地区五家五星级饭店的首席礼宾司和一些四星级饭店的礼宾经理，应孙东的邀请，乘船共赴黄埔议事，达成共同建立饭店间委托代办服务的协作意向，为建立地区协会奠定了基础。

1995年3月，白天鹅宾馆房口副总监欧阳文、委办主任孙东和刘志强，走访北京和上海，了解两地饭店委办服务的情况，交流经验，促进自身的提高。这次走访活动引起了许多饭店高层管理者和同行对金钥匙的极大关注。

1995年5月，孙东成为国际金钥匙协会正式会员。

1995年11月，在广州白天鹅宾馆召开了第一届中国饭店金钥匙研讨会，主题是"奔向2000年的金钥匙"，标志着中国饭店金钥匙的诞生。

1996年9月，国家旅游局、中国旅游饭店业协会对中国金钥匙的发展给予了支持与指导。同年11月，在北京王府井饭店召开了第二届研讨会，主题是"崛起的中国饭店金钥匙"，中国饭店金钥匙的发展使全国饭店金钥匙协作网络方向基本形成。同时，全国饭店金钥匙开始对金钥匙服务进行理论探讨。

1997年1月，中国饭店金钥匙组织成为国际金钥匙组织的第31个成员。同年1月，在南京召开了第三届研讨会，主题是"蓬勃发展的中国饭店金钥匙"，正式提出了中国饭店金钥匙组织的工作口号：友谊、协作、服务。

1998年5月，中国金钥匙服务被列入饭店评星定级标准之一。同年11月，在大连召开了第四届研讨会，主题是"走向繁荣的中国金钥匙"，标志着中国饭店金钥匙走向成熟，第一次制定了指导中国饭店金钥匙组织未来发展的纲领性文件——《中国饭店金钥匙未来发展纲要》。

1999年2月，国家旅游局正式批准中国饭店金钥匙组织成立，划归饭店业协会管理，名称为中国旅游饭店业协会金钥匙专业委员会。同年9月，孙东、黄国强代表中国饭店金钥匙组织赴英国参加国际金钥匙组织理事会，汇报第47届国际金钥匙组织年会的准备工作。

2000年1月16日至21日，中国饭店金钥匙组织在广州成功地举办了第47届国际饭店金钥匙组织年会。同年3月，中国旅游饭店业协会金钥匙专业委员会、中国饭店金钥匙组织正式注册。

三、中国饭店金钥匙

1995年，中国的第一位金钥匙产生于广州的白天鹅宾馆。如今，中国的饭店里有这样一群年轻人：他们身着考究的西装或燕尾服，衣领上别着一对交叉的金钥匙徽号，永远彬彬有礼，永远笑容满面，永远机敏缜密，他们是国际金钥匙组织的成员——中国饭店金钥匙。

饭店金钥匙的服务哲学，是在不违反法律的前提下，使客人获得满意加惊喜的服务。目前中国的旅游服务必须考虑到客人的吃、住、行、娱、游、购六大内容，饭店金钥匙的"一条龙"服务正是围绕着宾客的这些需要而展开的：接受客人订房，安排车辆到机场、车站、码头迎接客人；根据客人的要求介绍特色餐厅，并为其预订座位；联系旅行社为客人安排好导游；当客人需要购买礼品时，帮客人在地图上标明各购物点；最后当客人要离开时，饭店帮助其购买车、船、机票，并帮客人托运行李物品。如果客人需要，还可以预订下一站的饭店并与下一城市饭店的金钥匙落实好客人所需的相应服务，让客人从接触饭店开始，一直到离开饭店，自始至终都感受到一种无微不至的关怀。

对中外商务旅游者而言，饭店金钥匙是饭店内外综合服务的总代理，一个在旅途中可以信赖的人，一个充满友谊的忠实朋友，一个解决麻烦问题的人，一个个性化服务的专家。饭店金钥匙服务对高星级饭店而言，是管理水平和服务水平的一种成熟标志，是在饭店具有高水平设施设备以及完善操作流程的基础上，更高层次饭店经营管理艺术的体现。

对城市或地区旅游业而言，饭店金钥匙服务将对其服务体系的形象产生深远影响。中国饭店金钥匙是由一群富有服务经验、对中国旅游事业和饭店发展负有历史使命感和责任感的人组成的。他们共同的任务是使中国旅游业、饭店业能够与国际接轨，能够在国际上树起一块牌子。他们不仅给各城市的旅游饭店业创新服务注入了新的活力，而且对各城市旅游服务业的健康良性互动发展而言，也是一种极大的推动力。

饭店金钥匙在中国的逐渐兴起是我国经济形势的发展与旅游总体水平发展的需要。它将成为中国各大城市旅游体系里的一个品牌，即代表着热情好客、独具饭店特色的一种服务文化，也将成为该城市饭店业的一种传统。

四、中国饭店金钥匙组织

（一）中国饭店金钥匙的使命

中国饭店金钥匙的使命是为全世界旅行者提供高效、准确、周到、完善的服务，倾全力将卓越的服务体现在所做的每一份工作中，为客人解决难题，带来惊喜。

（二）中国饭店金钥匙的终极目标

中国饭店金钥匙组织的终极目标是发展成为中国饭店业个性化服务最有效的专业服务网络，不断为世界旅行者提供最好的服务，使每一名饭店金钥匙成员在服务客人的同时实现自身价值。

（三）中国饭店金钥匙的个人尊严

中国饭店金钥匙要求每一份子都有高度的主动性、自尊感和自律性。同时他们相信，尊重每一个人的个性和尊严，肯定每一个人的贡献与价值，才能创造一个有信心与活力的团体；世界上只有不良的组织，没有不好的员工。

（四）中国饭店金钥匙的责任

对自己负责、对家庭负责、对宾客负责、对组织负责、提供协作、实现承诺、为宾客提供高效优质的服务是中国饭店金钥匙成员不可推卸的责任。要将一切难题解决在饭店金钥匙柜台，这必须成为金钥匙柜台不容忽视的工作原则。饭店金钥匙的柜台应该成为客人的最后一站，成为解决问题的终点。

（五）中国饭店金钥匙的创新点

创新是中国饭店金钥匙实现领先的法宝，创新是维持企业生命力和成长力的源泉，而创新需要勇气和积极的行动。要在竞争中取胜，必须不断向现状挑战，追求新的机会。饭店金钥匙文化鼓励成员学习如何创新，接受重大变革，不断为宾客带来新的惊喜。

（六）中国饭店金钥匙会员的资格要求

（1）在饭店大堂柜台工作的前台部或礼宾部高级职员才能被考虑接纳为金钥匙组织的会员。
（2）21岁以上，人品优良，相貌端庄。
（3）从事饭店业5年以上，其中3年必须在饭店大堂工作，为客人提供服务。
（4）有两位中国饭店金钥匙组织正式会员的推荐。
（5）申请人所在饭店总经理的推荐信。
（6）过去和现在从事饭店前台服务工作的证明文件。
（7）掌握一门以上的外语。
（8）参加过由中国饭店金钥匙组织举办的服务培训。

知识链接

中国饭店金钥匙组织会员的入会考核标准

（一）思想素质
（1）拥护中国共产党和社会主义制度，热爱祖国。
（2）遵守国家的法律、法规，遵守饭店的规章制度，有高度的组织纪律性。
（3）敬业乐业，热爱本职工作，有高度的工作责任心。
（4）有很强的顾客意识、服务意识，乐于助人。
（5）忠诚于企业，忠诚于顾客，真诚待人，不弄虚作假，有良好的职业操守。
（6）有协作精神和奉献精神，个人利益服从国家、集体利益。
（7）谦虚、宽容、积极、进取。

（二）能力要求
（1）交际能力：乐于和善于与人沟通。
（2）语言表达能力：表达清晰、准确。
（3）协调能力：能正确处理好与相关部门的合作关系。
（4）应变能力：能把握原则，以灵活的方式解决问题。
（5）身体健康，精力充沛，能适应长时间站立工作和户外工作。

（三）业务知识和技能

（1）熟练掌握本职工作的操作流程。

（2）会说普通话，至少掌握一门外语。

（3）掌握中英文打字、电脑文字处理等技能。

（4）熟练掌握所在饭店的详细信息资料，包括饭店历史、服务设施、服务时间、价格等。

（5）熟悉本地区三星级以上饭店的基本情况，包括地点、主要服务设施、特色和价格水平。

（6）熟悉本市主要旅游景点，包括地点、特色、开放时间和价格。

（7）掌握本市高、中、低档的餐厅各5个（小城市3个），娱乐场所、酒吧各5个（小城市3个），包括地点、特色、服务时间、价格水平、联系人等。

（8）能帮助客人购买各种交通票证，了解售票处的服务时间、业务范围和联系人。

（9）能帮助客人安排市内旅游，掌握线路、价格和联系人。

（10）能帮助客人修补物品，包括手表、眼镜、小电器、行李箱、鞋等，掌握这些维修处的地点与服务时间。

（11）能帮助客人邮寄信件、包裹、快件，懂得邮寄事项的要求和手续。

（12）熟悉本市的交通情况，掌握从本饭店到车站、机场、码头、旅游点、主要商业街的路线、路程和出租车价格（大约数）。

（13）能帮助外籍客人解决办理签证延期等问题，掌握有关单位的地点、工作时间、联系电话和办理手续等。

（14）能帮助客人查找航班托运行李的去向，掌握相关部门的联系电话和领取行李的手续。

项目小结

前厅礼宾服务是饭店前厅部对客服务的一个重要环节，礼宾部员工的迎送工作、行李服务、委托代办服务都会给宾客留下深刻的印象。本项目叙述了礼宾部的主要服务项目和服务程序，使学生掌握基本操作技能。

综合能力训练

······ 基本训练 ······

一、解释

礼宾部　饭店代表　门童　行李员　金钥匙

二、选择

1. （　　）象征着饭店的礼仪，起着"仪仗队"的作用。

A．机场代表　　　B．门童　　　C．行李员　　　D．保安员

2. 开车门时，门童应用左手拉开车门成（　　）度左右。

A．90　　　B．80　　　C．50　　　D．70

3.（　　）是饭店整体服务的向外延伸及扩展，也是饭店对外的宣传窗口。
   A．饭店代表　　　　B．行李员　　　　C．门童　　　　D．保安员
4. 客人电传应请（　　）送到客人房间。
   A．台班　　　　　　B．服务班　　　　C．卫生班　　　D．行李员

三、思考

1. 简述饭店代表的服务内容与工作程序。
2. 结合实际，谈谈门童的岗位职责。
3. 叙述行李员如何为散客提供入店行李服务。
4. 试分析金钥匙的素质要求有哪些。

四、案例分析

2 000 只孔雀和 4 000 只鸵鸟

某年的春交会期间，一如以往，商贸人员云集广州白天鹅宾馆，2023 房的泰国客人给饭店金钥匙柜台打了一个电话，说想买 2 000 只孔雀和 4 000 只鸵鸟。在大多数饭店职员看来，这似乎是一个童话故事，因为在广州几乎没有机会见到这么多来自远方的动物。这正是考验中国饭店金钥匙想象力的时候，因为在他们的字典中，"不可能"是不轻易出现的。没有看见、没有听说过不等于没有，饭店金钥匙不愿意随便说"对不起"，金钥匙小孙就是这样一个人。在接到这一特殊的委托代办任务后，大家都觉得这事只能向动物园打听，但动物园回答只有几只孔雀和鸵鸟。正在一筹莫展之际，金钥匙小孙忽然想到几年前曾看过一篇报道，内容是有一位姓方的"广州市十大杰出青年"办了一个野生动物养殖场，不知是否有希望。于是电话发挥了作用，经过耐心查找，在同事的帮助下，小孙终于找到了该养殖场的地址和电话。不知是运气还是缘分，这家养殖场还真有大量的孔雀和鸵鸟。

这样，就在客人提出要求后的 25 分钟，小孙已帮客人联系到了购买这批动物的途径。第二天上午，小孙为客人安排了一辆车和一位翻译，把客人送到养殖场洽谈有关购买事宜。这位泰国客人非常满意，因为饭店金钥匙的能量和效率确实超出了他原来的想象。

问题：
1. 金钥匙小孙满足泰国客人需求的成功要素有哪些？
2. 结合实例，谈谈饭店金钥匙的素质要求。

····· 技能训练 ·····

一、任务名称

前厅礼宾部行李员模拟实训。

二、任务目标

选取行李员散客入店行李服务工作程序作为操练项目，进行情境设计、角色分工和操作体

验，在此基础上撰写实训报告。

三、任务实施

1. 将班级学生分成若干实训组，每组确定一名组长。
2. 各组选取行李员散客入店行李服务工作程序，学习和讨论学习内容，作为本次实训的知识储备。
3. 各组分别将所选的工作程序作为操练项目，进行情境设计，根据情境需要进行角色分工。
4. 各组以所选的工作程序学习内容为规范，进入角色，体验本项目模拟实训的全过程。
5. 各组学生记录本次模拟实训的主要情节，总结实训操练的成功经验、存在的问题及解决办法，在此基础上撰写实训报告。
6. 在班级讨论交流、相互点评与修改各组的实训报告。

四、任务考核

1. 成果形式：《前厅礼宾部行李员模拟实训报告》。
2. 考核标准。

（1）操练考核标准：

序号	考核内容	考核要点	配分	评分标准	扣分	得分
1	仪容仪表	整洁得体，鞋袜洁净，纽扣齐全，女生化淡妆，不佩戴夸张的饰物	10	有一项不符合要求，扣2分		
2	仪态	行走、站姿正确，行为规范有礼	10	有一项不符合要求，扣2分		
3	主动迎宾	微笑，问候，清点行李	10	每遗漏一项，扣3分		
4	引领至总台	引领时走在客人左前2~3步远，看管行李时站在客人身后1.5米处	10	每一处不规范，扣3分		
5	引领至客房	请客人先进出电梯，介绍推销三种饭店服务	10	每一处动作不规范，扣2分；介绍推销不全面，扣3分		
6	进房	敲门三次，通报，开门，开启电源，请客人先进，放好行李，拉开窗帘	15	每一处错误，扣2分		

续　表

序号	考核内容	考核要点	配分	评分标准	扣分	得分
7	房间服务	向客人介绍房内设施及使用方法（针对第一次入住的宾客）	15	每有一处遗漏，扣2分		
8	道别	询问需求，礼貌道别，离开房间，做好记录	10	每出现一处错误，扣2分		
9	行李服务程序	按照正确的程序为客人提供行李服务	10	每出现一处程序错误，扣5分		
		合计	100			

（2）任务考核标准：

工作任务	评价方式		评价标准	分值
前厅礼宾部行李员模拟实训报告	小组自评	20%	评价学生完成任务过程中的执行情况、任务完成效果、工作态度、操作技能及自主解决问题的能力等	100
	小组互评	40%		
	教师评价	40%		

项目四 总台服务

学习目标

知识目标：
1. 掌握接待服务的规程。
2. 熟悉行政楼层的接待程序与服务项目。
3. 熟悉问讯处的服务内容与注意事项。
4. 掌握前台收银的规范要求。

能力目标：
1. 能够做好前厅接待的各项准备工作。
2. 能够按照规范程序为各类宾客提供入住接待服务。
3. 能够掌握行政楼层的日常服务流程。
4. 能够掌握问讯处的各项服务内容。
5. 能够按照规范要求为各类宾客提供结账服务。

实训目标：
1. 引导学生以饭店的规范标准要求自己。
2. 准确把握前厅总台各项服务的操作细节，达到教、学、做一体的学习效果。
3. 将前厅总台服务的理论知识运用于实践，在各种模拟情景训练中掌握总台服务的基本技能，能够熟练地按照规范要求为宾客提供接待、问讯与收银服务，为将来迅速适应岗位工作奠定基础。

任务一 了解总台接待服务

案例导入

某日晚，纷纷扬扬的大雪洒向大地，不久地上就积起了一层厚厚的白雪。时钟已敲响了十一点，某饭店平日灯火辉煌的大堂也笼罩在一片静谧祥和的气氛中，今晚前厅部值班的是接待员晓红和收银员崔丽。

此时，从饭店正门进来四位男士，为首的两位一个身材高高大大，体型稍胖，另一位则身形较矮。高个子来到前台问："现在还有空房吗？"晓红彬彬有礼地问："您好，我们现在有空房。请问您需要几间，住几天啊？"高个子盘算了一下，说："就要一个套间、一个标间，我们三个人住三天就行。"晓红虽然见到有四个人，但也没多问，迅速查了一下电脑预订系统，抱歉地说："真对不起，因为明天我们饭店有会议报到，所有房间已被预订完，所以您几位只能住一天。您看行吗？"等对方点头表示同意后，晓红又解释道："我们饭店的套间每间780元一晚，标间是每间380元一晚。"高个子问："只有这两种类型了吗?"晓红肯定地说:"对,只有贵宾楼有套间和标间了。"高个子点点头说:"可以吧。"

谈妥以后,几位客人开始填写入住登记表,矮个子首先登记,可他一填完登记表,从怀里掏出身份证往台上一放,就咳嗽着往大堂的喷水池边走去。当晓红将身份证和登记单核对后,抬头一看,已经找不到矮个子的人影了。她只得问高个子:"请问刚才登记完的那位先生去哪儿了?"高个子立即问:"你问这个干吗?"晓红耐心地解释:"是这样的,我们饭店有规定,客人入住前必须核对一下身份证和他本人是否相符。"高个子皱皱眉,说:"那你就先看我的吧!"说完他从裤兜里掏出一张身份证,递了过来。晓红接过来后,仔细地看了一下身份证,身份证上的人头发浓密,还戴了一副黑框眼镜。晓红抬起头看看这个高个子,虽与照片上的人像脸型相似,但面前这个头顶微秃,也没戴眼镜。晓红心里顿时产生了疑问,问道:"对不起,请问您这张照片上满头黑发,怎么看起来和您现在不太一样?"高个子挠挠头说:"这是去年年底生病,吃了很多药,副作用特别大,头发都掉光了。"晓红再仔细看了看身份证,心里突然一亮,又问道:"为什么您的身份证照片是单眼皮,可您本人却是双眼皮呢?"一听这话,高个子着急了,生气地说:"你有完没完啊!这身份证当然就是我本人的!要不我给山东老家打电话,你看是不是有我这个人。来来来,给我电话,我马上打。"

正在这时,矮个子又走了过来,晓红忙拿起他的身份证核对,发现照片上是大眼睛,可他本人眼睛却不大。看着晓红又有疑问,矮个子先说话了:"这身份证上用的是我十年前的照片,当然跟我现在有区别了。"晓红机灵地看了一眼身份证的发证时间,是2008年,便问道:"您这身份证不是2008年刚办的吗,为什么要用十年前的照片呢?"矮个子一怔,没答上话来,不过还是不停辩解说这就是他的身份证。这时崔丽也走了过来,看了看高个子的身份证,又看了看他本人,问:"您已经这么大年纪了,怎么身份证上写的才30多岁?"看见身份证被识破,他们两人又开始不停地说好话:"姑娘,你看这雪下这么大,我们能往哪儿走啊,就让我们住一晚吧,明天一早我们就走。"晓红和崔丽两人互看了一眼,打定主意不能让他们住进来。矮个子又别有用心地问:"派出所和你们饭店的领导熟吧?"崔丽想了一想,回答说:"领导们熟归熟,可工作归工作。"这时晓红暗自想:这几个人的证件都有问题,一定来路不正,说不定是不法分子呢,不如先稳住他们,让他们住下来,再与公安局联系。刚想到这里,就听见高个子跟其他几个人说:"算了,算了,咱们干脆另外找地方吧,省得麻烦!"说完几个人离开了饭店。

过了一小会,这几位又返回来了。崔丽和晓红以为他们又要住店,谁知高个子掏出上衣兜里的证件递给晓红,说:"来,给你看我的真证件。"晓红一愣,接过证件一看,上面写着:北京市朝阳区特行科×××。晓红这才恍然大悟:原来碰上公安人员暗访检查了。高个子笑着说:"你看这是我的证件吧,我们是专门来抽查的,你们饭店严格遵守规定,切实保障客人利益,管理严格,你们两位也很认真负责,很好!"

1. 晓红和崔丽的工作为什么得到了公安人员的赞赏?
2. 结合案例,谈谈总台接待员的素质要求。

销售客房是总台接待处的主要任务,该任务完成的质量水平的高低决定着客人对饭店第一印象的好坏以及饭店客房营业收入的高低。客人在办理入住登记手续时,饭店所有努力的成果以及计算机订房系统的作用都得到了体现。

客人在办理入住登记的过程中对饭店服务设施的第一印象，对于营造热情友好的氛围和建立持续良好的商务关系非常重要。如受到了热情招待，客人将会积极配合饭店的工作，并希望从饭店其他部门也得到同样热情的服务。否则，客人不仅不会对饭店的服务及设施产生兴趣，而且还将会在住宿期间百般挑剔。

接待处的客房销售与宾客接待一般是面对面进行的。在智能化的饭店前厅，特别是国外的一些饭店前厅，客人自行办理入住或离店手续的终端或操作亭的使用，能向客人展示越来越多的前厅功能。自行办理入住或离店手续的终端与饭店管理系统连接后，为客人提供的选择类似于前厅服务员为客人提供的选择。其主菜单分为入住、退房离店、其他饭店服务与社区信息等。它既有固定的也有移动的，有些饭店甚至将其放置在饭店与机场、码头间的穿梭巴士上供客人办理入住登记手续。绝大多数终端要求住店客人持有预订单及有效的信用卡，客人触摸电脑屏幕，系统就会提示客人的预订，查证客人的信用，认可饭店内的记账，将客人情况记入饭店管理系统，安排客房，制作房卡，打印出一份预先账页。账页中重申了住客的姓名、房价、抵达和离店日期、房号。激活房间电话，按完"结束"键，系统会预祝客人在饭店住宿期间过得愉快。无预订的散客办理入住手续时，要先将预订程序中要求的基本信息输入终端。入住登记手续或离店手续和有关问讯服务依托电脑网络完成，客人基本不与服务员直接接触。

一、接待处设备用品与接待员能力要求

（一）设备用品要求

饭店应采用电子计算机或分房控制盘提供入住接待服务。计算机应与预订、收款、问讯、总机、客房等部门联网，且技术性能优良，操作方便，各种接待设备完好率应趋于100%，无人为损坏与故障发生。入住登记表、欢迎卡、团体资料、信用卡压卡机、留言单等接待资料、用品、文具齐备，摆放整齐且位置适当，便于取用。

（二）接待人员要求

接待处员工应熟练掌握柜台接待程序、操作方法、分房和推销技巧，熟练掌握计算机输入、查询、打印、制表等操作技术或分房控制盘操作技术，实际操作准确无误，无人为差错事故发生；能用两种外语提供服务，服务语言运用准确得体，使客人有亲切感；还应熟悉饭店全部客房的等级、类型、设备、位置、朝向、房价及租用情况，掌握各类客人当天预期到达情况、可能离店情况及可分房数量，做到房态预报和预分方案制定准确无误。通常每位有预订的散客的入住登记时间不超过3分钟；无预订的散客在接受报价后办理入住时间不超过5分钟；常客和VIP客人的入住登记手续办理不超过2分钟；大团办理入住登记手续的时间不超过20分钟；小团办理入住登记手续的时间不超过8分钟。

二、接待处服务范围

接待处的服务范围包括接待散客和团体客人入住，为客人排房、换房及提供其他各项服务，为客人办理退房手续，向有关部门提供各项接待信息或下达各项接待指令，承办客人的各项委托代办事项并交相关部门执行，向无预订散客推销客房，完成夜报表的制作等。

在接待客人的过程中，有些客人饭店是不宜接待的，例如明显的精神病患者或正在发病的传染病人。对信用状况不明确的客人可以先收取一定数量的押金后再接待入住，婉拒客人可以客满为理由。

三、饭店入住登记手续的目的与要求

入住登记是前厅部对客服务全过程中的关键阶段，其工作效果将直接影响到前厅功能的发挥。同时，办理入住登记手续也是宾客与饭店建立正式、合法关系的最根本环节。

（一）办理入住登记手续的目的

1. 办理入住登记手续，签订住宿合同

入住登记表格实际上是一纸饭店住宿合同，通过办理入住登记手续，饭店与客人之间的责任与义务、权利与利益才能明确。客人通过填写入住登记表，确定房号、房价、住宿期、付款方式等基本事项。饭店还要告知客人消费客房产品的注意事项，以及退房时间、贵重物品保管等。最后，客人与接待员双方签名确认。

2. 遵守国家法律有关户籍管理的规定

我国有关法律明确规定，境外旅客及国内旅客在宾馆、饭店、酒店、招待所应当出示护照或身份证等有效证件办理入住登记，方可住宿。

3. 获得住客的个人资料

通过客人填写登记表及接待员核实客人有效身份证件，可获得住客的有关个人资料，如姓名、职业、国籍、出生年月、常住地址、公司等基本信息。这些个人资料有助于饭店个性化服务的提供，有助于客人历史档案的建立，有助于日后饭店产品的推介。

4. 满足客人对房间及房价的要求

办理入住登记时，接待员向客人介绍房间和房价，回答客人的提问，为客人决策提供建议，为客人安排适当的客房。

5. 为客人入住后各种表格、文件的形成提供可靠依据

客人填写入住登记表后，接待处获取了住客的有关个人资料和住宿相关信息，根据以上信息制作表格和文件，如入住单、账单、住客名单、房卡等，这些表格和文件的传递有利于协调其他部门的对客服务。

6. 掌握客人的结账付款方式，保证客房销售收入

确认付款方式的目的是保护饭店利益，决定客人住宿期间的信用标准及提高退房结账服务

效率。信用标准是指饭店允许赊欠的客人所必须具有的偿付能力。宾客付款的常见方式有：信用卡、现金、旅行支票和转账。

如客人使用信用卡结账，必须核实客人所持信用卡是否是饭店能接收的、是否完好、是否过期，然后按客人入住的天数和房租预取授权；如客人用现金或支票结账，应根据饭店规定决定客人应预付的押金金额；如客人使用转账方式结账，应向客人说明转账的具体范围。对于只是房费转账的客人，应请客人以信用卡或现金方式确保其他费用的支付，如客人表示不在饭店有其他消费，应将此信息告知相关营业部门，以免走单。

7. 向客人推销饭店的其他服务与设施

接待员为客人办理入住登记的过程中，可以在推销客房的基础上抓住时机，使客人了解饭店所提供的其他服务项目和各种设施。推销时要注意适度，以免令客人厌烦，同时要迎合客人心理，引起客人注意，促进其他交易的实现，为饭店带来更高的经济效益。

（二）办理入住登记手续需要的表格

1. 住宿登记表（Registration Form）

我国住宿登记表大体分三种：国内旅客住宿登记表、境外旅客临时住宿登记表和团体人员住宿登记表（表4-1至表4-3）。住宿登记表的内容主要包括两方面：公安部门规定的登记项目、饭店运行与管理所需要的登记项目。公安部门规定的登记项目包括：客人的完整姓名、国籍、出生年月、家庭地址、职业、有效证件及相关内容等。饭店运行与管理所需的登记项目包括以下几项。

（1）宾客姓名及性别。姓名与性别是识别客人的首要标志，服务人员要记住客人的姓名，并以姓氏称呼客人以示尊重。

（2）房号。房号是确定房间类型和房价的主要依据，注明房号同时有利于查找、识别住店客人及建立客账。

（3）房租。房租是客人与接待员在饭店门市价基础上协商而定的，是建立客账、预测客房收入的重要依据。

（4）付款方式。确定付款方式有利于保障客房销售收入及决定客人住宿期间的信用标准，有助于提高退房结账的速度，最主要还是方便住客，由饭店为其提供一次性结账服务。

（5）抵、离店日期。掌握客人准确的抵店日期、时间有助于计算房租、查询、邮寄等系列服务的顺利进行；而了解客人的预计离店日期，则有助于订房部进行客房预测及接待处进行排房，并有助于客房部安排清扫工作。

（6）住址。正确、完整的客人永久住址有助于饭店与客人的日后联系，如遗留物品的处理、邮件转寄服务等。

（7）饭店管理声明。登记表上的管理声明，即住客须知，要告知客人住宿消费的注意事项，如：退房时间为中午12点前；建议客人使用前厅收款处的免费保险箱，否则如有贵重物品遗失，饭店恕不负责；关于会客时间的规定等。

（8）接待员签名。接待员签名有利于员工加强责任心，保证服务质量。

有些饭店为进行市场分析，还在登记表中设计了调研项目，如停留事由、交通工具、订房渠道、下一目的地等内容。

表4-1 国内旅客住宿登记表

编号：　　　　　房号：　　　　　房租：

姓名	性别	年龄	籍贯	工作单位	职业

户口地址		从何处来	
身份证或其他有效证件		证件号码	
抵店日期		离店日期	

同宿人	姓名	性别	年龄	关系	备注

请注意：
1. 退房时间是中午12：00前。
2. 贵重物品请存放在前台保险箱内，阁下一切物品之遗失饭店概不负责。
3. 来访客人请在23：00前离开房间。
4. 退房请交回钥匙。
5. 房租不包括房间里的饮料。

结账方式：
现金：
信用卡：
支票：
客人签名：
接待员：

表4-2 境外旅客临时住宿登记表（Registration Form of Temporary Residence for Visitors）

姓 Surname	名 Name	性别 Sex
国籍 Nationality	出生日期 Date of Birth	房号 Room No.
证件名称 Passport or Other Certificates	护照或证件号码 Passport No.	入境日期和口岸 Date & Place of Entry
境外永久地址 Permanent Address（Outside China）		
签证或签注种类 Type of Visa	签证或签注有效期 Valid Term of Visa	
何日何处抵 Date of Arrival from	何日何处去 Date of Departure to	
停留事由 Purpose of Stay	接待单位 Received by	接待员名称 Receptionist's Signature
请用正楷填写 Please Fill in Block Letters		
付款方式 Payment	现金 Cash 支票 Check	信用卡 Credit Card 其他 Others	宾客署名 Guest's Signature

续 表

房租 Room Rate		职业及工作处所 Occupation & Place of Work	
请注意（Please Note）： 1. 退房时间是中午12：00　Check out time is before 12：00 noon 2. 收款处设有免费贵重物品保险箱　Safe deposit boxes are available 3. 房租不包括房间里的饮料　Beverage is not included in the room rate 4. 访客请在晚上11：00前离开客房　Visitors are requested to leave guest room by 11：00 p. m.			
备注（Remarks）：			

表4－3　团体人员住宿登记表

总　　机 Operator
礼宾部 Concierge
客房部 Housekeeping
餐饮部 F&B

团队代码＿＿＿＿＿＿＿＿
Group Code
团队名称＿＿＿＿＿＿＿＿＿＿＿＿＿＿＿＿＿＿＿＿＿＿＿＿＿＿＿＿＿＿＿＿＿＿＿＿＿
Group Name
旅行社/公司＿＿＿＿＿＿＿＿＿＿＿＿＿＿　　国籍＿＿＿＿＿＿＿＿＿＿＿＿＿＿＿＿＿
Agent/Company　　　　　　　　　　　　　　　Nationality
领队/联系人＿＿＿＿＿＿＿＿＿＿＿＿＿＿　　房间总数＿＿＿＿＿＿＿＿＿＿＿＿＿＿＿
Tour Leader　　　　　　　　　　　　　　　　Total Rooms
房型/数量＿＿＿＿＿＿＿＿＿＿＿＿＿＿＿＿　　查房时间＿＿＿＿＿＿＿＿＿＿＿＿＿＿
Type/Rooms　　　　　　　　　　　　　　　　Check Room Time
到达日期＿＿＿＿＿＿　航班＿＿＿＿＿＿　由＿＿＿＿＿＿　取行李时间＿＿＿＿＿＿．
Arrival Date　　　　　Flight　　　　　　From　　　　　　Baggage Reclaim Time
离店日期＿＿＿＿＿＿　航班＿＿＿＿＿＿　至＿＿＿＿＿＿　离店时间＿＿＿＿＿＿，
Departure Date　　　　Flight　　　　　　To　　　　　　　Check Out Time
房间分配
Room List：

房号 Room No.	客人姓名 Guest Name	国籍 Nationality	身份证/护照号码 ID Card/Passport No.

续　表

房号 Room No.	客人姓名 Guest Name	国籍 Nationality	身份证/护照号码 ID Card/Passport No.

备注：_____

日期 Date	唤醒时间 Morning Call	早餐地点 Place for Breakfast	早餐时间 Time for Breakfast	早餐人数 Number	备注 Remarks

陪 同 签 字　　　　　　　　　　　　联 系 电 话
Guide Signature：_____　Contact Tel No._____

2. 房卡（Room Card）

房卡又称欢迎卡。接待员在为客人办理入住登记手续时，会为客人填写封面印有"欢迎光临"字样的房卡。房卡的内容主要包括饭店运行与管理所需登记的项目，住客须知及饭店服务项目、设施介绍。

房卡的主要作用是证明住店客人的身份，方便客人出入饭店。因此，房卡又称"饭店护照"。在一些饭店，房卡还被赋予更为丰富的功能，如为区分客人类别，饭店常使用贵宾房卡；根据客人的信用标准，饭店还特别印制一种房卡——钥匙卡，这种卡只可证明持有者的住店客人身份，不能作为饭店消费场所的签单证明，主要发给未交押金的散客和团队客人。持 VIP 房卡和其他种类房卡的客人则可凭房卡在饭店经营场所签单消费，其账单送至前厅收款处入账，退房时一次性结账。但在给客人签单时，各经营场所的收银员一定要核实顾客身份并检查房卡是否有效。

四、接待准备

为客人办理入住登记手续或分配客房之前,接待员必须掌握接待工作所需的信息。这些信息主要包括:房态和可供出租客房情况、预抵店与预离店客人名单、有特殊要求的预抵店客人名单、预抵店重要客人和常客名单、黑名单。这些信息资料在客人抵店的前一天晚上就应该准备好。在电脑联网的饭店里,这些信息资料将会不断更新,接待员可通过电脑网络轻易获取。

接待处和客房部之间保持紧密联系十分重要。旅游旺季时,为保证较高的出租率,客房部必须尽可能快地将清扫好的空房房号告知接待处,以便接待处尽快售房,但又绝不能降低客房的服务标准。

(一)房态报告

客人到店前,接待员必须获得较为具体的房态报告,并根据此报告排房,避免给客人造成不便。

(二)预抵店客人名单

预抵店客人名单为接待员提供即将到店客人的一些基本信息,如客人姓名、客房需求、房租、离店日期、特殊要求等。

核对房态报告和预抵店客人名单时,接待处的管理人员应该清楚以下两件事并采取相应措施:饭店是否有足够房间接待预抵店客人,饭店还剩余多少可出租的房间接待无订房直接抵店的散客。

(三)宾客历史档案

宾客历史档案简称"客史档案",高星级饭店均有客史档案。通过电脑信息系统,接待员很容易查到客人在饭店的消费记录。只要客人曾经在该饭店入住,根据宾客的历史档案情况即可采取适当措施,确保客人获得满意的服务。

(四)有特殊要求的预抵店客人名单

有些客人订房时可能会额外地提出服务要求,接待员必须事先通知有关部门做好准备,恭候客人的到来。如预抵店客人要求为婴儿配备婴儿床,接待员则应为客人预先安排房间,通知客房部准备婴儿床并将其放到指定房间。客房部还应适当为客人准备一些婴儿用品,如爽身粉等。

(五) 预抵店重要客人名单

饭店必须对重要客人足够重视。重要客人分为：贵宾 VIP（Very Important Person），主要包括政府、文化界、饭店方面的知名人士等；公司客户 CIP（Commercially Important Person），主要指大公司、大企业的高级行政人员，旅行社和旅游公司职员，新闻媒体工作者等；需特别关照的客人 SPATT（Special Attention Guests），主要指长住客以及需要特别照顾的老、弱、病、残客人等。

饭店常为重要客人提供特别的服务和礼节，如事先预留客房，免费提供接机或接车服务，在客房办理登记手续及安排专人迎接等。鉴于以上客人较为重要，饭店常把预抵店重要客人名单印发至前厅各部门及饭店相关对客服务部门，以备在接待服务过程中多加留意。

(六) 黑名单

黑名单即不受饭店欢迎的人员名单，主要来自以下几个方面：公安部门的通缉犯，大堂副理记录、财务部门通报的跑单或逃账客人，信用卡黑名单客人等。

(七) 其他准备工作

客人到店前，接待员除应获得以上信息资料外，还应做好以下工作：准备好入住登记所需的表格、用具，制作好房卡，查看客人是否有提前到店的邮件等。

五、客房状态的显示与控制

接待员在分配客房和确定房价时必须依托对客房状况的有效控制。饭店的客房时时处于变化中，接待员必须根据变化着的情况，及时准确地掌握有多少空房出售、有多少正在转换、有多少待修、有多少正在使用。几百间、上千间的客房，单靠接待员的死记硬背是很难不出差错的。为了避免出现重复分房、遗漏客房等情况，也为了增强分配客房的科学性和准确性，接待员可通过客房状况显示系统及时、准确地掌握客房出租状况，以成功销售客房。

(一) 客房状态显示系统

客房状态，又叫客房状况（Room State），是指对每一间客房在一定时间内正在占用、清扫或待租等不同情况的标志或描述。准确地控制房态对饭店而言非常重要。目前饭店的客房状况显示系统一般有两种：客房现状显示系统、客房预订状况显示系统。

1. 客房现状显示系统

客房现状显示系统，又称客房短期状况显示系统，可显示每一间客房的即时状态。常见的房态有如下几种。

（1）住客房（Occupied—OCC），即客人正在使用的房间。

（2）走客房（Check Out—C/O），表示客人已经结账并已离开客房。

（3）空房（Vacant—V），表示暂时无人租用的房间。

（4）未清扫房（Vacant Dirty—VD），表示该客房为没有经过打扫的空房。

（5）外宿未归房（Sleep Out—S/O），表示该客房已被租用，但住客在外过夜。总台人员应该在计算机上对该客房做外宿未归标记，将此信息通知大堂副理和客房部。大堂副理应双锁该客人的房间，并做记录。客人返回后，则由大堂副理为客人开启房门并做解释说明。

（6）维修房（Out of Order—OOO），又称病房，表示该客房因设施设备发生故障，暂时不能出租。

（7）已清扫房（Vacant Clean—VC），又称 OK 房，表示该客房已清扫完毕，可以重新出租。

（8）请勿打扰房（Do Not Disturb—DND），表示该客房的客人因睡眠或者其他原因不愿服务员打扰。

（9）贵宾房（Very Important Person—VIP），表示该客房客人是饭店的重要客人。

（10）长住房（Long Stay in Guest—LSG），又称长包房，即长期由客人包租的客房。

（11）请即打扫房（Make Up Room——MUR），表示该客房住客因会客或者其他原因需要服务员立即打扫。

（12）轻便行李房（Light Baggage—L/B），表示该客房的住客行李很少，为了防止逃账，客房部应及时通知总台。

（13）无行李房（No Baggage—N/B），表示该客房住客没有行李，为了避免逃账行为发生，应通知总台。

（14）准备退房（Expected Departure—E/D），表示该客房客人应在当天中午 12 点以前退房，但现在还未退房。

（15）保留房（Blocked），这是预留给将入住的团队、会议客人的一种内在掌握的客房，总台人员应在计算机上做好标志，防止将其出租给其他客人而引起不必要的麻烦。

（16）双锁房（Double Lock—D/L），即住客在房间内双锁客房，服务员用普通房卡无法开启房门，对此应加以观察，可能是误操作，也可能是客人生病等。当饭店发现房间内的设备严重受损、房内有暴露的贵重物品或发生刑事案件时，也应双锁客房，等待调查。

（17）加床（Extra Bed—EB），表示该客房有加床。

2．客房预订状况显示系统

客房预订状况显示系统又称客房长期状况显示系统，在未使用电脑联网系统的饭店，这一系统通过客房预订汇总表及预订情况显示架来显示未来某一时间内，某种类型客房的可销售情况。

（二）影响客房状态的因素

1．排房

为了减少客人办理入住登记的时间，接待员为已订房的客人提前做好排房工作，已预排好的客房应将客房状态转换到保留房状态，必要时应提前一天完成排房工作并把接待要求以书面形式通知到有关部门。

2．入住

客人入住后，总台接待员应及时将保留房或空房状态转换到住客房状态，并及时通知客房部。

3．换房

换房是将客人调换出的客房由住客房状态转换成走客房状态，调换进的客房由空房状态转换成住客房状态。接待员还应开具客房变更通知单下发给有关部门，作为转换房态的凭证。

4．退房

总台接待员在接到客人退房离店信息后，应及时将住客房状态转换成走客房状态，并通知客房部。

5．待修房

客房因设施设备损坏需要维修而暂时不能销售时，客房部应及时通知总台将此房转换到待修房状态，等得到客房部的恢复通知后再及时取消。

6．关闭楼层

由于出租率下降，饭店为节约能源、减少成本或利用淡季改造、维修、保养客房，常采用相对集中排房、关闭一些楼层的措施。此时，前厅根据饭店规定，将关闭楼层的客房转换到保留房或关闭楼层的状态。

（三）客房状态报表

1．客房状况报告

这是接待处根据客房状况显示架上所显示的客房状况以及订房资料，每天定时填写的表格。制作此表的目的是通过定时统计确定客房的现状以及预订状况（表4-4）。

表4-4　客房状况报告

_____饭店

日期：_____

饭店状况		客房部状况	
饭店客房总数 _____间		住客房 _____间	
待修房		尚未打扫	
不可使用房		打扫完毕	
可出租房		空房 _____间	
住客房		尚未打扫	
预计离店房		打扫完毕	

续　表

饭店状况		客房部状况	
今晚可出租房 _____ 间		住客统计 _____ 人	
确认类订房团队		实际抵店	
确认类订房散客		实际离店	
非确认类订房团队		延期离店	
非确认类订房散客		提前抵店	
尚未订出的客房数		提前离店	

制表人：　　　　　　　　　　　　　　　审核人：

2. 客房状况调整表

将未经预订直接抵店、延期离店和换房等情况汇集起来，形成客房状况调整表。它的作用主要体现在两点：一是用于预订处与接待处之间的信息沟通，使预订处依据调整表中的内容，更改并建立新的客房预订汇总表；二是调整表上的统计数字可以使接待处掌握有多少临时取消住店、已预订但未到店、提前离店或逾期离店的客人，以及他们所占客源的百分比。这些数字对客房的销售起很大作用（表4－5）。

表4－5　客房状况调整表（Room Adjustment）

星期 Day _____　　　　　　　　　　日期 Date _____

房号 Room No.	类型 Type	姓名 Name	需做调整的日期 Period to Be Adjusted		备注 Remark
			自 From	至 To	

备注：未经预订直接抵店　　N/R　　　　= N. R（Walk-in）
　　　延期离店　　　　　　EXT.　　　 = Extention（Overstay）
　　　取消　　　　　　　　CNL.　　　 = Cancellation
　　　提前离店　　　　　　UX-DRP　　 = Unexpected Departure
　　　订了房，但未抵店　　NS　　　　 = No Show

3. 接待报告

接待处将客房状况显示架所显示的客房状况记录下来，形成接待报告。它的作用主要是为制作每日客房营业日报表以及前厅的统计分析报表提供资料（表4-6、表4-7）。

表4-6 每日接待情况表

预期到达
Exp'd Arr.

预期离开及空房　　　　　　　　　　　　　　　　　　　　日期
Exp'd Dept. & Vacant Rooms　　　　　　　　　　　　　　　Date

房间情形
Room Situation

每日到达 Daily Arr.	如期离开 Dept. as Scheduled		提早离开 Adv. Dept.		延期至 Ext. Till		取消空订 Canc. N/S	转房 Room-Change				表数 Chart Fig.	负责人员签署 C/I
	房号 Rm. No.	日期 Date	日期 Date		日期 Date			由 From	到 To	—	+		
	房号 Rm. No.	日期 Date	日期 Date		日期 Date			由 From	到 To	—	+		

表4-7 一周住房预报表

制表日期：

日期	星期	团队	临时住店	住房率	自用房	免费房	总计房间数	人数	双人占用率
	一								
	二								
	三								
	四								
	五								

续 表

日期	星期	团队	临时住店	住房率	自用房	免费房	总计房间数	人数	双人占用率
	六								
	日								
上星期结果：预测				%				¥_____元	
实际				%				¥_____元	
预测差				%				¥_____元	
可出租客房总数									
日平均出租率									
日平均房价									
本月截止日出租率									
本月截止日预订率									
去年同期									
预计本月平均出租率									
今年截止日出租率									
今年截止日预报出租率									

审核人：　　　　制表人：

4. 在店贵宾或团队名单

此表由夜班接待员根据客房状况显示系统提供的资料制作而成。它的作用在于，可以使饭店及时掌握在店的和即将抵店的贵宾、团队客人信息，以便饭店做好各方面的准备工作。

5. 住店客人名单

住店客人名单就是将所有住店客人的姓名做好登记。一般饭店编制住客名单主要采用两种方法：一是按照饭店客房楼层、房号顺序排列；二是按住客姓名的首写字母顺序排列。制作住店客人名单的作用是方便前台各部门的对客服务。

6. 预期离店客人名单

预期离店客人名单是根据客人在填写入住登记表时填写的离店日期汇总而成的。此表一般按楼层、房号顺序排列，其作用主要是为前台各部门和客房部提前做好客人离店准备工作及客房的重新预订销售提供依据。

7. 客房状况差异表

产生客房状况差异的原因主要有以下几点。

（1）客人入住后，前厅未能及时将空房转换成住客房。

（2）客人已结账离店，前厅未能及时将住客房转换成走客房。

（3）客人未登记，前厅部显示为空房，而客房部显示为住客房。

（4）给错客人房间和房卡，客人误进其他客房，而客人进入的客房房态显示为空房。

（5）客人离店时，前厅未收回房间钥匙，客人再次返回房间，而总台房态已转换成走客房。

（6）客人提前结账，但并未退房，前厅已将房态转换成走客房。

（7）客人已换房，但前厅未及时调整房态。

因此，客房部每天都应定时检查各楼层客房的使用情况，并将检查报告送至接待处。接待员根据客房实际使用状况，与客房状况显示架上的客房状况相对照，将不一致之处记录下来形成此表。

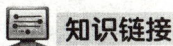 **知识链接**

饭店总台接待处常用英语会话

1. I'd like to book a double room for Tuesday next week.

下周二我想订一个双人房间。

2. What's the price difference?

房间的价格有什么不同？

3. A double room with a front view is 140 dollars per night; one with a rear view is 115 dollars per night.

一间双人房朝阳面的每晚140美元，背阴面的每晚115美元。

4. I think I'll take the one with a front view then.

我想我还是要阳面的吧。

5. How long will you be staying?

您打算住多久？

6. We'll be leaving on Sunday morning.

我们将在星期天上午离开。

7. And we look forward to seeing you next Tuesday.

我们盼望下周二见到您。

8. I'd like to book a single room with bath from the afternoon of October 4 to the morning of October 10.

我想订一个带洗澡间的单人房间，10月4日下午到10月10日上午用。

9. We do have a single room available for those dates.

我们确实有一个单间，在这段时间可以用。

10. What is the rate, please?

请问房费多少？

11. The current rate is $ 50 per night.

现行房费是50美元一天。

12. What services come with that?

这个价格包括哪些服务项目呢？

13. That sounds not bad at all. I'll take it.

听起来还不错。这个房间我要了。

14. By the way, I'd like a quiet room away from the street if this is possible.

顺便说一下，如有可能我想要一个不临街的安静房间。

15. Welcome to our hotel.

欢迎光临。

16. So you have got altogether four pieces of baggage?

您一共带了4件行李，是不是？

17. Let me have a check again.

让我再看一下。

18. The Reception Desk is straight ahead.

接待处就在前面。

19. After you, please.

您先请。

20. Excuse me, where can I buy some cigarettes?

劳驾，我到哪儿可买到香烟？

21. There is a shop on the ground floor.

一楼有个商店。

22. It sells both Chinese and foreign cigarettes.

在那儿可买到中国香烟和外国香烟。

23. Can I also get some souvenirs there?

在那儿可以买到纪念品吗？

24. There is a counter selling all kinds of souvenirs.

有个柜台出售各种各样的纪念品。

25. Excuse me, where is the restaurant?

劳驾，请问饭厅在哪儿？

26. We have Chinese restaurant and a western-style restaurant. Which one do you prefer?

我们有中餐厅和西餐厅，您愿意去哪个？

任务二　掌握接待服务流程

案例导入

一天，一位香港客人来到前台办理入住登记，负责接待的员工照例向客人询问所需要的房间类型。但因客人不懂普通话，而该员工粤语水平又欠佳，在尝试用蹩脚的粤语向客人解释客人仍听不懂，转身拿回乡证时，该员工向精通粤语的行李员求救，请他帮忙解释。该员工把要向客人说明的事情告诉行李员，然后由他转讲给客人听，本意是想减少因沟通困难产生的尴尬，并节省时间，但没顾及此举动让客人觉得不被尊重。该员工由于不熟练粤语又不太明白客人的心理，导致客人投诉。

 思 考　　1. 结合案例，谈谈接待员运用身体语言的注意事项。
　　　　　　　　2. 办理入住登记手续时，应如何高效地为宾客提供满意的服务？

一、宾客入住登记工作程序

宾客入住登记程序由六个相互关联的步骤组成（图4-1）。

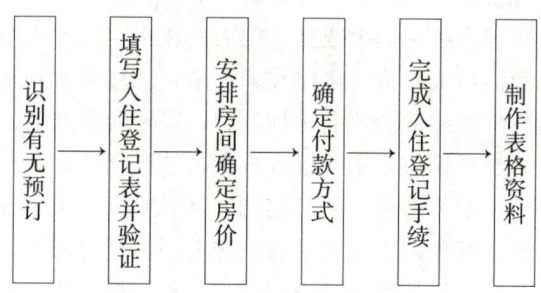

图4-1　宾客入住登记程序

（一）识别宾客有无预订

抵店入住的宾客可分成两大类：已办理预订手续的宾客和未经预订直接抵店的宾客，为这两类宾客办理入住登记手续是有区别的。因此，接待员应首先识别前来入住的宾客有无预订。具体做法为：面带微笑，主动问候并询问有无预订。若知道宾客姓名或职位等，应用姓名或头衔等称呼宾客，使其倍感亲切。若宾客已订过房，则应迅速查阅"预期抵店一览表"，并复述其预订主要内容，如所订房间种类、住店夜次等。经宾客确认后，请其填写登记表（递交登记表时，应注意表格字体正面朝向宾客）。若宾客持有预订凭证，接待员则应礼貌地请其出示预订凭证正本，注意检查下列内容：宾客姓名，饭店名称，住宿天数，房间种类，用餐安排，抵、离日期及预订凭证发放单位的印章等。接待员应向宾客解释预订凭证所列内容，并回答宾客的疑问。若宾客已付订金，接待员应再次向宾客确认已收到的订金数额。

若宾客属未经预订直接抵店的客人，接待员应首先询问宾客的住宿要求，同时查看当天客房的销售状况，以判断能否满足宾客的要求。若能提供客房，则为其办理登记手续；若不能接受，则应设法为宾客联系其他饭店。

（二）填写入住登记表并验证

办理入住登记的过程中，花费时间最多的步骤是让宾客填写入住登记表。接待员应在保证质量的前提下,为宾客减少办理入住登记手续的时间,提高效率。

对于已办理预订手续的散客,饭店在宾客预订时已掌握了部分资料信息,因而在宾客实际抵店前可将相关内容输入计算机,自动打印出登记表,完成预先登记,并将预先登记表按宾客姓名字母顺序排列在专用的预先登记箱内。宾客抵店时,即可根据其姓名迅速查找出该宾客的预先登记表,请其签名,经核实有效证件后,入住登记的记录就形成了。

对于预订的贵客、常客,饭店掌握的信息较全面,故宾客抵店前的准备工作可做得更充分、更到位。接待员可根据宾客的预订单和客史档案内容提前准备好登记表、房卡、钥匙信封等,当宾客抵店时,只需在前厅核对有效证件,签名后即可入住客房。大部分饭店则让贵宾享受在房内登记的特权。

对于团队或会议宾客,可依据其具体接待要求(由饭店营销部发来的接待通知单)和排房名单提前安排好客房,准备好钥匙信封、登记表、房卡、饭店促销宣传册、用餐券等,将其提前交给陪同,以便团队宾客在抵店途中或抵达饭店后在指定区域内填写。若是大型团队或会议,则由饭店专职的团队联络员或接待员事先在大厅某一区域安排好临时桌椅,准备好相关资料,并在这一区域竖立醒目的团队或会议名称标示牌,以便团队或会议宾客抵达时直接在指定区域办理手续,避免大厅内出现拥挤阻塞的混乱现象。若饭店设有驻机场代表,团队或会议宾客抵达机场时,机场代表则应前往迎候,并与陪同、领队联系,将该团宾客乘坐的车辆号码、离开机场的时间、行李件数及其他需引起关注或特殊关照的情况通知礼宾部或大堂经理。然后由大堂经理通知团队协调员或前厅接待员,做好调整工作,提高接待效率。

对于未经预订直接抵店的宾客,因饭店无法进行抵店前的事先准备工作,故在宾客填写登记表时,接待员应尽量提供帮助,尽可能缩短办理入住手续的时间。宾客填完入住登记表,接待员应诚恳地感谢宾客,并请其出示有效证件(护照、身份证、居住证等),查验核对宾客姓名、年龄、有效证件号码、有效期等相关内容,以确保准确和安全。

入住登记表一般一式三联,第一联作为备案,第二联交前厅收银处,第三联作为宾客档案保存。

(三)排房、定价

接待员应根据宾客的住宿要求排房、定价。越来越细化的宾客住房需求使饭店的客房功能愈加多样化,如相邻房、相连房、外景房、角房等。同一类型的客房也因所处位置、景观、房内主色调、装修风格的不同而存在差异,接待员在排房时应予以考虑。通常,客房分配应讲究一定的顺序以及排房艺术。

1. 排房顺序

(1)团体宾客(团队或会议宾客);

(2)重要宾客和常客;

(3)已付订金的预订宾客;

(4)要求延期离店的宾客;

(5)普通预订宾客,并有准确航班号或抵达时间;

（6）无预订的散客。

2．排房方法

以提高宾客满意程度和饭店住房率为出发点，排房应注重下列技巧。

（1）尽量将团体宾客（团队或会议宾客）安排在同一楼层或相近楼层，采取相对集中的排房原则。这样做一则便于同一团体宾客间的联系与管理，二则团体离店后，空余的大量房间可安排给下一个团体，便于管理，也有利于提高住房率。此外，出于怕受干扰的考虑，散客一般也不愿与团体宾客住在一起，因此，应提前预留团体宾客的房间。

（2）内、外宾有着不同的语言和生活习惯，应将内宾和外宾分别安排在不同楼层。

（3）将残疾人、老年人和带小孩的宾客尽量安排在离电梯较近的房间。

（4）对于常客和有特殊要求的宾客应予以照顾，满足其要求。

（5）敌对国家或地区的宾客尽量不安排在同一楼层或相近的房间。

（6）应注意房间号码的忌讳，如西方宾客忌"13"，一些地区的宾客忌有"4"的楼层或房号。鉴于上述忌讳，一些饭店的13层都未标出，而使用"12A"层替代。

客房确定后，接待员可在客房价格范围内或依据饭店的信用政策条文定价。通常，为尊重宾客、促进销售，饭店往往制定出适应市场需求的灵活价格政策，但对于确认书中已确认的房价，不得随意更改。而在贵客、商务行政楼层宾客、团体宾客抵店前，所排客房均应实行双重检查，以确保接待的高标准、高规格。

入住登记过程中，若宾客的房价与房间类型较预订时有所变动，或确定宾客的优惠房价时，接待员均应填写相关表格（表4-8、表4-9）。

表4-8　房间差价确认表（Difference to Be Paid）

Room Number 房　号： _____	Guest Name 姓　名： _____
Date：From 日　期： _____	To 至： _____
Reserved Room Type 原订房间种类： _____	
Requested Room Type 要求住房种类： _____	
Difference to Be Paid　Per Rm/Nt 每房/晚需付差价	
Guest Signature 宾客签名： _____	
Clerk 经手人： _____	

表4-9　优惠房价、费用批条（Special Request Form）

Date：
日期：

Guest/Group Name 宾客/团名_____	No. of Guest 人数_____

续 表

```
Arr. Date              Via                  Dep. Date            Via
到达日期_____     交通_____       离店日期_____   交通_____
Nationaltiy            Ttl. Rms.            Room No.
国籍_____         总房间数_____   房号_____
Room Rate              Settlement
房价优惠_____     付款方式_____
Comment of Ent.:       1. Room Chg          2. Others
可报宾馆账内容:        房租_____       其他费用_____
Remark
备注_____

Requested by                    Approved by
请批部门/人名                    批准人签字
```

（四）确定付款方式

确定付款方式的目的是明确宾客住店期间的信用限额，加快退房结账的速度。不同的付款方式所给予的信用限额是不同的，宾客通常采用的付款方式有信用卡、现金及转账等。

对于使用信用卡结账的宾客，接待员应首先辨明宾客所持信用卡是否属中国银行规定的可在本店内使用的信用卡之列；然后检查信用卡的完好程度及其有效期；随后，使用信用卡压印机影印宾客的信用卡签购单，并将信用限额告诉宾客；最后将信用卡签购单和账单一起交前厅收银处签收。同时，也应注意信用卡公司对持卡者在饭店使用信用卡底额限制的规定。

对于使用现金结账的宾客，接待员应根据饭店制定的预付款政策，判断宾客是否需要预先付款。然后，根据宾客交付的预付款数额，决定所给予的信用限额。

对于以转账方式结账的宾客，则必须事先得到有关负责人的批准。办理入住手续时，接待员应向宾客清楚地说明属于转账款项的具体范围。

（五）完成入住登记手续

排房、定价、确定付款方式后，接待员应请宾客在准备好的房卡上签名，随后即可将客房钥匙交给宾客。有些饭店还会向宾客提供用餐券、免费饮料券、各种促销宣传品等，并询问宾客喜欢阅读的报纸，以便准备。同时，饭店为宾客事先保存的邮件、留言单等也应在此时交给宾客，并提醒宾客将贵重物品寄存在饭店免费提供的保管箱内。宾客离开前厅时，接待员应安排行李员引领宾客进房并主动与宾客道别，然后将宾客入住信息输入计算机并通知客房服务中心。有些饭店在宾客进房 7~10 分钟后，会通过电话与宾客联系，询问其对客房是否满意，并对其光临再次表示感谢。

（六）制作相关表格资料

入住登记程序最后阶段的工作是建立相关表格资料，做法如下：

（1）使用打时机，在入住登记表一端打上具体时间；

（2）将入住信息输入计算机，并将与结账相关的事项，如宾客所享受的折扣率、信用卡号码、享受免费日期、付款方式等详细内容输入计算机客人账单；

（3）标注"预期到店一览表"中的相关信息，以示宾客已经入住。

散客入住登记程序如图4-2所示。

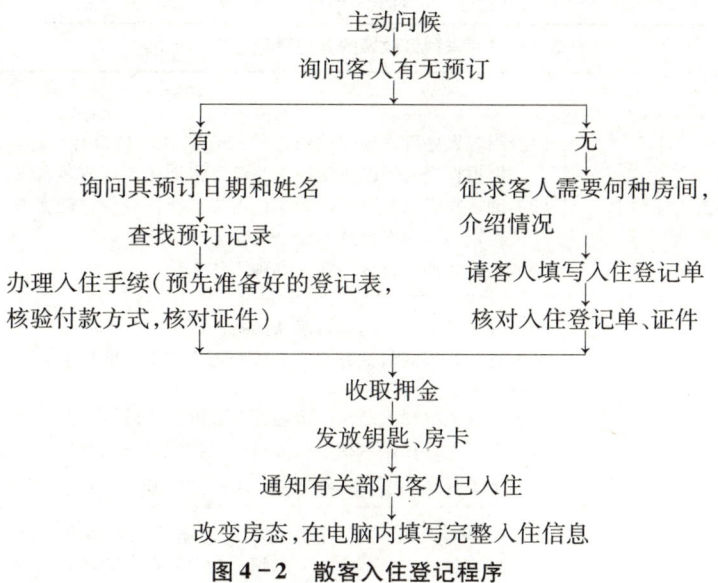

图4-2　散客入住登记程序

二、各类宾客入住登记的程序与标准

（1）预订散客的入住登记程序与标准，见表4-10。

（2）未预订散客的入住登记程序与标准，见表4-11。

（3）团队的入住登记程序与标准，见表4-12。

（4）贵宾的入住登记程序与标准，见表4-13。

（5）长住客人的入住登记程序与标准，见表4-14。

表4-10　预订散客的入住登记程序与标准

程序	标准
1. 接待有预订散客抵达饭店	（1）当客人抵达饭店时，首先表示欢迎，有礼貌地问明客人姓名并以姓名称呼客人。 （2）客人到达前台，但接待员正在忙碌时，应向客人示意，表示他不会等候很久（如客人已等候多时，应首先向其道歉）。 （3）办理入店手续时，查看客人是否有留言，以及电脑中注明的特殊要求和注意事项。

续 表

程序	标准
2. 为客人办理入住手续	（1）请客人在登记卡上填写所需内容，问清付款方式，并请客人在登记卡上签字。 （2）核对一切有关文件，包括护照、身份证、签证有效期、信用卡签字的真实性。 （3）为客人分配一间适合其需要的房间，并与其确认房价和离店日期。
3. 提供其他帮助	入住手续完毕后，询问客人是否需要行李员帮助，指示客人电梯的位置，并祝愿客人入住愉快。
4. 信息储存	（1）接待客人完毕后，立即将所有信息输入电脑，包括客人姓名的正确书写、地址、付款方式、国籍、护照号码、离店日期等。 （2）检查信息的正确性，并输入客人档案。 （3）登记卡要存放进客人的入住档案，以便随时查询。

表 4－11　未预订散客的入住登记程序与标准

程序	标准
1. 接受无预订散客的入住要求	（1）当客人办理入住手续时，首先查清客人是否有预订。若饭店出租率较高，需根据当时情况决定饭店是否可接纳无预订散客入住。 （2）确认宾客未曾预订而饭店仍可接纳时，表示欢迎客人的到来，并检查客人在饭店是否有特殊价或公司价。 （3）在最短的时间内为客人办理入住手续。
2. 确认房费与付款方式	（1）办理手续时，与客人确认房费。 （2）确认客人的付款方式，并按照饭店规定收取押金。
3. 收取押金	（1）若客人以现金结账，饭店预先收取客人的订金。 （2）若客人以信用卡结账，接待人员按规定核对并影印客人的信用卡，将信用卡卡号输入电脑，并与登记表订在一起放入客人的档案中。
4. 信息储存	（1）接待客人完毕后，应将所有信息输入电脑系统，包括客人姓名的正确书写、地址、付款方式、国籍、护照号码、离店日期等。 （2）检查信息的正确性，并输入客人档案。 （3）登记卡要存放在客人档案中，以便随时查询。

表 4－12　团队的入住登记程序与标准

程序	标准
1. 准备工作	（1）团队到达前，预先备好房卡，并与相关部门联系，以确保房间为可售房。 （2）按照团队要求提前预分好房间。
2. 接待团队入店	（1）接待员与销售部团队联络员一起礼貌地将团队客人引领至团队入住登记处。 （2）团队联络员告知领队与团队客人相关事宜，包括早、中、晚餐地点与饭店其他服务设施信息。 （3）接待员与团队领队确认房间数、人数、叫早时间、团队行李与离店时间等。 （4）经确认后，请团队联络员在团队明细单上签字，接待员同时签字确认。 （5）团队联络员与领队接洽完毕后，总台接待员需协助领队发放房卡，并告知客人电梯的位置。
3. 信息储存	（1）手续完毕后，接待员将准确的房号名单转交礼宾部，以便行李的发送。 （2）修正所有更改项目后，及时将相关信息输入电脑。

表 4－13　贵宾的入住登记程序与标准

程序	标准
1. 办理入住手续	（1）准确掌握当天预抵达的贵宾姓名。 （2）以客人姓名称呼，及时通知大堂副理，由大堂副理亲自迎接。 （3）大堂副理向客人介绍饭店设施，并亲自将客人送至房间。 （4）在房间内为贵宾办理入住登记手续。
2. 信息储存	（1）复核有关贵宾资料的正确性，并准确输入电脑。 （2）在电脑中注明贵宾身份，以提示其他部门或人员注意。 （3）为贵宾建立档案，并注明身份，作为订房和日后查询的参考资料

表 4－14　长住客人的入住登记程序与标准

程序	标准
1. 长住客人的定义	长住客人均与饭店签有入住合同，并至少留住一个月以上。
2. 长住客人抵店时的接待	（1）长住客人抵达饭店时，按照贵宾接待程序与标准进行接待。 （2）接待员将所有信息输入计算机，并注明客人为长住客或小包价长住客。 （3）为客人建立两份账单，一份为房费单，另一份为杂项账目单。 （4）客人信息确认无误后，为其建立档案。
3. 付款程序	（1）总台负责长住客的工作人员每月结算一次客人账目，汇总餐厅及其他部门的客人账单，同房费账单一起转交财务部。 （2）财务部检查无误后，发送给客人一份总账单，请其付清本月账目。 （3）客人检查账目无误后，携带所有账单到总台付款。 （4）总台将客人已付清的账单转交回财务部。

三、入住登记中常见问题及处理方法

（一）无房

遇到客人到达却无房入住的情况，如果该（批）客人是超额预订的客人，饭店应负责将其安排到就近的星级相近饭店，并承担交通费用。如果是没有预订的散客，饭店可以介绍几家同等星级的饭店给客人，并主动帮助预订。同时也可以将客人列入等候名单，一旦有取消预订或预订但未出现的客人，立刻将房间安排给等候的客人。

（二）换房

（1）询问换房的原因。
（2）查询房态，了解是否有符合客人要求的空房。如果没有，则应安抚客人，答应一旦有合适的房间马上安排给客人。如果有合适空房，则向客人介绍、推荐。
（3）填写房间变更通知单（表 4－15），并更改房卡以及相关的入住信息。
（4）把变更通知单一式四联送预订员、收银员、行李员与房务中心存档。
（5）填写客房状况调整表，并与楼层核实住宿更改的落实情况。
（6）将换房记入客史档案。

表4-15 房间变更通知单（Room Change Notice）

客人姓名　　　　　　房间号码　　　　　　日期
Guest Name：　　　　Room No.：　　　　　Date：

内容	由/From	改为/To
日　　期/Date		
房　　号/Room		
房　　价/Rate		
付款方式/Payment		

原因
Reason：_____

经手人　　　　　　　　核准人
Prepared by：_____　Approved by：_____

（三）加床

（1）成年人入住客房需要加床，收加床费。儿童与父母同住需加儿童床时，不收加床费。

（2）填写"加床通知单"，通知客房部为客人加床，并通知收银处，更改电脑房态信息。

（四）延住

已经入住的客人，由于计划变动等原因可能会提出延住请求。接待员需按以下程序处理：查看房态，了解实际接待情况是否能够让客人延长住宿；如果不能满足客人的延住需要，则应耐心向客人解释清楚，并积极协助其联系其他饭店；如果能够延长住宿，要通知客人到总台确定支付方式；若涉及因延住调换到新的客房，需要填写"房间变更通知单"。

（五）登记时客人不愿填写某些项目

这种情况下，要耐心地向客人解释填写住宿登记表的必要性；若客人怕麻烦或填写有困难，可以代其填写，只要求客人签字确认即可；若客人有顾虑，怕住店期间被打扰，而不愿他人知其姓名、房号或其他情况，就告知客人，饭店可以将客人的要求输入电脑或记录下来，并通知有关接待人员，保证客人不被打扰。

（六）来访者查询住房客人

这种情况下，查到房号后，应先与住客电话联系，征得住客同意后，令访客填写访客登记表（表4-16），并告知访客客人已在房间等候。

表 4-16 访客登记表

来访者姓名		性别		工作单位		
联系电话				地　　址		
身份证及其他有效证件				访何人		房　号
公司名称				是否预约		来访人数
事　　由						
来访时间				离开时间		
服务员姓名				备　　注		

一联：客人　二联：接待处　三联：存根

（七）住店客人要求保密

（1）接待员对于客人入住时提出的不接听电话、不接待来访客人、房号保密等特殊要求，应予以高度重视，立即在电脑中做特殊标记，并通知总机、客房部、保安部等部门。

（2）在值班日志上做好记录，记下客人姓名、房号及保密程度。

（3）有人访问要求保密的客人时，一般以客人没有入住或暂时没有入住为理由予以拒绝。

（4）通知总机做好客人的保密工作。遇到来电话查询要求保密的客人时，总机接线员应告诉来电话者该客人未住店。

（八）客用房卡丢失

（1）客用房卡丢失，应马上查明丢失原因，采取必要措施及时处理，以保证客人的生命财产安全。客房部经理应亲自查找并报告值班经理，更改房卡密码，督促服务员细细回忆，做好记录。

（2）如未找到，则通知大堂副理，由其出面与客人交涉有关索赔事宜。

（3）报前厅部经理，由其签发配换房卡的通知，下单请工程部人员换锁，换锁原因及房卡号码须在房卡记录簿中记录备案。

（九）客人有不良记录

接待员遇到有不良记录的客人光顾饭店时，应凭以往经验或客史档案，机智灵活地予以处理。对于信用程度低的客人，通过确立信用关系、仔细核验、压印信用卡、收取预付款等方式,确保饭店利益不受损失,并及时汇报有关处理情况。对于曾有劣迹、可能对饭店造成危害的客人,则应以"房间已全部预订"等委婉说法巧妙地拒绝其入住。

 **知识链接**

饭店接待问题处理方案

（一）无房间出租

1. 建议客人暂时使用给予最大折扣价的套间或房间加床,然后再换房。
2. 积极联系总台价位相同的房间。

（二）重复售房

发现卖重客房要立即向客人致歉,在客人同意的情况下,找出一间相同类型的客房给客人。

（三）预付款与承诺代付

1. 客人对交纳预付款不满时,前厅接待员在耐心解释信用政策的同时,也要机动灵活地处理,对回头客及信用良好的客人可适当放宽政策。
2. 对随身钱款不足但住店天数较多的客人,可以建议客人根据付款能力暂定住店天数,不轻易回绝客人。
3. 对于承诺为其他房间客人代付款项的客人,应请其填写"承诺付款书",并办理与其要求相符合的信用程序。

（四）预订失约的处理

1. 如果是航班延误、身体患病等客观因素或无法抗拒的原因导致客人延迟入住时,前厅预订员应根据排房、预留房及待租房的具体情况进行处理。
2. 由于饭店自身原因未能满足已办理预订客人的要求时,前厅接待员应首先向客人致歉,先安排客人在大堂或咖啡厅休息,然后采取积极措施妥善处理。

（五）客人等候办理入住手续的时间过久引起的抱怨

1. 客人抵店前,前厅接待员应熟悉订房资料,检查各项准备工作。
2. 合理安排人手,客流高峰到来时,保证有足够的接待人员。
3. 繁忙时保持镇静,不要打算在同一时间内完成好几件事。
4. 保持正确、整洁的记录,因为接待工作的有效性要依靠这些记录。

（六）客人暂不能进房

由于客房打扫等原因不能将客房安排给已抵店客人时,前厅接待员应为客人提供寄存行李服务或请客人在大堂稍候,同时与客房部联系,请他们加派人手打扫。

（七）饭店提供的客房类型、价格与客人的要求不符

如果无法向预订客人提供所确认的房间,则应向客人提供一间价格高于原客房的房间,按原先商定的价格出售,并向客人说明情况,请客人谅解。

任务三 了解行政楼层服务

案例导入

一位客人在服务反馈中描述了自己在行政楼层的住店经历:"最近因公去南京出差,住在金陵饭店新装修的行政楼层。饭店内几处细节的设计让我感触很深。宽敞的大床上,除两对雪白的枕头外,床单上还有两个大靠垫,使我斜靠在上面看电视、看报纸非常舒服;床旁的床头柜上方一个阅读灯按钮,一转,从天花板上射出一束极强的筒灯灯光,看书非常清楚;正中央有一个红外线灯,沐浴后正好站在下面,非常暖和,不用担心受寒。总之,一切都是从客人需求出发,为客人精心设计,不是从什么条条框框出发,也不是用什么标准去硬套。"

思　考
1. 这位宾客对金陵饭店行政楼层的一番感慨说明了什么?
2. 结合案例,谈谈行政楼层客房设计的原则。

行政楼层是现代高档、豪华饭店为接待对服务标准要求高,并希望有一个良好的商务活动环境的高级商务人士等高消费客人,向他们提供贵宾式的优质服务而专门设立的特殊楼层。在很多饭店,行政楼层又被称为豪华层。

行政楼层提供的服务有别于普通客房楼层,被誉为"店中之店"。入住行政楼层的客人不必在总台办理住宿登记,客人的住宿登记、结账等直接在行政楼层由专人负责办理。另外,行政楼层通常还设有客人休息室、会客室、咖啡厅、报刊资料室、商务中心等,集总台登记、结账、餐饮、商务中心于一身,为商务客人提供更为温馨的环境和各种便利,让客人享受更加优质的服务。

行政楼层的管理为一套相对独立运转的接待服务体系,在行政管理上通常隶属于前厅部。与普通楼层相较,行政楼层在设施格局与服务模式方面都有明显不同。一位饭店专家有一个形象的比喻:如果将普通客房比作飞机上的经济舱,行政楼层就像是飞机上的公务舱。虽然行政楼层价格稍高,但客人在这里感觉更舒适方便,也可以享受到更多、更个性化的服务。

一、行政楼层在饭店中的地位

(一)行政楼层为饭店带来更高的经济效益

入住行政楼层的客人,既有一般性公务人员,如企业销售人员、采购人员,也有高级管理人员,如企业董事长、总经理,还有政府及各类企事业组织的工作人员等,他们的消费水平较高。由于其业务使然,这些客人对某饭店有好印象或在该饭店有过愉悦的经历,便有可能成为这家饭店的回头客和常客。再者,这类客人信誉良好,多采取现金或旅行支票的现场支付方式，极少出现拖欠款与跑账现象。对饭店而言，接待这类客人的经营风险较小。

（二）行政楼层可以满足客人对此类客房日益增长的需要

目前，全世界公务旅游的比重占55%，私人旅游占45%。就国内市场而言，公务旅游占的比重更大，约65%。行政楼层功能齐全，不仅为住客提供方便和安全的通信系统，通常还提供各种会议场所、餐饮、娱乐、商务中心等服务系统及其他特约服务，确保住客的人身、财产安全。客人在这里住宿更为方便、舒适，这里的环境更为安静、优美，客人足不出户即可处理各类事务，这一切正是公务客人追求的。随着公务旅游人数的不断增长，对此类楼层的需求也在不断增长。

（三）行政楼层为饭店引入极致服务

行政楼层为客人提供个性化服务，必然要求饭店尽可能收集客人各方面的信息，以提高宾客满意度。这就要求行政楼层的员工外向开朗、热心助人、敏于观察、工作耐心、彬彬有礼。客人从他们的眼睛里能感受到亲切、诚恳、热情，受到他们上乘的服务。没有哪位客人的要求在此办不到，只有客人想不到，饭店员工总能为他们带来意外的惊喜。

（四）行政楼层提高了饭店的智能化程度

入住行政楼层的客人对高科技的要求越来越高，这迫使行政楼层的客房装置高速上网设备，将电话、电视与资讯存取融为一体，提供话音、数据与视像服务，从而提高饭店的总体智能水平。

智能化的发展要求行政楼层具有以下特点。

1. 先进的通信系统

先进的通信系统通过数据交换机和通信线路为客人提供各种通信服务，如数字式内部电话交换系统、外部通信体系、局域网、多功能电话、办公自动化终端。通信系统是行政楼层的神经系统，它不但实现了语言通信，而且实现了数据和图像通信，还可通过微波收发、卫星通信和光导纤维电缆实现远距离通信联络。

2. 管理系统

管理系统包括节能系统、安全系统与设备管理系统。节能系统包括两种形式：主动式和被动式。节能包括：自动调光、自动调温、自动开关、节水器具、水的转换、热能转换、太阳能利用等。安全系统包括：房门管理、遥控监视、报警系统、自动灭火、排烟防毒、停电措施、紧急疏散等内容。设备管理系统包括：空调、能源、卫生、电梯统一管理及各类设备的最佳控制、状况测试、分析记录等内容。上述所有内容均借助于电脑中控完成。

3. 自动化系统

自动化系统中最典型的是主计算机系统，它利用超级微机、小型机、中型机、大型机等计算机系统为客人专用办公自动化系统服务。办公自动化系统中的远程会议系统能够为与会者提供电子黑板、大屏幕投影装置及同声翻译系统的工作站功能。行政楼层通过高科技的导入，实现了客房功能的革命性变革,更体现了对人的关怀,尤其是办公自动化系统、办公自动化整合系统、办公环境以及楼层的自动化系统,极大地提高了工作效率。

二、行政楼层的服务特色

(1)行政楼层提供超值服务水准及专享设施,为宾客缓解商旅压力。

(2)行政楼层提供比普通客房水准更高、更舒适的服务及设施。

(3)客人自办理入住起,就享有不必在大堂排队久候的便利,可以在行政酒廊办理入住手续,即使需要等候也可以坐着。

(4)行政酒廊作为行政楼层的主要特色之一,可为客人提供免费早餐、晚间鸡尾酒和全天供应的饮料,是供客人放松和休憩的场所。行政酒廊通常还附带有会议室,供短期住客在入住期间免费使用。

(5)行政楼层在饭店中所占的比例取决于饭店规模和档次。总体来说,饭店越豪华,所设的行政楼层客房就越多。

阅读材料

完美行政楼层的魔鬼细节

专属的私人管家也早已按照我的要求,为我准备了已经烫洗好的衣物和浴盐。饭店还提供独特的个性化文具,这让钟情于文字的我欲罢不能,享受到无与伦比的别样尊贵体验。——北京丽思卡尔顿饭店

在弥漫着英伦书卷气的"图书阁",木制的入墙书架上放满一列列具有收藏价值的书籍、艺术品及画作。在配有高速网络与商用电子设备的"写作阁"中,我不仅享受到了现代办公的乐趣,周围古典优雅的环境竟然让我有即将与莎士比亚、狄更斯等大作家邂逅于此的错觉。——深圳东海朗廷饭店

金樽经理为我送来一杯红彤彤的"传奇29"香槟鸡尾酒,由小红莓汁调制,据说有着红运当头的好兆头。据说,若想在这里的龙凤厅用餐,普通客人大概需要提前一年订位。不过,金樽经理却已经为我安排好了一切。——上海费尔蒙和平饭店

因为我们来自中国,饭店特地为我们配备了同样来自中国的专属管家小沈。ShuiQi Spa(水疗)服务特地为帝国俱乐部的客人准备了礼物——买一送一的按摩服务,让我们两口子同时享受理疗师的温柔呵护,而最令我头疼的儿子也在专职人员的悉心照顾下在儿童乐园里玩得不亦乐乎。——迪拜棕榈岛亚特兰蒂斯饭店

 讨 论

试分析,行政楼层的服务魅力何在?

三、宾客对行政楼层的特殊要求

（一）对设施设备的要求

1. 对商务设施设备的要求

商务设施设备包括语言信箱、信息网络、视听设备、电话答录设备以及复印、传真等设备。宾客要求行政楼层的商务中心服务功能齐全，环境优雅，服务时间较长。

2. 对会议设施设备的要求

入住行政楼层的客人可能有各种会议，如研讨会、论坛、讲座、培训、会谈等，因此行政楼层应设置相应的大小不同的会议场所及相应的设施设备，如会场有各种信源接口，具有同声翻译系统、电子投票系统、多媒体咨询系统、声像播放系统和电子白板系统等。

3. 对客房设施设备的要求

入住行政楼层的宾客一般要求客房写字台和床头的照明应更亮一些、客房内办公桌更大更好。行政楼层应注重通过客用品、材料、色调等来增强家居感，讲究卫生间的布局、设置。

4. 对客房面积的要求

行政楼层应尽可能为客人提供宽敞的活动空间：一是减少抽屉的数量；二是取消大壁橱，将节约的面积还给客房。与之相协调的是，客房中需装置大挂钩，供客人挂行李袋，或是将行李架台面放大，以便客人放置轮箱。

（二）对服务的要求

（1）入住行政楼层的客人除希望得到一般宾客"家外之家"的享受外，更希望得到"公司外公司"的服务。行政楼层为公务客提供从事公务活动所需要的服务，如管理服务、经济服务、信息服务、文秘服务、交通服务、休闲服务和保健服务等。

（2）楼层实行了许多特殊服务。① 单独入住登记。客人不用通过传统的排队方式办理入住手续，行政楼层设有专用座椅，客人可边办手续边休息，饭店往往也同时为客人提供免费的酒水和饮料以供其在长途旅行之后消除疲倦和解渴。这里的服务员都是经过专门训练的高级职员，英语娴熟，谈吐优雅，反应敏捷，能在最短的时间里办好所有事项。② 推迟离店时间。离店结账时间一直延续到下午六点，完全符合商务客人的活动规律。③ 高度私人化服务。行政楼层在饭店例行的服务程序和规范上增加了更多符合商务客人自身喜好的服务项目，其中，烫洗衣服是一项非常重要的服务内容，因为参加公务活动的客人首先要确立良好的个人形象。

（3）提供个性化服务是行政楼层客人的普遍要求。饭店借助收集的客人详细资料，尽可能地为其提供针对性服务，达到服务的高水准。对于入住行政楼层的客人，饭店应通过网上信息平台获取他们的兴趣与偏好，针对客人的个性需求和自身能力更新整合饭店产品，全面提升对客服务与饭店管理水平，充分体现"饭店与顾客共同设计产品"的特色，因为客人们在自己参与"设计"的饭店里，会得到最大程度的满足。

（4）从金钥匙的委托服务衍生出专为商务客人提供电脑技术服务的"技术侍从"。一旦客人的笔记本电脑遇到麻烦或遇到其他电子技术问题，这些电脑天才们可随叫随到，当即排除故障，保证客人顺利工作。

（三）对安全的要求

入住行政楼层的客人，尤其是商务客人，都希望客房安装电子门锁，甚至要求电话、传真加装保密装置，以防止泄露商业机密。高档的公务客对行政楼酒廊等公共区域或会议室，也会提出安全和保密的要求。

四、行政楼层员工的素质要求

（1）气质高雅，有良好的仪容仪表。
（2）工作耐心细致，诚实可靠，礼貌待人。
（3）知识面广，有扎实的文化功底和专业素质，接待人员一般均具备大专以上学历，管理人员应有本科以上学历。
（4）熟练掌握行政楼层各项服务程序和工作标准。
（5）英语口语表达流利，英文书写能力达到高级水平。
（6）具备多年的饭店前厅、餐饮部门的服务或管理工作经验，掌握接待、账务、餐饮等的服务技巧。
（7）有较强的合作精神和协作能力，能够与各业务部门协调配合。
（8）善于与宾客交往，掌握处理客人投诉的技巧。

知识链接

行政楼层的发展趋势

随着信息高速公路的发展，商务客房正在不断强化全面服务，新的品牌层出不穷：玛里奥特饭店集团推出"工作客房"，威斯汀集团推出"宾客办公室"和"2000 年客房"，凯悦集团推出"商务计划"，希尔顿集团推出"新花园旅馆"等。未来，饭店行政楼层将不断开发出新的服务产品。

（一）增强行政楼层客房内商务设施设备的自助化程度

随着电脑技术和互联网的发展，有一部分过去由饭店商务中心提供的服务，现在可以通过笔记本电脑完成。因此，在行政楼层客房里提供高速互联网的连接，对客人来说已显得越来越重要。万豪国际饭店集团旗下的饭店在客房里提供 24 小时的 STSN（设置及测试序列号）高速互联网服务，上网速度是传统拨号的 50 倍，且可直接上网。STSN 系统还提供饭店设施、服务项目、餐馆特色、旅游景点、购物指南等详尽资料。同时，客人还可方便地访问自家公司的网站、收发电子邮件、使用程序，从而使饭店真正成为客人旅行在外的办公室。有些高档饭店还在行政楼层的客房里配备打印机、复印机和传真机。新加坡的 RITZ-CARLTON 饭店客房安装了伸手就能够得着的数据端口和电源插座，办公桌十分宽大，放置双线电话机，桌上除有传真、打印、复印机外，还提供扫描仪，并配置可租用的手机。

随着网络技术的发展，商务客房将宽带 IP 网和 IP 电视直接连入每一间客房。客人在客房里可以上网浏览各种住处，查阅饭店服务和自己在饭店里的账单。饭店的客房将成为 Online Room（在线客房），具有 Internet（互联网）接口。同时，饭店还调整了条桌的高度，以便于客人商务办公使用，此外还可电子控制客房 Mini（迷你）吧。饭店在各消费场所使用联网的电脑终端，不断汇总客人在各个场所的消费金额，并通过电脑系统挂账至客人账户，提高了结账效率和准确率，如假日饭店的 Lanmark 系统就具备这一功能。客房服务员检查好 Mini 吧后，可以利用客房电话机输入代码，将客人在 Mini 吧消费的有关信息直接通过电话线路传输到其账户。这样，前台员工就可以腾出接听电话的时间专心接待客人了。国外一些饭店的 Mini 吧还具有类似自动售货机的功能，可以自动记录客人的消费量，并直接挂账至客账中，不用客房服务员再去检查。

饭店客房采用多功能红外电子遥控器取代固定在床头柜上的控制面板，这种电子控制器可以对客房里的照明灯具、音响、电视机、空调、窗帘等进行全方位遥控。它可以拿在手上，使用起来非常方便。

（二）增设女子行政楼层

近年来随着妇女就业比例的日益提高，女性商务逐渐引起人们的重视，不少饭店设立女性行政楼层的做法很受女商务客的欢迎。澳大利亚饭店业悉尼 BOND STREET 公寓饭店，为女性旅行者特设两层楼，房间内的用品包括浴袍、拖鞋、各类杂志以及女性用品和礼物。针对商务性质，公寓对客人提供全套饭店式服务，直拨电话、留言系统、个人传真、互联网、电视、录像机、音响及付费闭路电视等设施一应俱全。

（三）客房商务化（ROOM-AS-OFFICE）的发展趋势

目前越来越多的客房商务化趋势有增无减，越来越多的饭店在所有客房内都安装了传真机、两条以上的电话线、与电话接驳的打印机、Internet 接口等，但行政楼层因其在面积、装潢、设施上的优势，仍明显高出一筹。对来自大公司、有身价或有专门需要的客人，行政楼层有它针对性的客源市场，仍会长盛不衰。

任务四 掌握行政楼层服务内容

案例导入

陈先生是饭店的忠诚客户，每次来都喜欢入住行政楼层，且总习惯去行政楼层的商务酒吧坐坐，约见几位好友聊聊天。第一次来，陈先生点了一壶红茶，第二次来依然点了红茶，第三次来的时候，有心的服务员小沈微笑地征询陈先生道："请问陈先生今天还是喝红茶吗？"陈先生开心地对朋友说："这儿的服务就是不错，服务员很用心哦，我来过两次，就已经知道我爱喝红茶了，但是今天我想换换口味改喝咖啡了。"

> **思 考**
> 1. 小沈的优质服务效果是如何达成的？
> 2. 结合案例，谈谈行政楼层的服务要求。

一、行政楼层的岗位工作安排

（一）行政楼层主管的工作安排

1. 主管的日班工作程序

（1）7：00带妆上班，并检查当班接待员的仪容仪表和化妆是否合乎要求。

（2）翻阅交班本和当日订单，了解当天饭店的总开房率。

（3）检查报表是否准确及签报表情况。

（4）检查休息室及服务台等处的卫生情况。

（5）查看休息室的空调温度是否合适。

（6）检查酒吧冰箱是否有隔夜饮料及饮料补充情况。

（7）检查早餐的质量、摆设等。

（8）检查当天将要入住客人的订房资料及房间分配情况。

（9）检查客史档案的使用情况。

（10）将接待员制作的欢迎信检查一遍。

（11）当天有VIP宾客入住，要将接待员准备的钥匙袋及袋内钥匙检查一遍，联系接待部门，落实VIP的接待程序和付款方式。

（12）协助财务做好客人的结账工作。

（13）早餐后检查休息室及备餐间的卫生及摆设。

（14）交班前检查是否已办妥或是否跟进客人的委托代办事项。

（15）接受和处理客人的意见，随时为客人解决疑难问题。

（16）14：30～15：00，召开交班会，检查中班接待员的仪容仪表，将当天的房态及交班的注意事项向经理和接待员做通报。

（17）15：00检查下午茶的质量及摆设。

2. 主管的中班工作程序

（1）14：30带妆上班，参加交班会，并检查中班接待员的仪容仪表。

（2）翻阅交班本，细看当日客人的订房资料及房间分配情况。

（3）细致记录当日VIP的接待单位、接待程序和付款方式。

（4）了解当天已入住、离店的房间和饭店的总开房率。

（5）15：00，检查下午茶的质量及摆设。

（6）下午茶后检查休息室的卫生情况。

（7）17：00，确认鸡尾酒会时间，检查食品质量及摆设。

（8）鸡尾酒会后检查休息室及备餐间的卫生及摆设。

（9）接受和处理客人意见，随时为客人解决疑难问题。

（10）检查当天已入住客人的登记卡资料是否齐全，电脑输入是否准确。

（11）检查是否所有第一次入住客人的登记资料都已存档。

（12）检查客人交代的委托代办事项落实情况。

（13）检查接待员是否将须交班的注意事项记录在交班本上。

（14）检查酒吧冰箱酒水的补充情况。

（15）检查次日早餐的餐巾、果汁及其他必备品的准备情况。

（16）查看次日入住客人的订房资料及房间分配情况。

（17）检查次日入住宾客客史档案的准备情况。

（18）督导接待员完成当日的所有报表。

（19）检查休息室、备餐间和服务台的卫生及摆设。

（20）检查物品及抽屉的上锁情况，确认抽屉内钥匙齐全。

3. 主管的日常工作程序

（1）随时预分VIP房间。

（2）密切注意行政楼层的开房率并合理安排好人力、物力。

（3）每星期安排接待员检查酒水和其他备品的库存量。

（4）搜集本部门或其他部门的事故案例，完善本组的工作程序，两星期一次对接待员进行培训。

（5）检查工作范围内的维修保养情况。

（6）检查周期卫生落实情况。

（7）按时参加前台主管例会。

（8）不定期与本组接待员谈心，了解他们的思想，听取他们工作上的意见，并做好记录，归入个人档案。

（9）每月月底完成工作总结，上报本组人员出勤情况，完成下月的物资使用计划并交经理审阅。

（10）检查及督导接待员的服务质量。

（11）注意收集市场动态、客情变化及同行间的资料，及时提出管辖区内的整改方案，并上报经理。

（二）行政楼层高级接待员的工作程序

1. 高级接待员的早班工作程序

（1）上班后，先到大堂副理处取用行政楼层钥匙，向接待组通宵班了解前一晚本楼层开房情况，签阅交班本。

（2）6：30前，与副班共同完成早餐位、自助餐台的摆放工作。电视机调至CNN（美国有线电视新闻）台，并放置好当天的报纸、杂志。协同副班检查接待厅、服务台卫生是否合乎标准。

(3)检查各种工作备品是否齐全,检查空房钥匙是否丢失。

(4)将前一天中班做好的报表经当值经理、主管审批后交副班复印,力争于8:00前及时发送到各部。

(5)整理当天退房客人的资料:

① 将当天退房客人报表交财务,以知会其提前准备好账单;

② 明确付款方式;

③ 确定离店方式;

④ 将客人资料整理编入客史,并做好存档工作。

(6)了解当天饭店及本楼层各类房间空房数目。

(7)做好客人入住前的准备工作。

(8)接待每一位新入住的客人。

(9)跟办上一班未完成的工作。

(10)请示当值经理、主管是否有其他工作安排。

(11)完成上级交办的其他日常工作。

(12)迎、送客梯。

(13)做好住客的出入及来访人员的登记工作。

(14)接待参观人员并做好登记工作。

(15)协助当值经理、主管解决客人疑难问题。

(16)指派副班协助完成客人的各项委托代办事务。

(17)随时填写交班簿。

(18)交班:

① 订单的特别事项;

② 当天发生的事情;

③ 客人的特殊要求;

④ 未完成的工作;

⑤ 新的通知、规定。

(19)下班前请示经理是否有其他未完成工作需跟办。

2. 高级接待员的中班工作程序

(1)上班后参加交班会,并签阅交班本。

(2)检查各种工作备品是否齐全,检查空房钥匙是否丢失,核准每件需交给客人的物件。

(3)检查休息室的各种设备是否完好,卫生是否合格,更新当天的报纸、杂志。

(4)检查早班已入住客人的资料是否齐全,电脑输入是否准确。

(5)检查当天仍未入住客人的资料及准备情况。

(6)了解上班后所剩空房情况。

(7)跟办上一班未完成的工作。

(8)做好酒吧中冰箱里酒水的补充工作。

(9)做好每一位新入住客人的接待工作。

（10）做好每一位已入住及续住客人的接待工作。

（11）迎、送客梯。

（12）做好住客的出入及来访人员的登记工作。

（13）接待参观人员并做好登记工作。

（14）协助当值经理、主管解决客人疑难问题。

（15）指派副班完成客人的各项委托代办事务。

（16）督促副班做好鸡尾酒会的接待准备工作。

（17）天黑时，拉下休息室的窗帘。

（18）做好晚间问候客人的工作。

（19）做好次日离店客人的统计。

（20）做好次日早餐客人的统计，并于21：00前通知送餐部。

（21）检查当天已入住客人的登记卡资料是否齐全，电脑输入是否准确。

（22）做好次日新入住客人的统计及资料准备工作。

（23）做好当日的营业日报表与第二天离店、入住客人报表。

（24）检查当天到店客人的用车单是否齐全及是否已移交汽车部收款员。

（25）检查各种账单是否已入账。

（26）下班前请示经理是否有其他工作安排。

（27）检查预计到达客人情况，与台班核对房态，交班前将未到客人的钥匙和所有订房单交接给通宵班。

（28）检查客人的留言、传真是否已交给客人，下班前将预计到达客人的以上物品交还询问组。

（29）检查是否有住房钥匙留在抽屉内。

（30）将需明天跟办或已完成的事写进交班本。

（31）协助并检查副班应领物品及抽屉的上锁情况。

（32）关掉有关电器的电源。

（33）协助副班完成接待厅、备餐间和服务台的卫生工作。

（34）下班后将钥匙交夜班大堂副理保管。

（35）将第一联登记卡资料交询问组。

（36）将转房、加床资料一联交给客房服务中心。

（三）行政楼层普通接待员的工作程序

1. 普通接待员的早班工作程序

（1）了解当天用餐人数及抵、离店客人数。

（2）验收由送餐部送上的各种食物并检查其质量。

（3）煮咖啡。

（4）摆放早餐位和自助餐台，要求台面、桌面干净、整洁。

（5）放果汁杯、入餐碟与服务餐叉匙等。

（6）检查果汁、淡奶质量。

（7）摆放各种食物和果汁。

（8）用湿布拖干净餐厅地面。

（9）各项工作于6：30准备妥当。

（10）各项准备工作完成后，等待客人的光临。

（11）接待用早餐的客人，并做好记录。

（12）如发现食物或果汁等数量不够，应提前10分钟通知送餐部门准备食物，并到送餐部取回。

（13）收拾各种餐具。

（14）招待刚到的客人：问清楚客人需要何种饮料；送上客人所需的饮料；协助高级接待员为客人办理入住登记手续；送客人至所在楼层的房间，介绍房间设施并将房匙交给客人。

（15）负责复印各种报表并于8：00前交行李组派送。

（16）核实酒水消耗数量及冰箱内的剩余酒水数。

（17）做好日常的餐饮服务。

（18）协助高级接待员完成迎、送客梯服务。

（19）完成当天的周期卫生工作。

（20）参加交班会。

（21）做好下午茶的准备工作。

（22）统计早餐用餐人数并报告行政楼层收款员。

（23）下班前把所有用过的餐巾及垃圾清走。

2. 普通接待员的中班工作程序

（1）交接班，了解入住和离店人数。

（2）协助早班完成下午茶的各项准备工作。

（3）接待用下午茶的客人，并做好记录。

（4）收拾各种餐具。

（5）清洁餐具并放回指定地方。

（6）招待刚到的客人。

（7）做好鸡尾酒会的准备工作。

（8）接待用鸡尾酒的客人并做好记录。

（9）收拾餐具。

（10）清洁餐具并摆放回指定地方。

（11）做好酒水消耗数及冰箱内剩余酒水的记录。

（12）统计下午茶和鸡尾酒会人数，报告行政楼层收款员。

（13）鸡尾酒会后补充冰箱的酒水。

（14）开领料单。

（15）准备好第二天需用的餐巾和其他餐饮物品。

（16）把当天到店客人的用车单交汽车部收款员。

（17）把当天新入住客人的资料输入客史档案，并打印资料，作为本组的手工档案归档。

（18）在10：30前到预订组取次日客人订房资料，将订单复印一份交接待组，将有客史的客人资料打印在登记表上，并找出其手工档案。

（19）关掉有关电器的电源。

（20）完成休息厅、备餐间、服务台的卫生工作。

（21）将用过的餐巾和垃圾清走。

二、行政楼层的业务操作规程

（一）客人入住前的准备工作程序

（1）查阅订单。

（2）根据客人的历史档案或订单特别要求安排房间并输入电脑。

（3）检查订车情况。

（4）准备好登记卡。

（5）准备好住房卡、门匙。

（6）准备好欢迎信并交客房台班放进房间。

（7）预报鲜花、水果。

（二）入住登记程序

（1）接到客人抵店信息后，迅速找出其订房资料及登记卡。

（2）通知所在楼层台班准备欢迎茶水。

（3）迎梯及引导客人到休息室。

（4）副班询问客人需要何种饮料并迅速上饮品。

（5）主班请客人出示有效证件，并代客人填写。

（6）确认客人的入住天数、房间种类及房价。

（7）请客人在登记卡上签名。

（8）如可能的话，请客人留下名片。

（9）询问客人的付款方式。

（10）发住房卡和房匙。

（11）介绍行政楼层的优惠服务。

（12）副班引客人到房间。

（13）主班在登记卡上打上时间并输入电脑。

（14）通知行李组入住客人的房号。

（15）做好客人的手工和电脑档案存档工作。

（三）欢迎茶服务程序

客人登记入住时，接待员为客人提供欢迎茶。
（1）事先准备茶壶、带垫碟的茶杯、一盘干果或巧克力糖果饼干和两块热毛巾。
（2）称呼客人的姓名，表示问候并介绍自己；同时，将热毛巾和茶水送到客人面前。
（3）如果客人是回头客，应欢迎客人再次光临。

（四）引导客人进房间的程序

对于新入住行政楼层的客人或 VIP 客人，都要求由行政楼层的副班或高级接待员引导客人进入房间。引导前的准备工作包括：
（1）告知客人所在的楼层与房号；
（2）待客人表示要回房间后，把钥匙交给副班，副班送客人至所在楼层房间；
（3）客人离开休息厅时须向客人道别，预祝客人入住愉快。

（五）鲜花、水果服务程序

（1）依据确认的抵店客人名单准备好总经理欢迎卡、行政楼层欢迎卡。
（2）将需要补充鲜花、水果的房间在住店客人名单上做好标记。
（3）将鲜花、水果、刀叉和餐巾备好，装上手推车送入客房，并按规定位置摆放好。
（4）做好记录，根据次日预抵店名单填写申请单，以备用。
（5）鲜花、水果一定要保证质量，根据客人的口味、喜好补充；补充时，要将不新鲜的花和水果撤出，更换用过的刀叉。

（六）晚间问候客人的程序

从中班起，当班员工即开始关注第二天预离店的客人，如遇这类客人，可与他们确认以下问题。
（1）询问客人明天的交通票据是否已购买。
（2）询问客人是否需要安排车辆离店。
（3）询问客人具体离店时间及准备账单时间。
（4）询问客人是否有其他需要帮忙的事情。
（5）询问客人住得是否开心并征求建议或意见。
如没有遇到此类客人，则应在晚上 8：00～10：30 以内打电话到客人房间，确认以上内容，并做好交班记录。

（七）退房结账服务程序

（1）提前一天确认客人结账日期和时间。

(2）询问客人结账相关事宜，如在何处结账、用何种付款方式、行李数量、是否代订交通工具，并及时检查酒水。

(3）将装有客人账单明细的信封交给客人，请客人在账单上签字，将第一联呈交客人，询问客人结账方式，如果付外币，请客人到前厅外币兑换处办理，如刷卡则使用刷卡机。

(4）通知行李员取行李，代订出租车。

(5）询问是否需要做"返回预订"。

(6）感谢客人入住并与之告别。

（八）迎、送客梯服务程序

1. 迎梯的服务程序

(1）当听到客梯上、下提示声时，应快步至该客梯前。

(2）当客梯梯门开启时，接待员应站在客梯一旁，内侧手扶梯门，外侧手以45度角收于背后，腿站直，身微鞠躬，请客人出客梯。

(3）面带微笑，向客人打招呼，熟记并经常称呼客人姓氏。

(4）询问客人房号或客人是否需要帮助。

(5）若客人是办理入住登记手续的，则引导客人进入休息厅；若遇参观闲逛者，应礼貌地请其下楼层，为他们按下电梯，并致歉："不好意思，这里是客房，非公共场所，不方便外来人员参观。"

2. 送梯的服务程序

(1）当听到客房关门声或看到客人自房间走出时，应快步至该客梯前，预先为客人按下电梯。

(2）循声判断客人从哪一边出来，面向客人，以微笑向客人打招呼。称呼客人的姓氏，并询问客人是否下楼层。

(3）当听到客梯上、下提示声时，应快步至该客梯前，并示意客人客梯的方向。

(4）当客梯门开启时，接待员应站在客梯一旁，面向客人，内侧手扶梯门，外侧手以45度角收于背后，腿站直，身微鞠躬，一手示意客人入客梯。

(5）当所有客人进入客梯后，可松开扶梯门的手，往后退两步，正面向客梯，微鞠躬恭送客人直到客梯门关上，感谢客人的入住并预祝客人旅途愉快。

(6）当电梯门已开启而客人还未走进电梯时，应礼貌地请梯内客人稍等。

（九）行政楼层餐饮服务程序

1. 早餐（6：30～10：30）

(1）客人光临餐厅时，即上前接待，面带笑容，礼貌地与客人打招呼。

(2）为客人拉椅让座，将餐桌上多余的餐具收走。

(3）询问客人是否需要咖啡或茶。

要求从客人右边服务（如属边角位，可示意客人帮忙递上茶杯或拿回茶杯），咖啡倒至八成满。如客人需要茶，则用热水将茶壶烫热后，再放入茶包冲开水，并为客人斟上。

（4）向客人介绍用餐形式。

（5）收餐具：

① 客人用餐过程中，要勤巡台，检查是否需要换烟灰缸，要求烟灰缸不能超过两个烟头或有纸碎杂物；

② 收回客人的空餐碟（杯）时，要做一个手势，征询客人是否可以撤下空餐碟（杯），然后从客人的右边把此碟（杯）收走；

③ 收餐碟过程中，询问客人对早餐的质量和服务意见。

（6）为客人添咖啡或茶。

（7）添加、补充自助餐台上的食物、饮料和餐具。

（8）注意保持自助餐台和餐厅地面清洁。

（9）当餐厅内有客人进餐时，厅内电话只用作转接客人的电话。

（10）送客。客人用餐完毕，准备离座之际，服务员应主动上前拉椅，检查客人是否遗留物品，如有，应及时送还客人，对客人的光临表示感谢。

（11）迅速将餐桌、餐椅清理干净。

2．午茶（3：00 p. m. 至 5：00 p. m.）

（1）引领客人入座、拉椅。

（2）询问客人是否先来点咖啡、茶或其他饮料。

（3）上茶点，并希望客人能喜欢。

（4）收餐具，当客人用餐后，可为客人撤掉空碟。

（5）在客人用茶点的过程中，要勤巡台，换烟灰缸，收空餐具，并为客人添咖啡、茶。

（6）送客、拉椅并表示感谢。

（7）各项程序和要求可参照早餐服务程序。

3．鸡尾酒会（5：00 p. m. 至 7：00 p. m.）

（1）引导客人入座、拉椅。

（2）询问客人是否来点饮料或鸡尾酒。

（3）在客人用小食的过程中，要勤巡台，换烟灰缸，收空餐具及台面杂物。

（4）送客、拉椅并表示感谢。

（5）各项程序和要求可参照早餐服务程序。

4．餐饮服务要求

（1）咖啡一定要保持温度，严格按配方准备。

（2）服务要快捷妥当，不拖泥带水。

（3）保持台面清洁，除大餐碟可以不用托盘外，其余餐具一律用托盘收或换。

（4）所有的服务在客人的右边进行。

（5）严格按先女后男、先宾后主、先老后少的顺序为客人服务。

（6）所有的服务按顺时针方向进行。

（7）所有饮品必须带有杯垫。

（8）严禁将啤酒、汽水罐放在客人台上。

（9）倒咖啡时，需将空杯连托置于手上，添完后，再把咖啡杯放回台上。

（10）摆放餐具时，手只能接触餐具的柄部。

 知识链接

未来行政楼层的新产品

1. 光线唤醒。由于许多人习惯根据光线而不是闹铃声来调整起床时间，新的唤醒系统将会在客人设定的唤醒时间前半小时逐渐增强房间内的灯光，直到唤醒时刻的灯光亮得像白天一样。
2. 无匙门锁系统，以指纹或视网膜鉴定客人身份。
3. 虚拟现实的窗户，提供由客人自己选择的窗外风景。
4. 自动感应系统，光线、声音和温度都可以根据每位客人的喜好自动调节。
5. "白色噪声"，客人可选择自己感觉最舒服的背景声音。
6. 客房内虚拟娱乐中心，客人可在房间内参加高尔夫球、篮球等任何自己喜爱的娱乐活动。
7. 客房内健身设备，以供喜爱单独锻炼的客人使用。
8. 电子控制的床垫，可使不同的客人都得到最舒适的床上感受。
9. 营养学家将根据每位客人的不同身体状况定制食谱。

任务五　了解总台问讯服务

 案例导入

　　一个星期天，北京某饭店服务台问讯处，一位英国来华的乔治先生在问讯台前踌躇，似有为难之事。问讯员小胡见状，便主动询问是否需要帮助。乔治先生说："我想去游览八达岭长城，乘旅行社的专车，他们配有讲英语的导游，对我游览有很大帮助。"小胡问："乔治先生，您昨天预订旅行车票了吗？"乔治答："没有，因为昨天不想去，今天我又冒出想去的念头。"小胡知道，饭店规定，去长城游览的客人必须提前一天登记，这样旅行社的车第二天才会到饭店来接客人，而昨天没有一个客人登记，这样旅行社的车肯定不会来了。小胡想了想对乔治先生说："请您稍等，我打电话与旅行社联系，若还没发车，请旅行社开车到饭店来接您。"小胡马上打电话给旅行社，旅行社告之，去八达岭的车刚开走，请直接与导游联系，并告之导游手机号。于是，小胡又马上与导游联系，导游同意并说马上将车开到饭店接乔治先生。小胡放下电话，对乔治先生说："乔治先生，再过10分钟，旅行车就来接您，请您稍等。"乔治先生很是感动，连声说："谢谢！"

思　考
1. 小胡的服务行为体现了哪些优质服务的原则？
2. 结合案例，试分析问讯处工作人员的素质要求。

问讯服务是饭店为客人提供的全方位系统服务中的重要组成部分，是满足客人对有关信息需求的一项重要工作。问讯工作的好坏同样也反映一家饭店总体服务质量的高低。问讯服务的确立是在适应现代经济发展对社会生活的需求，以满足客人需要、为客人提供宾至如归的服务为宗旨。随着现代社会经济的发展、人们生活品位的提高和生活需求的多样化，问讯服务的内容也随之更新、发展和充实。

当客人需要了解某些情况时，常常求助于饭店的问讯部门。问讯员也应主动征询客人意见，回答他们的问题。此时，问讯工作起着为客人排忧解难的作用，问讯员也就成了饭店的代表。如果问讯员能够自始至终地为客人提供周到细致、面对面的优质服务，将给客人留下良好的印象，为提高整个饭店的接待服务水准做出重大贡献。

一、问讯处的工作内容与组织机构设置

问讯处是协调饭店与顾客关系的重要部门，也是饭店与宾客沟通的重要桥梁。其工作内容主要包括：留言服务、查询服务、提供各类旅游与交通信息、收发代寄邮件、客人物品的转交服务及其他各项委托代办服务。小型饭店一般不设专职问讯员，其工作职责由总台服务员兼任；中型和大型饭店则设专职的问讯员，24 小时为客人服务。

二、问讯员的岗位职责

（1）与上一班次问讯员交接班，同时阅读工作日志，有疑问当面厘清。
（2）了解当天的房间状态及饭店的主要活动安排，如大型会议、宴会的时间和地点等。
（3）掌握当天在店、抵店、离店的贵宾情况。
（4）接收邮件，并分类转给客人及饭店各部门，为客人代寄邮件。
（5）为客人提供留言服务。
（6）分发和管理客房钥匙。
（7）完成转交物品等客人委托的事项。
（8）准备一份当日住店客人总名单，以备查询。
（9）保持工作区域的整洁有序。
（10）填写工作日志，与下一班次问讯员当面交接班。

三、问讯处的信息范围

饭店的客人形形色色，问题也就五花八门，涉及的范围极广，因此问讯员除必须有广博的知识面、掌握大量的信息外，还必须准备大量的书面资料，以使客人得到满意答复。这些书面问讯资料必须是最新的，并依据客人的需求及具体情况变化随时更新。问讯处必备的信息范围可归纳为以下几方面。

（一）关于饭店本身的信息

这一方面的信息应包括：饭店的规模、档次，所处地理位置，服务设施及服务项目，特点及风格，有关政策及规定，总机及主要分机号码，组织体系及有关部门职责，饭店有关部门负责人姓名及工作场所等。

（二）关于交通方面的信息

这一方面的信息包括：国际、国内主要航空公司名称，主要航班的抵、离时间及机场位置，火车站位置及主要车次的抵、离时间，本地主要出租车公司名称及预订方式、电话号码，其他交通运输公司的基本情况，饭店与周边主要城市的距离及抵达方法。

（三）关于本地主要娱乐、度假、购物、康体休闲及观光场所的信息

这些信息包括：本地乃至全国各主要风景名胜点的名称、特色及抵达方法，本地主要体育娱乐场所（如高尔夫球场、海水浴场、网球场、综合性游乐场等）的地址、开放时间、收费方法及与饭店的距离，本地主要购物点及特色等。

（四）关于本地科学、教育、文化设施方面的信息

这些信息包括：本地主要文化馆、电影院、音乐厅、戏院、大型展览馆等主要活动场所的地址、表演节目、剧情简介、入场费等，本地大中专院校的地址、电话号码，本地主要图书馆、博物馆、主要科研机构等的地址及抵达方法，主要客源国及本地的风土人情，人民的生活习惯、爱好、忌讳等。

（五）关于天气、日期、时差方面的信息

这一方面的信息包括：近日天气情况、当天日期及星期、世界主要城市的时间及与本地的时差、北京时间等。

（六）其他方面的信息

其他方面的信息包括了本地各宗教场所的名称、地址及开放时间，本地各使领馆的地址及电话号码，主要外贸及有关企事业单位、主要银行、医院及政府有关部门的地址、电话等。

饭店及饭店所在城市或地区对大多数住店客人来说是个陌生的地方，因此，问讯员要耐心、热情地解答客人的任何疑问，有问必答，百问不厌。遇到不能立即回答的问题，问讯员应该通过查询资料或请教他人的方法给客人答复。任何时候，绝不能对客人说"我不知道"。当

来访者要求查询住客时，要注意为住客保密，谨慎对待。饭店一般规定，住客的房号及活动非经其本人的允许，饭店不得向外泄露。

为做好问讯服务，问讯处还应备有：查询资料架、交通时刻表、价目表及全程表、世界地图、全国地图、全省和本埠地图、旅游部门出版的介绍本国各风景名胜点的宣传册、本饭店及饭店所属集团的宣传册、电话号码簿、邮资价目表、饭店当日活动安排表、当地电影院、剧场节目表、当日报纸、饭店向导卡等。

有些先进豪华的饭店利用多媒体电脑向客人提供问讯服务，客人还可以通过电视屏幕了解当天的各类新闻、体育比赛、股票行情、天气预报以及飞机抵、离时间等消息。还有一些饭店为住店客人提供更广泛的服务，如预订机票、办理旅行委托、查阅某家银行的服务范围等。有些饭店为了方便客人，直接把某些项目显示在客房的电视屏幕上供客人查看。

知识链接

饭店总台问讯处常用英语会话

Routine services 日常服务

1. Please tell me the daily service hours of the dining room. 请你告诉我餐厅每天的服务时间，好吗？
   Breakfast：6：00～7：30 a. m.；lunch：11：00～12：30 a. m.；dinner：6：30～7：30 p. m. 早饭早晨6：00～7：30；午饭上午11：00～12：30；晚饭下午6：30～7：30。
2. When will the bar and cafe open? 酒吧和咖啡馆什么时间开放？
   From 4：30 to 10：30 p. m.. 从下午4：30到晚上10：30。
3. And where can I have my laundry done? 脏衣服送到哪里去洗？
   On the first floor. 在一楼。

Place 地点询问

1. Excuse me, where can I buy the magazines? 劳驾，我到哪可以买到杂志？
   There is a shop on the ground floor. It sells all kinds of newspapers and magazines. 一楼有个商店，在那可以买到各种报纸和杂志。
2. Where can I buy souvenirs, please? 请问哪里可以买到纪念品？
   There is a counter in our hotel selling all kinds of souvenirs. 在我们宾馆有个柜台出售各种各样的纪念品。
3. Excuse me, where is the restaurant? 劳驾，请问餐厅在哪？
   We have Chinese restaurant and a western-style restaurant. Which one do you prefer? 我们有中餐和西餐厅，你愿意去哪个？
   I'd like to try beef steak today. 今天我想尝尝牛排。

Relaxation 休闲

1. Is there a recreation centre nearby? 附近有娱乐场所吗？
   You can play billiards, table tennis, bridge, and go bowling. 你可以去打打台球、乒乓球、桥牌和保龄球。

2. Does the guest house offer any other service? 宾馆里还有哪些服务项目?

We have a barber shop, a laundry, a store, post and telegram services, a newspaper stand, a billiard, table tennis, video games and so on. 我们有理发室、洗衣房、小卖铺、邮电服务、报刊、台球、乒乓球和电子游戏等。

Situation Dialogue 情景对话

Dialogue A

A: Would you please tell me daily service hours of the dining room?

B: Certainly. 24 hours a day.

A: When will the bar and cafe open?

B: From 3:00 p.m. till midnight.

A: Does the guest house offer any other service?

B: We have a barber shop, a laundry, a store, post and telegram services, a newspaper stand, a billiard, table tennis, and so on.

A: Terrific!

B: You may have your shopping and amusement there.

A: Good. And where can I have my laundry done?

B: There's a plastic bag in the bathroom. Just put your laundry in it. It will be picked up after I make the bed every morning. Here is the room key.

A: Do I keep the key?

B: At the service counter, there are attendants on duty all day. Please leave the key with the service counter when you go out.

A: I see. Thanks.

Dialogue B

A: Good evening. What can I do for you?

B: Good evening. I'm looking for a friend Zhang Jun. Could you tell me if he is in the hotel?

A: Zhang Jun? Just a minute, please. I'll see if he is registered.

(A few minutes later)

A: Zhang Jun? There is a lot of guests whose name is Zhang Jun.

B: Zhang Jun from Shanghai. Isn't he staying at this hotel?

A: Oh, yes, here's his name, Zhang Jun from Shanghai. He is in Room 302. Please wait a moment, let me phone him... He said he's waiting for you in his room.

B: Thank you.

任务六 掌握问讯服务内容

案例导入

某日，S市的一家饭店总台问讯处收到从邻近市某工厂企业寄来的一封平信，信封上写明"请速转台湾住店客人李××先生收"。信封左下角用括号加注一行字：台湾李先生日内将从香港中转到大陆入住你店。

总台值班服务员见是一封平信，思想上未引起重视，随手把信放在柜台后面的信架上，在与另外的值班服务员交班时忘记了交代此事。时间一长，这封信便成了封"死信"。

外地工厂来信的缘由是：台湾李先生专程来大陆与该厂谈判合资办厂问题，事先用图文传真告知该厂他到大陆S市的日期、所住饭店以及到达该厂的大约日期。厂方接到传真以后，考虑到谈判代表恰巧要到S市办公事，于是发电传到台湾，希望李先生在S市等厂方代表就地谈判。谁知李先生已离台湾去香港了，电传内容无法知悉。厂方事先也担心李先生收不到电传，在李先生尚未到达S市以前，寄出一封平信到S市李先生要下榻的饭店，认为该饭店会负责及时转交给李先生。

可是，事与愿违，李先生在S市仅逗留了一晚，在入住登记和离店时当然不会注意信架上会有自己的信，更不会主动向饭店询问此事。当厂方代表来到S市时，李先生已离开S市了。这封平信的遭遇使厂方失去了这次与李先生谈判的机会。

思考
1. 入店邮件的处理程序是什么？
2. 此次服务失误的原因有哪些？

一、查询服务

（一）查询服务要求

（1）资料准备要齐全。
（2）回答查询要迅速。
（3）答复要耐心准确。
（4）为住客和饭店商业机密保密。

（二）住客查询

客人入住后，经常会向前厅问讯处、总机或楼层员工询问有关饭店的情况。饭店员工应将客人的每次呼叫或询问当作一次产品推销、增加饭店收入的机会，详细介绍饭店情况。有时客人也会问及饭店当地的一些情况，问讯员也应详细解答。

（三）查询住客情况

问讯处经常需处理打听住客情况的信息，如客人是否在饭店入住、客人入住的房号、客人是否在房间、是否有合住及合住客人的姓名、住客出去前是否给访客留言或留授权纸等。问讯员应根据具体情况区别对待。

1. 客人是否入住本店

问讯员应如实回答，住客要求保密者除外。查电脑或住客资料显示架名单及接待处刚转来的入住单，确定客人是否已入住；查预抵客人名单，核实该客人是否即将到店；查当天已结账的客人名单，核实该客人是否已退房离开；查下一周的订房单，确认该客人近期是否会入住。如客人尚未抵店，则以"该客人暂未入住本店"回复客人；如查明客人已退房，则向对方说明情况。已退房的客人，除有特殊交代外，都不应将其走向及地址告诉第三者（公安检察机关除外）。

如访客需要转交物品给住客，按照饭店规定，需填写转交物品委托书（表4-17）与留物登记表（表4-18）。

表4-17　ENTRUSTED REMINDER（转交物品委托书）

	File No.
	编号：_____
I Entrust the Asst. Manager to Transfer the Thing Below to _____ in Room _____.	
现委托饭店将下列物品转交给_____房客人_____	
Description of Article	
转交物品：_____	
Brand	Color
牌子：_____	颜色：_____
Model	Size
型号：_____	规格：_____
Number	
数量：_____	
Remarks	
备注：_____	
Guest Signature	
委托人签名：_____	
Company	
公司：_____	
Date/Time	
日期/时间：_____	
Asst. Manager Signature	
经手人签名：_____	

表4-18　留物登记表

Date 日期_____	Parcel No. 取物号_____
Parcel from 留物人_____	Parcel to 取物人_____
Add. & Tel of Owner 留物人住址、电话_____	Add. & Tel of Addresee 取物人地址、电话_____
Description of Parcel 何物_____	Date of Picking Up 取物日期_____
Received by 经办人_____	Delivered by 经办人_____
Storage Limit 留物存放期限_____	Addressee's Signature 取物人签名_____
Storage Place 留物存于何处_____	ID Card/Passport No. 取物人身份证/护照号码_____
Remark 备注	

The hotel assumes no responsibility for any stored items which have been left over the storage limit. Money and valuable contents are not accepted here.

请在规定期限内将留物取回，若过时不取而导致遗失或损坏则饭店不负责，金钱和贵重物品恕不接收。

2. 客人入住的房号

为住客的人身财产安全着想，问讯员不可随便将住客的房号告诉第三者，如需要传达，则应让住客通过电话告知访客。

3. 客人是否在房间

问讯员先确认被查询的客人是否为住客，如系住客则应核对房号，然后打电话给住客。如住客在房内，则应问清访客的姓名，征求住客意见，将电话转进客房；如客人外出，则要征询访客意见，是否需要留言；如住客不在房内而在店内，问讯员可通过电话或广播代为寻找，并请客人在大堂等候，也可请行李员在大堂内举牌摇铃代为寻找。

4. 住客是否有留言给访客

有些住客在外出时，会给访客留言或留授权书。授权书是住客外出时允许特定访客进入其房间的证明书。问讯员应认真核对证件确认访客身份，按饭店程序办理。

5. 打听住客的情况

问讯员应为住客保密，不可将住客的姓名、单位名称告诉对方，饭店内部员工因工作需要的咨询除外。

6. 电话查询住客情况，问讯员则应注意以下事项。

（1）问清客人姓名，如果是中文姓名查询，则应对容易混淆的字用组词分辨确认；如果是英文姓名查询，则应将客人姓与名区分，并对易读错的字母进行辨认。要特别留意港、澳地区客人及华侨英文名与汉语拼音姓氏情况。

（2）如查到了客人房号，并且客人在房，应先了解对方姓名，征求住客意见，确认其是否愿意接电话。如同意，则将电话转接到房间；如住客不同意接电话，则告诉对方住客暂不在房间。

（3）如查到了客人房号，但房间无人接听电话，则建议对方稍候来电或电话留言，切不可将住客房号告诉对方。

（4）如咨询团体客人情况，则要问清团号、国籍、入住日期、从何处来（上一站）、到何处去（下一站），其他做法均与散客一致。

（四）查询饭店及其他情况

问讯员应主动介绍饭店的设施设备及服务项目情况，树立全员营销的观念，积极、热情地为客人解答难题，提供帮助。

（五）住客要求保密的处理

有些客人在住店时，出于某种原因，会提出房号保密的要求。不论是接待员还是问讯员接到此要求，都应按下列要求操作。

（1）住客房号保密事项由问讯处归口处理，如是接待员接到客人保密要求，最后都应交问讯处办理。

（2）问清客人保密程度，如对接听电话的要求，只接听长途，不听本地，或者来电一律不听；再如对来访客人的要求，只会见某一访客，还是一律不见等。

（3）在值班本上做好记录，记下客人姓名、房号、保密程度与时限。

（4）通知总机室做好该客人的保密工作。

（5）如有人拜访房号保密的客人，或来电查询该客人，问讯员及总机均应以该客人没有入住或暂时没有入住为由予以拒绝。

（6）如客人要求更改保密程度或取消保密，即刻通知总机室，并做好记录工作。

二、留言服务

留言服务是问讯处的一项主要工作内容，也是饭店主动为顾客提供服务的典型范例。访客到店时，住客不在房间，问讯员可建议访客在大堂内等候，或征求其意见是否需要留言；有电话找住客，但住客不在房间时，问讯员则应告知对方房间电话无人接听，然后征询其意见是否需要留言。有些饭店，当房间电话无人接听时，电话线路会自动跳回问讯处，而不再经过总机。有时住客与来访者事先有约，但又有急事需要马上外出，也会给访客留言，甚至填写授权表，允许某位访客进房等候。饭店也会由于某种原因，给住客留言。

饭店可由人工或电脑处理留言服务，不论饭店按何种方法处理，留言一定要准确及时地通知到相关客人，否则容易导致客人的不满，甚至投诉。饭店的留言服务可分为四种情况：访客或来电给住客留言、访客或来电给尚未入住的客人留言、住客给访客留言、饭店给住客留言。

（一）访客或来电给住客留言

当被探访的住客不在房间时，问讯员应征询访客的意见是否需要留言，如愿意，则请访客填写留言单，或由访客口述，问讯员记录，客人签名确认。当住客外出，有电话找寻时，问讯员也应征询对方意见是否需要留言。如对方愿意，问讯员应填写留言单，并向对方复述确认。

饭店为做好访客（非来电）的留言工作，设计了留言单（表4-19），并在客房电话上设置留言指示灯以提示客人。有些饭店配置了高级的电脑管理系统，给住客的留言可从房间电视荧屏上显示，其格式类似留言单。

表4-19 访客留言单

```
Mr. 先生_____
Mrs. 女士_____
Miss 小姐_____
Room No. _____  Time _____
房号                       时间
Date _____
日期
You had a telephone call from
贵客有一电话来自
Mr. 先生_____
Mrs. 女士_____
Miss 小姐_____
Tel No. 电话号码_____  Place 地点_____
□令友并无留言   Left No Message
□令友将再给您电话   Will Call You Again
□请您打电话去   Please Call Back
□令友曾到访   Came to See You
□令友再次来访   Will Come Again
□电讯/包裹   Telex/Parcel
Message:_____
_____
_____
_____
_____
Thank You
谢谢
                              Clerk 经办人_____
```

访客给住客的留言单一般一式三联，第一联放在问讯处留存，如问讯处设钥匙架，则将其放到钥匙格内，以便客人回店取钥匙时交给他；第二联由行李员送入客房（住客在房时）或送至楼层台班处，由台班送进客房（客人不在房内）；第三联送总机，由话务员打开该客房电话机上的留言指示灯，客人一回房间发现留言指示灯亮着，可以打电话询问留言内容。

（二）访客或来电给尚未入住的客人留言

有时来访者会来电给暂未入住饭店的客人留言，问讯员碰到这种情况一样要热情提供服务，填写留言单并向对方复述确认，然后根据暂未入住客人的订房情况区别对待。

1. 给预抵店客人留言

客人订了当天的客房，但暂时没有入住，问讯员应将留言单与入住登记表订在一起。如是给 VIP 客人的留言，则将留言单与订房单夹在一起；如是给一般散客的留言，在客人办理入住登记手续时，将留言单转给客人。

2. 给已订了房但入住日期较为遥远的客人留言

遇到此种情况，问讯员填写留言单后，在留言单上注明客人入住的日期，将留言单按住客姓氏的字母顺序排列储存，并通知订房员在该客人的订房单上附一张纸条加以提醒。

3. 给没有订房的客人留言

原则上饭店不提供这类留言服务，如对方坚决要求，问讯员应向其解释清楚，并设法了解客人的大致入住日期，然后将留言列入等候栏并常加以检查，核实该客人是否已入住。

（三）住客给访客留言

住客暂时离开客房或饭店，如想告知来访者自己在何处，可填写住客留言单（表 4-20）。住客留言单一般一式两联，问讯处和总机各存一份。这类留言具有较强的针对性，留给特定的来访者，并且有较强的时效性。如留言过时，而又没有接到住客新的指示，可将该留言单作废。

表 4-20 住客留言单

```
Date
日期：_____
Mr. Mrs. Miss
先生、女士、小姐：_____
Room No.
房号：_____
                                    Where to Find Me
                                       何处找我
To: Mr. Mrs. Miss _____
From _____ A. M. /P. M.  To _____ A. M. /P. M.
I will Be at:
        □Coffee Shop 咖啡厅         □The Lobby 大堂
        □Grill Room 烤肉馆          □Fitness Center 健身房
        □Singing Hall 歌厅          □Banquet Hall 宴会厅
        □Cantonese R. 广式餐厅      □Japanese R. 日式餐厅
        □Others：其他 _____
Message：留言内容 _____
_____
_____
```

续 表

Thank You
谢谢

Clerk 经办人_____

如住客留言内容属允许某一访客在其外出时进入客房的,问讯员还应请住客填写授权书。授权书要注明访客的姓名、性别及允许其进入客房的时间段,问讯员还应要求住客签名确认。接待该访客时,问讯员要确认其身份,并登记身份证件。

(四)饭店给住客留言

饭店给住客留言,需填写住客通知单(表4-21)。问讯员收到住客较为重要的邮件时,一般需填写"住客通知单",请客人前来签名领取。前台员工有时要向客人催缴押金、征询客人是否续住等,通常通过电话口头通知或填写"住客通知单"形式的书面通知来进行。

表4-21 住客通知单(GUEST NOTICE)

Date	
日期_____	
To Mr. Mrs. Miss	Room No.
先生、太太、小姐_____	房间号码_____
From：Information Desk	
Please Be Informed That This Is a	
兹收到一份	
☐ Telex/Fax	电传/传真
☐ Cable	电报
☐ Registered Letter	挂号信
☐ Letter/Parcel	信件/包裹
☐ Other	
请联络问讯处索取	
For Collection Please Contact Information Desk	
Thank You	
	Guest Signature
	顾客签名_____
	Clerk
	经办人_____

三、邮件服务

（一）进店邮件服务

处理客人的进店邮件是饭店问讯处的一项重要职责。如果饭店收到了住客的挂号信或特快专递但没有递送给客人，饭店可能要对客人由此遭受的损失或不便负责。因此，建立高效的邮件处理系统是非常必要的。

1. 进店邮件的种类

（1）饭店邮件，分发给饭店相关部门。

（2）员工邮件，通过人事或办公室转交。

（3）租用饭店场所的单位邮件，一般由饭店专门部门处理。

（4）宾客邮件，包括住店客人邮件、已离店客人邮件、订了房但尚未抵店的客人邮件及姓名不详无法查找的客人邮件等几类，需分别对待处理。

2. 住店客人邮件的处理

对于寄给住店客人的邮件，收到后要通过电脑进行核对，查住客资料表，确认是否与住店客人的姓名和房号吻合。如邮件上只有姓名而无房号，则应从住客资料表中找出房号，并在邮件上注明房号；如果邮件上标有房号及姓名，但房号不正确，则应在邮件上注明正确的房号，并加括号以示区分，但原房号不能涂改，住客来签领时请住客确认。确认好邮件的姓名与房号后，问讯员按照邮件的种类情况进行分发，填写邮件登记表（表4-22）。

表4-22 邮件登记表（REGISTRATION FORM FOR CABLE, TELEX, LETTER AND PARCEL）

日期 Date	时间 Time		房号 Rm No.	收件人 Receiver	种类 Type	发件地 From	编号 Code	经手人 Clerk	收件人签名 Signature
	收到 Receive	发出 Send							

（1）挂号信、包裹单、汇款单、特快专递等，应立即电话通知客人前来签领。如客人不

在房间，则填写"住客通知单"，并按留言程序进行分发，通知客人前来签领，客人签领时需出示有效证件。

（2）普通邮件则放入客人问讯架或钥匙架内，待客人来取钥匙时给客人；也可移交行李员，由行李员送给住客。如住客不在房内，则转交楼层台班，由其送入客房。

3. 已离店客人邮件的处理

通过查找，发现客人已退房，则应在邮件上注明客人离店日期。如客人退房时未做任何交代，又属普通邮件，有些饭店会在邮件中注明保留天数，过期后按寄件人地址退回。客人的电报、电传等也按原址退回，并标注客人已退房。如客人退房时留下了地址委托饭店转寄，饭店应按要求给予办理。

4. 订了房但尚未抵店的客人邮件

通过查核，如是订了房但尚未抵店的客人邮件，应在邮件上注明客人入住日期，然后将邮件放在指定地方，如等候邮件架内，并在订房部的客人订房单备注栏内提示该客人有邮件。待客人入住时，通过确认订房单的指示，将邮件交给客人。

5. 姓名不详无法确认的客人邮件

对于姓名不详的客人邮件，问讯员应耐心、细致地通过多种渠道、多种方法查找，并要多次试分发给姓名相近似的客人，由行李员进行分发，请住客确认。如实在无法查找的客人的急件，在急件上盖"查无此人"印章，同时打上收件日期、时间后给予退回；如属普通邮件，则按饭店规定，保留一定期限，并在保留期内每天查对，若确定无人领取，则退回给寄件人，做好邮件退回记录。

（二）代办邮件服务

代办邮件服务，包括为住客代发平信、挂号信、特快专递，代售邮票、明信片等。如果是平信，则要求客人贴足邮票，待邮递员投递进店邮件时让其捎走；如是特快专递业务，则通知邮政服务专线前来收取；如果是挂号信、包裹，问讯员可请"金钥匙"代为解决，费用可由客人用现金支付，或由饭店先垫付，将单据送到前厅收银处入账，待客人离店结账时一并付款。

 阅读材料

旅游饭店星级的划分与评定——饭店运营质量评价表						
前厅					
序号	标准	评价			
2.1	前厅服务质量				
2.1.1	总机	优	良	中	差
2.1.1.1	在正常情况下，电话铃响10秒钟内应答	3	2	1	0
2.1.1.2	接电话时正确问候宾客，同时报出饭店名称，语音清晰，态度亲切	3	2	1	0

续 表

前厅						
序号	标准	评价			
2.1.1.3	转接电话准确、及时、无差错（无人接听时，15秒钟后转回总机）	3	2	1	0
2.1.1.4	熟练掌握岗位英语或岗位专业用语	3	2	1	0
2.1.2	预订	优	良	中	差
2.1.2.1	及时接听电话，确认宾客抵、离时间，语音清晰，态度亲切	3	2	1	0
2.1.2.2	熟悉饭店各项产品，正确描述房型差异，说明房价及所含内容	3	2	1	0
2.1.2.3	提供预订号码或预订姓名，询问宾客联系方式	3	2	1	0
2.1.2.4	说明饭店入住的有关规定，通话结束前重复确认预订的所有细节，并向宾客致谢	3	2	1	0
2.1.2.5	实时网络预订，界面友好，及时确认	3	2	1	0
2.1.3	入住登记	优	良	中	差
2.1.3.1	主动、友好地问候宾客，热情接待	3	2	1	0
2.1.3.2	与宾客确认离店日期，对话中用姓氏称呼宾客	3	2	1	0
2.1.3.3	询问宾客是否需要贵重物品寄存服务，并解释相关规定	3	2	1	0
2.1.3.4	登记验证，信息上传效率高、无差错	3	2	1	0
2.1.3.5	指示客房或电梯方向，或招呼行李员为宾客服务，祝愿宾客入住愉快	3	2	1	0
2.1.4	*行李服务	优	良	中	差
2.1.4.1	正常情况下，有行李服务人员在门口热情友好地问候宾客	3	2	1	0
2.1.4.2	为宾客拉开车门或指引宾客进入饭店	3	2	1	0
2.1.4.3	帮助宾客搬运行李，确认行李件数，轻拿轻放，勤快主动	3	2	1	0
2.1.4.4	及时将行李送入房间，礼貌友好地问候宾客，将行李放在行李架或行李柜上，并向宾客致意	3	2	1	0
2.1.4.5	离店时及时收取行李，协助宾客将行李放入车辆中，并与宾客确认行李件数	3	2	1	0
2.1.5	礼宾、问讯服务	优	良	中	差
2.1.5.1	热情友好、乐于助人，及时响应宾客合理需求	3	2	1	0
2.1.5.2	熟悉饭店各项产品，包括客房、餐饮、娱乐等信息	3	2	1	0
2.1.5.3	熟悉饭店周边环境，包括当地特色商品、旅游景点、购物中心、文化设施、餐饮设施等信息；协助安排出租车	3	2	1	0
2.1.5.4	委托代办业务效率高、无差错	3	2	1	0

续表

前厅						
序号	标准	评价			
2.1.6	＊叫醒服务	优	良	中	差
2.1.6.1	重复宾客的要求，确保信息准确	3	2	1	0
2.1.6.2	有第二遍叫醒，准确、有效地叫醒宾客，人工叫醒电话正确问候宾客	3	2	1	0
2.1.7	结账	优	良	中	差
2.1.7.1	确认宾客的所有消费，提供总账单，条目清晰、正确完整	3	2	1	0
2.1.7.2	效率高、无差错	3	2	1	0
2.1.7.3	征求宾客意见，向宾客致谢并邀请宾客再次光临	3	2	1	0
2.2	前厅维护保养与清洁卫生	优	良	中	差
2.2.1	地面：完整、无破损、无变色、无变形、无污渍、无异味，清洁、光亮	3	2	1	0
2.2.2	门窗：无破损、无变形、无划痕、无灰尘	3	2	1	0
2.2.3	天花板（包括空调排风口）：无破损、无裂痕、无脱落、无灰尘、无水迹、无蛛网、无污渍	3	2	1	0
2.2.4	墙面（柱）：平整，无破损、无开裂、无脱落、无污渍、无蛛网	3	2	1	0
2.2.5	电梯：平稳、有效、无障碍、无划痕、无脱落、无灰尘、无污渍	3	2	1	0
2.2.6	家具：稳固、完好，与整体装饰风格相匹配，无变形、无破损、无烫痕、无脱漆、无灰尘、无污渍	3	2	1	0
2.2.7	灯具：完好、有效，与整体装饰风格相匹配，无灰尘、无污渍	3	2	1	0
2.2.8	盆景、花木、艺术品：无枯枝败叶，修剪效果好，无灰尘、无异味、无昆虫，与整体装饰风格相匹配	3	2	1	0
2.2.9	总台及各种设备（贵重物品保险箱、电话、宣传册及册架、垃圾桶、伞架、行李车、指示标志等）：有效，无破损、无污渍、无灰尘	3	2	1	0
	小　计	111			
	实际得分：				
	得分率：实际得分/该项总分×100％＝				

讨　论

根据《旅游饭店星级的划分与评定》的标准，前厅问讯服务的工作要求是什么？

任务七 了解总台收银服务

案例导入

一天早上,南方某饭店一位香港客人下电梯来到大堂总台收银处结账。他操着一口粤语对服务员说:"小姐,916房结账。""好的,先生,请把您的钥匙牌或房卡证给我看一下。"服务员礼貌地回答。"哦,我没有带来,可以结账吗?"客人显得有点不耐烦。"请问先生,您的姓名是……"服务员接着又问。客人不悦道:"结账还用问姓名?"服务员耐心地解释说:"因为我们需要核对一下姓名,以防万一搞错会带来麻烦。"客人很不情愿地报出了自己的姓名。服务员迅速地打出账单,客人掏出皮夹子拿钱。同时,服务员又对客人叮嘱了一句:"顺便说一下,您的916房钥匙牌用完后请送到收银台。"谁知客人一听,勃然大怒,收起钱来,大声嚷嚷:"你们饭店这么麻烦,给钱不要,还唠叨个没完,我不付款了。"嘴里还冒出几句骂人的话,一面收起钱来,扭头就往电梯走去。

正在值班的大堂副理闻声跑来,立即赶到电梯口,把客人请回来,对他说:"先生,您息怒,有什么意见尽管提,我们立即解决,但钱还是要付的。"这位客人却指着服务员的鼻子说:"她不道歉,我就不付款。"此时,服务员已是满腹委屈,实在不愿道歉,双方僵持不下,引起了服务台客人们的注意。怎么办?大堂副理稍微思考了一下,便跟服务员轻声说了几句,服务员听后点点头,强忍着几乎快要掉下来的眼泪,对客人说了声:"对不起。"客人这才付了钱,扬长而去。

思 考

1. 为什么总台收银处是个非常"敏感"的地方?
2. 结合案例,谈谈对收银员的素质要求。

饭店的经营目的是通过销售产品获得经济收入,以谋求发展。前厅收银服务工作在饭店经营中发挥着极其重要的作用。首先,它是饭店实现销售过程中的重要环节。目前,饭店多数采用一次性结账方式处理账款业务,即客人的店内消费大多为挂账消费,客人只在离店前或离店后才将所有费用结清。账款回收情况的好坏、及时与否将直接影响饭店的经营大循环、经济效益与社会声誉。由此可见,前厅收银服务对饭店经济效益起着主导作用,正确、迅速地记账、收银是保证销售实现的必要手段。其次,前厅收银服务工作提供的统计分析数据是饭店经营情报的来源和管理者制定经营决策的客观依据。由前厅收银处编制的营业收入报表是饭店经营者获得详尽而准确数据的可靠来源。

前台收银处(Front Office Cashier)亦称前台收款处,其隶属关系视饭店而定。通常,其业务方面直接归口于饭店财务部,其他方面则由前厅部管理。前台收银处位于大厅显眼处,且与接待处和问讯处相邻。

一、收银处的工作任务

前厅收银处主要负责处理饭店所有宾客在店内的一切消费收款业务,是与客人接触最频繁的机构之一。它是饭店的经济命脉,是饭店资金和经营情报的来源,是确保饭店经济成果、维护饭店经济利益的重要环节。其工作任务主要体现在以下几方面。

(1) 开立住客账户。
(2) 负责业务分析并累计客账。
(3) 办理客人的离店结账手续。
(4) 处理住客信贷和夜间审计。
(5) 提供外币兑换服务。
(6) 管理客用贵重物品保险箱。

二、收银处组织机构

目前比较通行的机构设置是前厅总台收银处隶属前厅部,各餐厅收银处隶属财务部或餐饮部。除前厅以外的各收银点主要负责现金结付的消费收款,对转账或签单的消费,各收银点通过电脑入账,小单统一交前厅收银总负责,实现在客人离店时一次性结付。夜审与日审工作通常由财务部负责,起到对前厅收银的制约作用。通常,收银处组织机构实行四级管理,即总经理—部门经理—主管—结账员或收银员。中小饭店直接由总台负责人或领班负责,大型饭店中,外币兑换也属前厅业务范围。大型饭店外币兑换处通常为前厅部的其中一个班组,设不同的领班。小型饭店处与收银处合并或无兑换处,外币兑换处与收银台在一起,管理中容易出现套汇现象。

三、收银处岗位职责

前厅收银处设立收银员和外币兑换员,收银员提供24小时服务,外币兑换员按星级评定标准提供18小时服务。

(一) 收银员的主要职责

收银员必须熟练掌握收银机和计算机的操作方法,熟悉饭店内各类房费、餐费的费用标准和折扣,同时具有识别各种外币、旅行支票及信用卡真伪的能力。其主要职责是:

(1) 建立住客账户并为客人结账;
(2) 保证为客人结账准确无误,受理现金等付费方式,汇总后送财务部入账;
(3) 负责开具客人离店通知单;
(4) 负责与接待处核对房态;
(5) 负责客人贵重物品的寄存与保管。

(二) 外币兑换员的主要职责

(1) 准确掌握外币牌价。

(2)掌握住店客人的国籍情况,为顺利进行外币兑换工作做好相应准备。

(3)依照外汇兑换程序,进行外汇及旅行支票兑换工作。

(4)负责登记、结算当天兑换的各种外汇,并送交财务部。

(5)核对库存。

外币兑换员同样应能熟练地识别各种外汇、旅行支票及信用卡,并能鉴别其真伪。

阅读材料

饭店"抢劫案",收银员是导演

怀有两个月身孕,多张银行信用卡透支共计两万余元,男友此时离她而去。面对银行信用卡还款期临近,在贵阳南明区体育路天豪假日饭店上班的唐某打起了饭店收银款的主意。她邀约胞弟唐某某,趁自己单独一人在大堂前台值夜班时,上演了一出"抢劫案",抢走饭店收银款两万余元。

4张银行信用卡透支两万余元

8月底,怀有两个月身孕的唐某发现,自己的4张银行信用卡透支了两万余元。男朋友已经好几个星期不露面,眼看信用卡还款期限日益临近,唐某心急如焚。能找的亲朋好友都找遍了,唐某依然无法筹集到两万元现金支付银行信用卡内的欠款。从事前台收银工作的唐某想到了一个监守自盗的办法,以解决眼前危机。唐某思前想后,觉得找个帮手更加稳妥些。她的一念之差,不仅害了自己,还连累上自己的同胞兄弟唐某某。

凌晨打电话请胞弟充当"劫匪"

8月30日凌晨,唐某一人在饭店大堂收银台值班,给胞弟唐某某打了电话。电话里唐某说,当晚只有自己一人在饭店大堂收银台上班,收银台内有两万多元现金,而自己欠了银行两万多元,信用卡还款期限临近,若不及时偿还银行信用卡内的借款,自己将面临法律诉讼,恶意透支还将面临刑事处罚。

在4个小时的通话过程中,唐某表示自己会安排好一切,不接待任何入住旅客,保证饭店大堂内只有她一人。唐某某经不住姐姐的恳求,装扮成持刀抢劫者,赶往体育路天豪假日饭店。唐某万万没想到,自己精心策划的这起持刀抢劫案,南明区公安分局仅用了21个小时,便将整个案件侦破。不仅她自己落入法网,胞弟唐某某也前来投案自首。

讨 论

结合案例,谈谈对前台收银员的素质要求。

任务八 掌握收银服务流程

案例导入

盛夏旅游旺季正是北戴河某饭店集中接待各界朋友的繁忙时期，对于来自全国各地的客户们，饭店总经理根据客户与饭店的不同联系与业务关系，分别给予不同的房价优惠。因需要照顾的客户很多，为了便于总台收银台准确结算，总经理将需要给予优惠房价的客户名单及具体打折数目列出清单交给总台收银员，打折的幅度从七折到八折或九折不等。一天，总台负责结账的收银员是旅游外事职业学校某实习生，她接到这个打折清单，依此结账。

当天下午，一位先生离店，来到总台结账。这位先生正是与饭店有业务关系的客户，实习生接待了他。实习生查阅了客人登记资料，发现这位先生是属于总经理给予打折优惠的宾客，可享受八五折优惠。客人一听很高兴，连声道谢，满意地交款结账。就在这时，实习生拿出总经理开列的打折清单，指着客人的名字说："您看，这是总经理给定的优惠数。"

客人接过清单一看，自己名下的折扣率确是八五折，忙说："好，好，就这样吧。"待他一看到其他人名下的打折数，不由皱起了眉头。此刻，他笑容消失了，问道："都是你们饭店的客户，怎么给别人打七折、八折，给我却打八五折？"实习生小姐无言以对，亮清单亮出了麻烦，自己也不知如何答复客人。只见客人生气地把清单摔给实习生，愤然离店。

1. 试分析这位实习生违反了收银工作的哪项原则。
2. 结合案例，谈谈饭店作为管理方在此次服务失误中应承担何种责任。

一、客账管理

（一）建立客人账户

前厅接待处给每位登记入住的客人设立账户，供收银处记录该客人住店期间的房租及其他费用。它是编制各类营业报表的数据来源之一，也是客人离店结算的依据。

1. 散客账户的建立

（1）签收客人账单，检查账单各项内容是否填写齐全、正确，如有异议立即核实。

（2）核准付款方式，对照银行机构所发"黑名单"予以核实。

（3）检查有关附件，如住宿登记表、房租折扣审批单、预付款收据等是否齐全。

（4）将客人账单连同相关附件放入标有相应房号的分账户夹内，存入账单架。

2. 团队账户的建立

(1) 签收团队总账单,检查总账单中团队名称、号码、人数、用房总数、房价、付款方式、付款范围等项目是否填写齐全、正确。

(2) 查看是否有换房、加房、减房或加床等变更通知单。

(3) 建立团队客人自付款项的分账单,注意避免重复记账或漏记账单。

(4) 将团队总账单按编号顺序放入相应账夹内,存入住店团队账单架。

(二)记录客人消费

(1) 客人在饭店入住期间产生的费用,要分门别类地按房号设立的分户账准确记录。

(2) 客人支付的预付款、应收账款等,应分门别类地记入该客人分户账。

(3) 逐项核收店内各营业点传递来的账单与凭证。

(4) 将核准的账单与凭证内容分别记入分户账或总账单内,注意将结账时要交给客人的单据与分户账单收存进账夹,其他单据按部门划分存收,交稽核组复核。

(三)宾客结账程序

办理退房结账手续是宾客离店前所接受的最后一项服务,服务人员应给宾客留下良好的最终印象,结账一般要求在两三分钟内完成。

1. 散客结账程序

(1) 客人离店要求结账时,应主动迎接客人,表示问候,问清客人姓名、房号,找出账卡并重复客人姓名,以防拿错,同时收回客房钥匙卡。

(2) 通知客房服务中心,派客房服务员检查客房状况。

(3) 委婉地询问客人是否有最新消费,如长途电话费、早餐费等,并在电脑上查阅以免漏账。

(4) 打出客人的消费账单,请客人检查账单,确认并在账单上签字。

(5) 根据客人的不同付款方式进行结账。

(6) 向客人表示感谢,祝客人旅途愉快。

2. 团队结账程序

(1) 团队结账前半小时做好结账准备,提前将团队客人每天的房租、餐费等账目逐一核对,结出总账和分类账。

(2) 团队客人(领队或陪同等)前来结账时,主动、热情问好。

(3) 打印团队账单,请客人审核、签字。

(4) 有些费用需客人自付的,如洗衣费、长途电话费、房间内的酒水费用等,则由客人用现金支付。

(5) 向客人表示感谢,祝客人旅途愉快。

（四）结账方式

（1）现金结账。这是最受饭店欢迎的结算方式，能够缩短资金运转周期，提高饭店流动资金的运转效率。

（2）信用卡结账。要仔细核对客人出示的信用卡是否属于本饭店可使用的信用卡，有无残缺、破损，并核实有效期限等情况和客人的签名。

（3）支票结账。注意拒收字迹不清、过时失效的支票，核查支票持有者的有效身份证件并登记。

（4）转账支付。此种情况下一般需制作两份账单，A单记录应由签约单位支付的款项，B单记录客人的自付款项。

（5）使用有价订房凭证。要核实订房凭证正本和副本是否有效、一致，查清并核实相关联的预订单和传真订单内容是否一致、有无差异。

（6）他人代付。此种情况下要核实承诺付款书。

（五）办理结账业务时的注意事项

1. 散客结账时的注意事项
（1）注意收回房间钥匙卡。
（2）检查客房。
（3）委婉地问明客人是否还有其他临时消费（如电话费、早餐费）等。
（4）做好验卡工作。

2. 团队结账时的注意事项
（1）结账过程中，如出现账目上的争议，及时请结账主管人员或大堂经理协助解决。
（2）收款员应保证在任何情况下，不将团队房价泄露给客人，如客人要求自付房费，应按当日门市价收取。
（3）团队延时离店，须经销售经理批准，否则按当日房价收取。
（4）凡不允许挂账的旅行社，其团队费用一律到店前现付。
（5）团队陪同无权私自将未经旅行社认可的账目转由旅行社支付。

二、外币兑换业务

饭店为方便宾客，受中国银行委托，根据国家外汇管理局公布的外汇牌价，代办外币兑换业务。目前，中国银行除收兑外汇现钞外，还办理旅行支票、信用卡等收兑业务。前厅收银员应掌握外币兑换的业务知识，接受技术技能培训，做好外币兑换服务。

目前，国内饭店外币兑换处承兑的外币种类有12种：美元、英镑、欧元、日元、瑞士法郎、澳大利亚元、加拿大元、港元、丹麦克朗、挪威克朗、瑞典克朗、新加坡元。中国银行根据饭店的业务量大小，相应拨给饭店定额周转金。饭店前厅收银处兑换点则应每天定时收外钞、外国银行支票及相关外币兑换凭证，递交中国银行并换回等额周转金。

（一）外币现钞兑换

（1）礼貌问候客人，问清客人的兑换要求，同时请客人出示护照或有效证件。
（2）根据当日国家外汇管理局公布的现钞牌价，当面清点并唱收兑换的外币种类和金额。
（3）使用货币识别机鉴别钞票的真伪，同时核准该币种是否在现行可兑换币种之列。
（4）填写两联水单，请客人在水单上签名，写上房号或地址。
（5）兑换时按当日牌价，经收款员核算和复核员审核，以确保兑换数额清点准确。
（6）核准无误后将水单和所兑换现款交给客人并礼貌道别。

（二）旅行支票兑换

（1）礼貌问候客人，确认兑换要求，并耐心解答。
（2）查验其支票是否在可兑换或使用之列，有无限制，进行币种、金额、支付范围以及伪真、挂失情况的识别。
（3）请持票人出示有效证件，核对证件相片与客人是否相符，支票签名与证件签名是否一致。在支票的指定复签位置当面复签，核对支票的初签与复签是否相符。
（4）填制一式两联的水单，按当日外汇牌价准确换算，向客人说明要扣除贴息，计算出贴息和实付金额。
（5）请客人在水单上签名，撕尾签给客人，并将水单及支票交给复核员。
（6）汇兑员收到出纳员配好的现金，复核水单上的金额，唱付给客人，与客人礼貌道别。

（三）信用卡兑换

（1）礼貌问候客人，了解客人要求，核验客人所持信用卡是否是本饭店可以使用的信用卡，有无残缺、破损及有效期限，然后使用刷卡机影印。
（2）如果此卡要取授权号，则将信用卡的号码、有效日期、支取金额及客人的证件号码、国籍等告知我国有关银行的授权中心，取得授权后再承办。
（3）将取现单及水单交客人签名，核对后交出纳配款。
（4）将出纳交来的现款与复核水单上的金额复核。
（5）将现金、第一联水单、取现单及信用卡交回给客人，礼貌地向客人道别。

三、夜审及营业报表编制

（一）夜间审核

夜审工作就是核查上一夜班后所收到的账单，将房租登录在宾客账户上，并做好汇总和核查工作。夜审员的具体工作步骤如下。
（1）检查所有营业部门的账单是否都已转来。
（2）检查所有单据是否都已登上账户。
（3）将所有尚未登账的单据登上账户。
（4）按部门将单据分类，计算出各部门的收入总额。
（5）累计现金表，检查收到现金和代付现金的总额。
（6）检查所有现金表上的项目是否都已登录在账户上。
（7）检查所有优惠是否都有签字批准，是否登录在账户上。
（8）将当日房租记入账卡。
（9）将每张账卡的借方和贷方金额分别相加，得出当日余额。
（10）将当日余额记入下一日新开账页的"接上页"行内。

此外，夜审员还应将账户上的信息按项目登录到有关账册上并求出总数，然后做好下列核查工作。
（1）核查每个营业部门的借方栏总数是否与相应的销售收入一致。
（2）将现金收入栏和代付栏总数与现金表相比较，以确认两数相符。
（3）核查折让与回扣总数是否与有关单据上的总数相符。
（4）将开账余额栏的总和与上一天结账时的余额总和相比较，核查是否相符。

在此基础上，夜审员还应负责编制报表，进行客房、餐饮、综合服务收入统计以及全店收入审核统计，上报总经理并转送相关部门，作为掌握和调整经营管理现状的重要依据。

（二）编制客房营业日报表

饭店客房营业日报表是全面反映饭店当天客房营业情况的业务报表，一般由前厅收银处夜审员负责编制。该表主要从当日所出租的客房数量、所接待的宾客数以及所应获得的客房营业收入三方面，对饭店客房日销售状况进行归类和总结。其设计格式因饭店而异，编制方法和步骤如下。
（1）所出租客房数、住店的零星散客数及其用房数、零星散客的用房营业收入。
（2）免费房、待修房、空房、内宾用房以及职工用房的数量。
（3）在店团体的用房数、住店团体人数及其用房营业收入。
（4）统计出当日离店宾客数、用房数以及当日抵店客人数、用房数，汇总出当日出租的客房数和在店宾客数，其计算方法为：

当日出租客房数＝昨日出租客房数－当日离店宾客用房数＋当日抵店宾客用房数
　　当日在店宾客数＝昨日在店宾客数－当日离店宾客数＋当日抵店宾客数

（5）检查并核对当天的客房营业收入。
① 核对零星散客的租金收入。
② 核对团体的租金收入。
③ 核对当日房价变更的统计结果。
（6）计算当日的客房出租率和实际平均房价。为更详尽地反映出具体数据，有些饭店还要

求分别统计出团队用房率以及散客的平均房价，计算公式为：

$$客房出租率 = \frac{已出租客房数}{饭店可供出租的客房总数} \times 100\%$$

$$团队用房率 = \frac{团队用房数}{已出租客房数} \times 100\%$$

$$平均房价 = \frac{客房营业收入}{已出租客房数} \times 100\%$$

$$散客平均房价 = \frac{散客用房租金收入}{散客用房数} \times 100\%$$

此外，根据预订资料和客房状况资料，统计出明日预订抵店宾客用房数和明日离店宾客退房数，可计算出明日预订出租的客房数和明日客房出租率。

四、贵重物品保管服务

饭店不仅应为住客提供舒适的客房、美味的菜肴、热情礼貌的优质服务，还应对住客的财产安全负责。为此，饭店应为住客设置寄存保管贵重物品的场所和设施，一般为宾客提供客用安全保管箱，供其免费寄存贵重物品。该设备由一组小保管箱或保险盒组成，数量通常按饭店客房数的15%～20%配备。如饭店的长住客和商务散客较多，则可适当增加保管箱数量。有些饭店在客房内配有小型自动保管箱，供住客存放贵重物品。

通常，客用安全保管箱放置在前厅收银处后侧的一间僻静房间里，由前厅人员负责保管工作。保管箱的每个箱子都备有两把钥匙，一把为总钥匙，可开启所有保管箱上的一个锁，由收银员负责保管；另一把为分钥匙，由宾客亲自保管。只有用这两把钥匙同时开锁，才能打开和锁上保管箱。

（一）保管箱的启用

住店客人提出要求代为保管贵重物品时，饭店应启用客用安全保管箱，其服务程序如下。
（1）问候客人，向客人表示欢迎。
（2）查核客人的住房卡或钥匙牌，以确认是否为住店客人。
（3）填写贵重物品保管单正卡（表4-23），在电脑上查看房号与客人填写的是否一致。
（4）向客人介绍规定和注意事项。
（5）取出保管箱，请客人存入贵重物品。
（6）当着客人的面用两把钥匙将该保管箱锁好，一把客用钥匙交给客人保管，总钥匙由收银员自己保管，并礼貌地提醒客人注意钥匙的保管与安全。
（7）向客人道别。
（8）将填写好的贵重物品保管单一联放入纸袋里，标注箱号、客人姓名、房号，保存在规定位置。

表 4-23 贵重物品保管单

编号：				
房号：	姓名：	签名：		日期：
启用记录：				

日期	签名	服务员

终止记录：
本人现交回保险箱_____号，并声明已经收回所有存放物品。
时间：　　　　服务员：　　　　客人签名：
本寄存单使用说明：1.
　　　　　　　　　2.

（二）中途开箱

客人存入贵重物品后，如要求再次使用保管箱时，工作程序如下。
（1）问候客人，向客人表示欢迎。
（2）请客人出示保管箱钥匙，取出贵重物品保管单副卡，请客人逐项填写、签字。
（3）取出其填写过的正卡，巧妙而又仔细地核对客人签字。
（4）如签字相符，当着客人的面用两把钥匙将保管箱打开，请客人使用。
（5）客人存取完毕，再当着客人的面用两把钥匙将保管箱锁上。
（6）将客用钥匙交还客人保管，并礼貌地提醒客人注意钥匙的保管和安全。
（7）向客人道别。
（8）将填写过的正卡与副卡一起归存在规定位置，方便客人再次前来时使用。

（三）保管箱的退箱

当客人要求退箱（最后取走贵重物品）时，工作程序如下。
（1）请客人出示保管箱钥匙。
（2）当着客人的面用两把钥匙将该保管箱打开，请客人取出贵重物品。
（3）客人取出贵重物品后，收银员再检查一遍保管箱，以防有遗留物品。
（4）请客人填写保管单反面的内容，核准签字。
（5）检查保管单正卡反面的填写内容，核准签字。
（6）收回该保管箱的客用钥匙，锁上该箱。
（7）向客人道别。
（8）将正卡与填写过的副卡一起存档，以备查核。

（四）保管箱钥匙遗失的处理

如客人遗失保管箱钥匙，饭店通常都要求客人做出经济赔偿，但必须有明文规定。如，可在保管单正卡上标出，或在寄存处的墙上用布告出示有关赔偿规定，让客人知晓，以减少处理工作中可能出现的不必要的麻烦。当客人将保管箱的钥匙遗失而又要取物时，必须在客人、当班收银员以及饭店保安人员在场的情况下，由饭店工程部有关人员强行将该保管箱的锁破坏性钻开，并做好记录，以备查核。

（五）客人贵重物品丢失的处理

客人贵重物品保管是一项非常严肃的工作，要求收银员具有很强的责任心，并注意以下事项。
（1）定期检查各保管箱是否处于良好的工作状态。
（2）必须请客人亲自前来存取，不能委托他人。
（3）必须认真、严格、准确地核对客人签名。
（4）不得当着客人的面检查或好奇地欣赏客人存入或取出的物品。
（5）当班收银员必须安全地保管好自身的保管箱总钥匙，并做好交接记录。
（6）填写过的记录卡必须科学排列，以方便取用。

按照国际惯例，饭店有义务保护住店客人的人身和财产安全。饭店一般都在一定的场所和位置（如住宿登记表）向客人声明："请将您的贵重物品存放在饭店贵重物品保管处，否则，如丢失，饭店概不负责。"这就意味着，如果客人按照饭店的要求将贵重物品存入贵重物品保管箱，饭店就应该对其负责。按照国际酒店协会于1981年11月2日在尼泊尔的加德满都通过的《国际酒店法》有关规定："如果客人及时得到报告，酒店对贵重物品的赔偿应有合理的限度。"这就意味着，一方面饭店对客人的贵重物品在一定条件下负有赔偿责任，但另一方面，这种赔偿"应有合理的限度"。为此，饭店可规定对客人贵重物品的最高赔偿限额，并将这一限额在某一明显的位置告知客人，比如贵重物品保管记录卡上。这样做双方都可以理解和接受，以避免出现不必要的纠纷。

知识链接

饭店收银信息系统的管理策略

随着时代及市场经济的飞速发展，饭店的收银系统面临着更多挑战。在顺应市场要求的前提下完善饭店的收银信息系统，不仅是与时俱进的基本要求，更是饭店朝着时代化方向进展的良好催化剂。

饭店收银信息系统应当能够快速、大容量地存储客户信息，并能够对客户的需求迅速做出调配和查询。系统本身要具有界面友好、运行稳定、操作简单以及系统安全性高等特征。这就需要饭店在经过培训和选拔后，派遣专业人员对收银信息系统进行不断的调试与更新，以满足最新工作动态的需要。同时，收银人员要掌握基本的信息操作流程，要能够妥善地将饭店顾客的基本入住信息、折扣信息以及商品信息等录入在案，以便运用之时能够及时调档。值得一提的是，随着信息系统的不断完善，系统的安全性成为人们重要的关注点，这就需要在系统的用户权限方面下功夫，按照操作权限的不同分成管理员、操作员和一般人员三个不同级别。管理员拥有着最高权限，并且可以指派权利给其他专业人员；操作员则可根据系统的安排进行正常性工作，遇到与日常工作相违的事件时要及时请示管理员；而一般人员则仅限于一些简单的受限查询。如此一来，在良好的合作与约束机制下，系统的安全性能不断提高。除此之外，饭店可以尝试建立方便顾客表达意见和建议的网上平台，并以小礼物的方式鼓励顾客积极表达自己的入住感受和优秀建议，为饭店收银系统乃至整个饭店的服务注入新鲜血液。

资料来源：李丽英. 酒店收银管理的策略研究［J］. 时代金融，2013（3）.

项目小结

总台是饭店接待服务的关键环节之一，具有接待、问讯和收银三项服务功能。总台接待工作与客账管理的好坏，直接影响饭店的营业收入与社会声誉。本项目主要介绍了入住登记的相关知识与服务程序、客房状态的控制方法、问讯留言的服务要求与注意事项、客账管理的服务程序与执行标准、外币兑换的方法与细节等内容。做好接待服务工作与客账管理业务，对于优化客房销售管理及提供优质服务有着非常重要的意义。

综合能力训练

······ 基本训练 ······

一、解释

接待　入住登记　分房　定价　问讯服务　留言服务　收银　外币兑换　水单

二、选择

1. 前厅部的（　　）负责保管所有客房钥匙。
   A. 接待处　　　　　B. 问讯处　　　　　C. 礼宾部　　　　　D. 商务中心
2. 对 VIP 客人的待出售房间，要由（　　）亲自检查。
   A. 前厅部经理　　　B. 楼层领班　　　　C. 大堂副理　　　　D. 客房部经理
3. 目前，国内饭店的"金钥匙"以（　　）星级以上饭店为主。
   A. 二　　　　　　　B. 三　　　　　　　C. 四　　　　　　　D. 五
4. （　　）不属于问讯服务的主要内容。
   A. "金钥匙"　　　　B. 受理客人留言　　C. 处理客人邮件　　D. 查询服务

5. 收银处应在团队结账前（　　）做好结账准备。
　　A．一小时　　　　B．十五分钟　　　　C．半小时　　　　D．两小时
6. 客房已出租，正由客人占用，尚未离店的房态为（　　）。
　　A．空房　　　　　B．住客房　　　　　C．整理房　　　　D．走客房

三、思考

1. 谈谈前台为宾客办理入住登记的目的有哪些。
2. 简述散客入住的接待程序。
3. 试分析如何做好问讯服务。
4. 简述散客结账程序。
5. 简述如何为宾客提供贵重物品保管服务。
6. 简述外币兑换程序。

四、案例分析

结账时客房的浴巾不见了

　　大堂副理在总台收银处找到刚结完账的客人，礼貌地请他到一处不引人注意的地方说："先生，服务员在做房时发现您的房间少了一条浴巾。"言下之意是：您带走了一条浴巾已被我们发现了。此时，客人和大堂副理都很清楚浴巾就在提箱内，客人秘而不宣，大堂副理也不加点破。客人面色有点紧张，但为了维护面子，拒不承认带走浴巾。为了照顾客人的面子，以便给客人一个台阶下，大堂副理说："请您回忆一下，是否有您的亲朋好友来过，顺便带走了？"意思是：如果您不好意思当众把东西拿出来，您尽可以找个借口说别人拿走了，付款时把浴巾买下。客人说："我住店期间根本没有亲朋好友来拜访。"从他的口气理解他的意思可能是：我不愿花50元买这破东西。大堂副理干脆就给他一个暗示，再给他一个台阶下，说："从前我们也有过一些客人说是浴巾不见了，但后来回忆起来是放在床上，毯子遮住了。您是否能上楼看看，浴巾可能压在毯子下被忽略了。"这下客人理解了，拎着提箱上了楼，大堂副理在大堂恭候客人。

　　客人从楼上下来，见了大堂副理，故作生气状："你们服务员检查太不仔细了，浴巾明明在沙发后面嘛！"这句话的潜台词是：我已经把浴巾拿出来了，就放在沙发后面。大堂副理心里很高兴，但不露声色，很礼貌地说："对不起，先生，打扰您了，谢谢您的合作。"要索赔，就得打扰客人，理当表示歉意，可是"谢谢您的合作"则有双重意思，听起来好像是客人动大驾为此区区小事上楼进房查找，其合作态度可谢，然而真正的含义则是：您终于把浴巾拿出来了，避免了饭店的损失，如此合作岂能不谢？为了使客人尽快从羞愧中解脱出来，大堂副理很真诚地说了句："您下次来北京，欢迎再度光临我们饭店。"整个索赔过程结束，客人的面子保住了，饭店的利益保住了，双方皆大欢喜。

问题：
1. 试分析大堂副理的处理艺术。
2. 结合案例，谈谈你如何理解"客人总是对的"这句话。

······ 技能训练 ······

一、任务名称
无预订散客入住登记模拟实训。

二、任务目标
选取无预订散客入住登记工作程序作为操练项目，进行情境设计、角色分工和操作体验，在此基础上撰写实训报告。

三、任务实施
1. 将班级学生分成若干实训组，每组确定一名组长。
2. 各组选取无预订散客入住登记工作程序，学习和讨论工作内容，作为本次实训的知识储备。
3. 各组分别将所选的工作程序作为操练项目，进行情境设计，根据情境需要进行角色分工。
4. 各组以所选的工作程序学习内容为规范，进入角色，体验本项目模拟实训的全过程。
5. 各组学生记录本次模拟实训的主要情节，总结实训操练的成功经验、存在的问题及解决办法，在此基础上撰写实训报告。
6. 讨论交流、相互点评并修改各组的实训报告。

四、任务考核
1. 成果形式：《无预订散客入住登记模拟实训报告》。
2. 考核标准。
（1）操练考核标准：

序号	考核内容	考核要点	配分	评分标准	扣分	得分
1	仪容仪表	整洁得体，鞋袜洁净，纽扣齐全，女生化淡妆，不佩戴夸张的饰物	16	有一项不符合要求，扣2分		
2	仪态	行走、站姿正确，行为规范有礼	10	有一项不符合要求，扣2分		
3	主动迎宾	微笑，行注目礼，使用敬语问候宾客	6	每遗漏一项，扣3分；没做到位，扣1分		
4	了解是否预订	询问并核实客人是否已经预订	4	未询问，扣4分		

续 表

序号	考核内容	考核要点	配分	评分标准	扣分	得分
5	介绍房间	向客人介绍三种以上的客房,正确描述各类房间的优点及房价	10	少介绍一种,扣2分;描述不全面,扣2分;报错价格,扣2分		
6	验证	请客人出示合法证件并查验	5	查验方法每出现一处错误,扣2分		
7	填写入住登记表,制作房卡	规范、完整地填写入住登记表,制作房卡,请客人在登记表上签字确认	10	每出现一处填写错误,扣2分		
8	确定付款方式	询问客人付款方式	5	未询问,扣5分		
9	收取押金	押金数额正确,唱收准确,正确开具押金收据	10	每一处错误或遗漏,扣2分,扣完为止		
10	贵重物品保管	主动向客人介绍贵重物品保管服务	4	未介绍,扣4分		
11	道别	礼貌地向客人道别,主动安排好行李员,通知相关部门	8	每一处遗漏,扣2分		
12	信息输入	将客人信息准确地输入电脑	4	未输入,扣4分		
13	入住登记程序	按照正确的程序提供入住登记服务	8	出现一处程序错误,扣2分		
合计			100			

（2）任务考核标准：

工作任务	评价方式		评价标准	分值
无预订散客入住登记模拟实训报告	小组自评	20%	评价学生完成任务过程中的执行情况、任务完成效果、工作态度、操作技能及自主解决问题的能力等	100
	小组互评	40%		
	教师评价	40%		

项目五　电话总机与商务中心服务

学习目标

知识目标：
1. 了解电话总机服务内容。
2. 掌握电话总机服务程序与注意事项。
3. 了解商务中心服务内容。
4. 掌握商务中心服务程序与注意事项。

能力目标：
1. 能够按照规范程序为宾客提供电话总机的各项服务。
2. 能够按照规范程序为宾客提供商务中心的各项服务。

实训目标：
1. 引导学生以饭店的规范服务标准严格要求自己。
2. 熟练掌握电话总机与商务中心的具体服务程序。
3. 将课堂理论知识运用于实践，在各类模拟情境训练中掌握电话总机与商务中心服务的基本技能，为将来迅速适应相关岗位工作打好基础。

任务一　知晓电话总机服务

案例导入

5月15日，正是艳阳高照的中午时分，饭店大堂里走来了一位迈着轻松步伐的中年人。只见他跟总台的小姐微笑着说："602房结账。"总台收银员非常熟练地打出了他的账单：陈XX，台湾籍，总金额7 700元，其中房费660元、杂项40元、电话费7 000元。这位陈姓台湾客人一看账单，当场就跳了起来："7 000元的电话费？算错了吧？不可能的！"

"没关系，您不要着急，我们帮您核对一下。"总台收银再次核对了电脑的记录。

"不好意思，电脑上确实是这样记录的。"

"不可能！我昨天只打了十几分钟的台湾长途，怎么可能这么贵呢？"

"不好意思，我们叫总机房再查一下。"

"好吧！那快点！"

"先生，真不好意思，总机的电脑计费单上，有您打电话的记录：5月14日晚上10点7分至次日清晨6点有您的台湾长途。"

"是啊,我10点是往台湾打了一个长途,但没那么久啊!"

"那是不是您没将电话机放好?"

"那怎么会?这7 000元电话费我可不付!"

"先生,您不要着急,这事我们再请有关人员查一下,不过您看,您是否到大堂沙发那里休息一下,我们尽快查清这件事。"

这时,前台的张主任、大堂副理小朱都过来了。他们在总台婉转而礼貌得体地留住了这位台湾客人,然后紧急通知了总机及工程部。

总机维修刘工及电脑部工作人员经过一番紧张的工作,终于找到了问题的症结。原来这位台湾客人是因本地亲戚推荐而入住饭店的。5月14日晚上10点多时,他往台湾打了个长途。由于没有将电话放好,电话始终处于通话状态达一晚上而未被发现。电脑的计费板就将此阶段发生的电话费如实记录了下来。这固然是客人疏忽造成的,但总机话务员应该在一定的时间内定期对通话状态的话机实施查线工作,这样就可以避免或减少客人的损失,帮助客人纠正因疏忽造成的错误。

无奈的台湾客人看了电脑记录后,没办法,只好自认倒霉,很不情愿、唠唠叨叨地付了7 000多元的电话费。前台的张主任和大堂副理小朱,看着客人懊恼又无奈、气愤又无处发泄、怨怒、自责的神情,心里也在自责。想到此事尽管是客人的责任,但饭店总机话务员如果严格按操作规程工作,也许客人就不必付这笔冤枉钱了。

这时总机的刘工打来电话,透露了一个信息:由于饭店总机采用的是被叫计费方式,真实的话费发生额可以从邮局的电脑计费单上查出,这样就有可能减少客人的损失。但邮局每月底结算一次,故实际结果得一个月后才能知道。张主任和小朱高兴地立即告诉了客人这个消息,台湾客人这时才稍微露出一丝轻松的神态。张主任和小朱迅即代表饭店向客人写了一份承诺书,承诺等月底邮局的话费清单出来后,按实际发生额予以结算、清退,并由台湾客人授权本地亲友前来领取。

办完这一切有关手续,张主任和小朱对视了一眼,如释重负后,又陷入深深的思索……

思 考

1. 饭店的总机服务系统有何纰漏?
2. 结合案例,谈谈总机话务人员的素质要求。

电话总机是饭店内外沟通联络的通信枢纽和喉舌。以电话为媒介,饭店直接为客人提供转接电话、挂拨国际或国内长途、叫醒、查询等项服务。电话总机是饭店对外联系的窗口,代表着饭店形象,体现了饭店的服务水准。

一、总机房的工作环境要求

总机房的环境优劣将直接影响话务员对客服务的效率和质量,对其的环境要求如下。

(一)便于与前台联系

电话总机与前台有密切的工作联系,总机房的位置要设在靠近前台的地方,或者应具有必

要的通信联络设备，以沟通双方的信息。

（二）必须安静、保密

为了保证通话质量，总机房必须有良好的隔音设施。未经许可，无关人员不得随意进入总机房。

（三）必须优雅、舒适

总机房应有空调设备，并保证足够的新鲜空气。话务员的座椅必须舒适，以减少其工作疲劳感。另外，应注意总机房的室内布置，使周围环境赏心悦目。幽雅、舒适的工作环境是话务员保持良好精神状态的重要客观条件。

（四）清洁、整齐

总机房内的各种办公用品应明确定位，各类表格也应归类存放。否则，环境的杂乱会给话务员带来慌乱及不耐烦的心理状态，从而影响其对客服务的精神状态。

二、总机各岗位职责

（一）总机主管岗位职责

（1）全面负责电话总机的接线、服务和日常管理工作，准确并迅速地转接所有电话。
（2）负责话务员的业务培训，指导话务员严格按照服务工作规程，热情、礼貌、迅速、准确地为客人提供服务。
（3）安排下属班次、考勤与考核工作，定期对本部门员工进行实绩评估。
（4）负责电话总机设备的使用管理、清洁保养工作，随时检查并保证呼叫系统能正常运行，发现故障及时报修。
（5）处理并调查客人关于电话服务方面的相关投诉。
（6）沟通与饭店各部门的联系，经常征求、听取宾客及各部门意见，及时研究、解决工作中的问题，不断改进工作。
（7）负责长途电话收费登记工作，审核长途电话账单。
（8）负责总机房的清洁卫生工作，保持环境整洁。
（9）负责总机房的安全工作，严格执行消防安全和保密规定。
（10）完成上级布置的其他任务。

（二）总机领班岗位职责

（1）掌握饭店客房状态及客人住店情况。
（2）以身作则，参与并指导话务员做好各项电话服务工作，严格执行服务工作规程，为客人提供优质服务。
（3）检查本班组人员仪容仪表，注意观察本班组话务员的工作情况，保证所有电话能顺利、准确地迅速转接。
（4）协助主管做好电话总机管理工作，主管不在时处理总机各项业务。
（5）收集电话问讯资料，将所有不断更新的信息转达给话务员，以满足客人的查询需求。
（6）帮助话务员处理客人的疑难、特殊及紧急问题。
（7）做好话费的登记工作，保证账目完整、准确，符合要求。
（8）做好新员工的培训工作，使他们能尽快掌握岗位操作技能和服务技能。
（9）严格执行交接班规定，认真做好记录。
（10）主持总机房的安全及保密工作。
（11）完成上级布置的其他任务。

（三）总机话务人员岗位职责

（1）准时到岗，仔细查阅前一班的交接记录并签名。
（2）为客人提供当日叫醒服务。
（3）接受次日叫醒服务要求，并在"叫醒记录本"上做好记录，有电脑的饭店则可根据不同的叫醒时间，输入到定时叫醒机上。
（4）了解当天 VIP 客人房间号、天气预报及有关信息，随时解答客人的有关电话查询。
（5）按照服务工作程序和标准帮助客人接线、紧急报警。
（6）处理长途电话账单的电脑输入与核对工作。
（7）做好总机房清洁卫生工作，保持总机室内整洁。
（8）做好总机房安全、保密工作。
（9）认真做好交接班工作。
（10）完成上级布置的其他任务。

知识链接

饭店电话总机房的设备

1. 电话交换机。
交换机的种类、型号繁多，目前，较为先进的有：PABX 交换机（日本制造）、EBX 交换机（荷兰制造)、PMBX 交换机等。其中，EBX 交换机的功能如下。
（1）自动振铃，并显示日期、时间。
（2）自动显示通话线路、号码及所处状态。
（3）自动定时回叫等候电话。
（4）同时接通多路分机。
（5）阻止分机间直接通话。
（6）封闭、开启某分机线路。
（7）自动显示分机当时所处状态（外线或内线）。
（8）DND（阻止外线电话进入某分机）。

2. 话务台。

话务台是话务员工作的台面，为避免话务员受彼此的音量影响，通常将它们用隔板隔开。部分饭店在每张话务台前均设有玻璃镜，以使话务员能始终注意到自己的言谈举止，从而集中思维，确保对客服务的质量。

3. 长途电话自动计费机。
4. 自动打印机。
5. 传呼器发射台。
6. 计算机。
7. 定时钟、记事牌。

三、总机话务人员的素质要求

总机服务在饭店对客服务中扮演着重要角色，每一位话务员的声音都代表着饭店的形象，是饭店"只听悦耳声，不见微笑容"的幕后服务大使。话务员必须以热情的态度、礼貌的语言、甜美的嗓音、娴熟的技能，优质高效地开展对客服务，使客人能够通过电话感觉到来自饭店的微笑、热情、礼貌和修养，甚至感受到饭店的档次和管理水平。

接听电话的最高标准是既使客人得到最大程度的满足，又不对饭店造成危害和损失。所谓使客人得到最大的满足，就是使客人达到或基本达到打电话的目的，又使客人对饭店的电话服务无可挑剔。所谓不对饭店造成危害和损失，就是指饭店话务员有义务和责任保护饭店利益，使被通话的客人或饭店高层领导既能得到需要的电话信息，又能避免不必要的电话干扰。为此，话务员必须具有高度的责任感，遵守工作纪律和操作规程，业务熟练，服务高效，并掌握一定的服务技巧。

（1）修养良好，责任感强。
（2）口齿清楚，音质甜美，语速适中。
（3）听写迅速，反应敏捷。
（4）专注认真，记忆力强。
（5）有较强的外语听说能力。

（6）有话务工作经验，熟悉电话业务。
（7）有熟练的计算机操作技能。
（8）有较强的信息沟通能力。
（9）掌握饭店服务、旅游景点及娱乐等知识与信息。
（10）严守话务机密。

四、总机话务人员的服务要领

（1）礼貌规范用语常不离口，不得与客人过于随便。
（2）铃声响后，立即应答，高效率地转接电话。
① 若客人指明要找某人听电话，应协助寻找受话人，而不应简单地接通某分机。
② 若需客人等候，在接通期间应不断地将进展情况通报客人，不应只按音乐键；线路畅通后，应事先通知客人，再接通电话。
③ 若接通某分机有困难，应主动征求客人意见，是否同意转接到其他分机，或请其他人接听电话，不可擅自将电话转接到其他分机上。
④ 应答外部来电时，应先报饭店名称，并向客人问候："您好！×××饭店。"
⑤ 应答内部来电时，应先报本岗位，再向客人问候："您好！总机。"
⑥ 视饭店客人构成决定先用中文还是英文：如饭店接待对象以内宾为主，则先用中文；如住客以外宾为主，则先用英文，后用中文。
（3）对于客人的留言内容，应做好记录，不可单凭大脑记忆。复述时，应注意核对数字。
（4）应使用婉转的话语建议客人，不可使用命令式语句。
（5）若对方讲话不清，应保持耐心，用提示法弄清问题，切不可急躁地追问或嘲笑、模仿等。
（6）若接到拨错号码或故意烦扰的电话，也应以礼相待。
（7）应能够辨别饭店主要管理人员的声音。
（8）结束通话时，应主动向对方致谢。待对方挂断电话后，再切断线路，切忌因自己情绪不佳而影响服务态度与质量。

五、总机话务人员的培训要点

由于话务工作的特殊性，话务员培训工作尤其要注意嗓音、语调以及服务态度、服务技巧的培训。

1. 嗓音、语调

悦耳的嗓音、专业化的语调可以通过训练获得。训练时必须注意发音清晰、速度与节奏的掌握及音量控制这三方面。

2. 服务态度

训练话务员树立"全心全意为客人服务"的指导思想，在服务中强调：热情、亲切、主动、礼貌等。

3. 服务技巧

训练话务员处理各种问题的应变能力，措辞正确、恰当，以保证服务质量。

任务二　掌握电话总机服务内容

案例导入

住在纽约华尔街附近X饭店的W先生是一位证券投机商。这一天，W先生为了赶上第二天早上9点开始的证券交易，委托饭店的电话接线员，请她第二天早上8点叫醒他。平时W先生总是9点起床的，唯独这次例外。因为他看准了行情，打算明天一开市就一举吃进美国某钢铁公司的股票，以牟取暴利。然而，第二天W先生却睡过了头，没有赶上这桩买卖。事后，股票猛涨，W先生气得直跺脚，数万美元的暴利成了泡影。W先生把这些归咎于饭店没有履行叫醒客人的职责，一再要求饭店赔偿他的损失。

思考
1. 试分析本次投诉的责任人是哪位。
2. 结合案例，谈谈饭店总机叫醒服务的注意事项有哪些。

饭店总机所提供的服务项目主要包括：转接电话及留言服务、查询服务、"免电话打扰"服务、挂拨长途电话服务、叫醒服务、寻呼电话服务与紧急情况下充当饭店的临时指挥中心等。

一、转接电话及留言服务

（1）首先认真聆听完客人讲话再转接，说"请稍等"；若客人需要其他咨询、留言等服务，应对客人说"请稍等，我帮您接通××部门"。

（2）在等候转接时，按音乐键，播出悦耳的音乐。

（3）转接之后，如对方无人听电话，铃响30秒后，应向客人说明："对不起，电话没有人接，您是否需要留言或过会儿再打来？"给房间客人留言的电话一律转到前厅问讯处；给饭店管理人员的留言（非工作时间或管理人员办公室无人在时），一律接收下来并重复确认，通过寻呼方式或其他有效方式尽快将留言转达给相关管理者。

为了能够提供高效的转接电话服务，话务员必须熟悉本饭店的组织机构、各部门职责范围及服务项目，并掌握最新的、准确的住客资料。

二、查询服务

（1）对常用电话号码，应对答如流，准确快速。

（2）如遇查询非常用电话号码，话务员应请客人保留线路稍等一会，以最有效的方式为客人查询号码，确认后及时通知客人。如需较长时间，则请客人留下电话号码，待查清后，再主动与客人电话联系。

（3）如遇查询住客房的电话，在总台电话均占线的情况下，话务员应通过计算机为客人查询。此时应注意为住客保密，不泄露其房号，接通后让客人直接与其通话。

三、"免电话打扰"服务

（1）将所有要求DND（免打扰）服务的客人姓名、房号、具体DND服务时间记录在交接班本上或注明在记事牌上，并写明接到客人通知的时间（表5-1）。

（2）将电话号码通过话务台锁上，并将此信息准确通知给其他所有当班人员。

（3）免打扰期间，如发话人要求与住客讲话，话务员应将有关信息礼貌、准确地告知发话人，并建议其留言或待取消"免打扰"之后再来电话。

（4）客人要求取消"免打扰"后，话务员应立即通过话务台释放被锁的电话号码，同时，在交接班本或记事牌上标明取消记号及取消时间。

表5-1 免电话打扰记录单（DND FORM）

日期
DATE

房间号码 Room No.	客人姓名 Guest Name	开始时间 Starting Time	结束时间 Finish Time	事由 Reasons	经办人 Handled by	取消人 Cancelled by

四、挂拨长途电话服务

为方便住客，饭店设计了电话服务指南及常用电话号码立卡置于房间床头柜上，供住客查阅使用。客人在房间内直拨长途电话时，计算机自动计费，大大减轻了话务员的工作量。另外，话务员应注意及时为抵店入住客人开通电话以及为退房结账的客房关闭电话；若团队、会议客人需自理电话费用，则应将其打入相应的账单（表5-2）。

表5-2 长途记录与费用计算表

时间： 制表人：

日　期		受话地点	
受话人地址或电话号码			
受话人姓名			
发话人姓名、房号			
信用卡号码			
通话种类	加　急　　普　通	付费办法	对方付　　自　付
挂号时间		通话时间	
接线员		话　费	
流水员		服务费	
发票员		总　数	
备　注			

注：一式二联

五、叫醒服务

总机提供的叫醒服务是全天24小时的服务项目，可细分为人工叫醒与自动叫醒两类。服务程序如下。

（一）人工叫醒

（1）受理客人要求叫醒的预订。
（2）问清要求叫醒的具体时间和房号。
（3）填写"叫醒记录单"，内容包括房号、时间与话务员签名等（表5-3至表5-5）。
（4）在定时钟上准确定时。
（5）定时钟鸣响，话务员接通客房分机。
（6）核对叫醒记录，以免出现差错。
（7）若客房内无人应答，5分钟后再叫一次。若仍无人回话，则应立即通知大堂经理或楼层服务员前往客房，实地确认，查明原因。

（二）自动叫醒

（1）受理客人要求叫醒的预订（有的饭店，客人可直接在客房内的电话机上根据服务指南的提示进行操作，自己确定叫醒时间）。

（2）问清叫醒的具体时间和房号。

（3）填写"叫醒记录单"，清楚记录叫醒日期、房号、时间与话务员签名。

（4）及时将叫醒要求输入计算机，并检查屏幕及打印机记录是否准确。

（5）夜班话务员应将叫醒记录按时间顺序整理记录在交接班本上，说明、整理、输入、核对并签字。

（6）当日最早叫醒时间之前，应先检查叫醒机是否正常工作，打印机是否正常打印。若发现问题，应及时通知工程部。

（7）检查核对打印报告。

（8）注意查看无人应答的房间号码，及时通知客房中心或大堂经理进行敲门叫醒，并在交接班本上做好记录。

表 5-3　团队叫醒服务单（WAKE-UP CALL LIST）

日期
DATE

序号 No.	团名/房号 Group Name/Room No.	叫醒时间 Time	预订号 Reservation No.	领队 Guide	陪同 Escort	签字 Sign

表 5-4　散客叫醒记录表

日期_____　　　　　　　　　　　　房号_____

_____先生/女士/小姐

预订叫醒时间_____

完成叫醒时间_____

送单责任人_____　　　工号_____

输入责任人_____　　　工号_____

输入检查责任人_____　　　工号_____

　　　　　　　　　　　　　　前台部经理签名_____

表 5-5　贵宾叫醒单（VIP WAKE-UP CALL LIST）

日期 Date：　　　　姓名 Name：

房号	贵宾姓名	叫醒时间	提醒时间	通知人	话务员	核实人	备注

六、寻呼电话服务

（1）应清楚记录被寻呼者的姓名及呼机号码。
（2）应清楚记录寻呼者的姓名、性别和电话号码。
（3）重复上述信息以确认。
（4）及时拨叫寻呼台。
（5）向寻呼员问好，然后通报被寻呼者的呼机号码，寻呼者的性别、姓名与电话号码。
（6）若寻呼者要求保留线路等候，话务员应每隔60秒问候寻呼者一次，并问清客人是否继续等候。
（7）话务员应熟记饭店管理人员以及工作人员的呼机号码。

七、紧急情况下充当饭店的临时指挥中心

当饭店出现紧急情况时，如发生火灾、虫灾、水灾、伤亡事故、恶性刑事案件等，总机房便成为饭店管理人员迅速控制局势、采取有效措施的临时指挥协调中心。话务员应按指令执行任务，做到以下几点。

(1) 保持冷静，不惊慌。

(2) 立即向报告者问清事情发生的地点、时间，报告者的姓名、身份，并迅速做好记录。

(3) 即刻使用电话通报饭店有关领导（总经理、驻店经理等）和部门，并根据指令，迅速与市内相关部门，如消防、安全、公安等紧急联系。随后，话务员应相互通报，传递所发生情况。

(4) 坚守岗位，继续接听电话，并安抚客人，稳定他们的情绪。

(5) 详细记录紧急情况发生时的电话处理细节，以备事后检查、归类存档。

总机房所提供的服务项目因饭店而异，有些饭店的总机房还负责背景音乐、闭路电视、收费电影的播放，监视火警报警装置和电梯运行等工作。

阅读材料

如今，越来越多的服务只需一个电话就可办理，然而不少服务电话却要强迫消费者先听一段广告。近来更有市民反映，南京大部分高星级饭店在接听电话时，先使用英语问候，一是让多数人听不懂，二来饭店为了显示"国际化"，硬摆这个形式实在没必要。

为啥不先说母语？

饭店"惯例"让市民难以接受。打算替儿子订婚宴的市民朱先生，日前在拨打南京多家五星级饭店的总机时，好几次都在电话接通不到3秒钟就赶紧挂断了电话。原来，南京大部分高星级饭店的总机接线生，在电话接通后都是直接说英语，如饭店名称、祝福语等，然后才用较快的语速说出饭店的中文名称。

"国内饭店干吗先说英语，我还以为拨错了国际长途。"朱先生说。"Happy new year/Good afternoon。×××Hotel，×××饭店。"记者近日拨打了南京八家五星级饭店及两家四星级饭店的总机，发现这十家饭店中有九家都是先用英语问好。

记者随后又请多位本科以上学历、非英语专业的市民拨打这九家饭店的总机，大部分人听完后都表示英语语速快，没有全部听懂，而且对国内饭店不先说母语的做法，都感到难以接受。

"先说英语是国际惯例，我们内部员工通话时也这样，从没客人向我们投诉过。"南京维景国际大饭店一位不愿透露姓名的工作人员向记者解释说。

"这是饭店硬性规定，是南京作为国际化大都市的体现，"南京古南都饭店总经理办公室姚主任说，"不过市民的意见也有道理，我们会向总经理汇报。"

"早在2004年我们饭店就只用中文接线了。"在十家饭店中，只有丁山花园大饭店的总机用中文接线。据该饭店媒体传媒部有关人士介绍，这是因为不止一个客人投诉说双语问候冗长烦人，加上接线生语速极快，更是不知所云；但如果对方说英文，接线生也会改说英语。

讨 论

你认为饭店总机应先用英语问候还是中文问候？为什么？

任务三　了解商务中心服务

案例导入

李先生进房后打开自己的手提电脑准备上网,不知什么原因,他连续试了 20 分钟,还是没有成功。商务中心小林接到来自房务中心的报修电话后,立即检查了饭店的网络系统。在确定饭店网络完好后,小林想:问题一定出在客人的电脑上。于是,征得李先生的同意后,他立即对电脑进行检查。经过仔细检查,小林发现原来李先生的手提电脑网络设置不正确,导致无法连接网络。

当李先生接过小林设置好的电脑顺利上网时,他拉住小林的手激动地说:"谢谢!我为饭店有你这样的员工而高兴。上月出差电脑也发生类似情况,但入住的那个饭店网络维护人员只在电话里说他们的网络系统是好的,言下之意,电脑上不了网不在他们饭店的职责范围内。当时,我真是非常着急,差点耽误了一大笔业务,但这次却不同了!"

思　考
1. 本案例中反映的是商务中心的哪一种服务项目?
2. 结合实例,谈谈商务中心工作人员的素质要求。

商务中心(Business Center),是饭店为方便客人进行商务活动而提供相关服务的部门。许多商务客人在住店期间要安排商务活动,需要饭店提供相应的信息传递和秘书等服务。为方便客人,饭店一般在大堂附近设置商务中心,专门为客人提供商务服务。

商务中心提供的服务包括打字、复印、传真、会议服务、翻译、票务、Internet 服务、委托代办、办公设备出租等。商务活动对服务的要求很高,客人往往对商务活动的时间要求及时精确,对商务活动的内容要求准确无误,对商务活动的安排要求细致周到,对商务活动的信息要求高度保密。为满足客人的需要,商务服务已日趋专门化,商务服务质量已成为衡量饭店服务质量的一个重要方面,因而要求商务中心的工作人员不仅对客热情礼貌、精通业务,而且强调要严守秘密,掌握秘书工作的知识和技能,密切与饭店各部门的联系,提供高水准、高效率的对客服务。

饭店一般根据自身的业务需求设置商务中心的组织机构,比较常见的是设一名主管、若干名文员。主管负责商务中心的日常管理和设备的维护保养,文员则负责具体的业务工作。

一、商务中心的工作环境要求

(一)位置便利

商务中心选址时,既要考虑方便客人,又要兼顾饭店内部人员工作联系和进出方便。商务中心一般设置在饭店大堂首层总台旁或二层,商务中心处可附设楼梯或电梯直达。

（二）布局合理

商务中心内开辟有专门的公共服务区，通常还有单独工作区供客人选择，各种设备摆放位置要合理。开放式接待台可以观察到商务中心内各个区域的情况，便于主动提供服务。另外，不同规格、不同用途的独立办公区和服务区相互隔开，并使用隔音、吸音材料作墙饰，可以为客人提供一个安静、舒适、可供选择的商务活动区域。

（三）环境幽雅

商务中心要装饰典雅，富于文化韵味和特色，温、湿度适宜，空气清新，卫生清洁，灯光照明符合标准，桌、台及座椅美观舒适，并配以绿色植物、鲜花及工艺品美化环境。各种机器设备及用品摆放整齐有序，使用操作方便，令人赏心悦目。

二、商务中心的常用设备及配置用品

商务中心的设备可分为办公设备和会议服务设施设备两种。

办公设备，一般有收发传真使用的传真机，用于复印资料的复印机，用于电脑打字和收发电子邮件的计算机（配备打印机），装订资料的装订机，可打国内、国际长途电话的电话机，同时还应配备碎纸机、办公柜台和一定数量的办公桌椅、沙发以及相关的商务刊物、报纸和图书资料。

会议服务设施设备，一般包括可供出租的洽谈室、会议室，专用于会议服务的投影仪（电脑投影仪、实物投影仪、普通胶片投影仪等）、幻灯机、录像机等。

三、商务中心工作人员的岗位职责

（一）商务中心主管/领班岗位职责

（1）对前厅部经理负责，确保商务中心工作的优质高效。
（2）负责下属服务员的排班与考勤工作。
（3）检查商务中心的设施设备保养状况以及卫生情况，如复印机、传真机、打字机、碎纸机等工作是否正常。
（4）掌握当日 VIP 情况，并安排好工作。
（5）检查当班服务员仪容仪表、礼貌礼节、工作态度及服务状态。
（6）查阅交接班本，并做工作指示。
（7）注意将夜间接收的传真、电传及时转送到客人手中，疑难件速交大堂经理处理。
（8）核对前一天的营业日报表及单据，堵塞财务漏洞。
（9）定期召开例会，评估上周工作，传达部门主管会议的有关内容。

（10）定时填报当月工作报表，并制订下月工作计划。
（11）督导票务员做好票务工作。
（12）负责对服务员进行业务和英语培训，并定期进行考核。
（13）定期对服务员开展工作评估，并执行奖惩制度。
（14）协调与其他部门的关系，处理客人有关商务中心服务的投诉或建议。
（15）与电信部门保持密切联系，确保电信业务的顺利进行。
（16）遇有重大问题或难题及时汇报，以便尽快解决。

（二）商务中心文员岗位职责

（1）准确、迅速地解答客人有关商务服务的各种问题。
（2）为客人提供复印、打字、传真收发以及翻译等服务，并为其保密。
（3）确保工作环境整洁，办公设备良好、有效。
（4）认真填写交接班本，做到书写清楚、正确、完整。

（三）商务中心票务员岗位职责

（1）代办客人的邮件业务，出售邮票。
（2）代办交通票务。
（3）代办旅游、娱乐及体育票务。
（4）代印名片、冲洗胶卷、扩印照片等。

四、商务中心文员的素质要求

（1）形象良好，工作责任心强。
（2）机智灵活，善于与客人沟通。
（3）待客主动、礼貌、热情、耐心。
（4）知识面较广，英语听、说、写、译能力较强。
（5）熟练掌握电脑操作及多种常用办公软件、程序。
（6）熟知文秘业务知识，具备较好的文字处理能力。
（7）熟练掌握复印机、打印机、扫描仪、装订机等多种办公设备的使用方法。
（8）熟悉商务服务业务知识及本地区交通、商务、景点、娱乐、购物等方面的常识。

五、商务中心的设备维护与保养

（1）对商务中心文员要进行机器设备的使用和保养常识培训，严格执行操作规程，杜绝违规操作。
（2）建立定期保养和专人维修制度，培养爱护设备的良好习惯。

（3）提倡厉行节约。

（4）使用设备的过程中，注意对工作效率低、故障频繁、陈旧的设备予以淘汰或更新，以保持高水平、高效率的服务质量。

阅读材料

曾几何时，商务中心作为饭店利润率最高的营业场所令总经理甚为兴奋：接收传真20元一页，上网180元一小时，秘书服务3 000元一天。然而好景不长，没有几年，饭店商务中心就变得日渐冷清，现在已经成为饭店的"鸡肋"。

商务中心经营情况窘迫

北京香格里拉饭店商务中心的张小姐表示，各饭店商务中心为客人提供的服务基本相同，一般都包括复印、传真、打印输出以及租用设备、会议室服务等。另外，有些饭店的商务中心还提供秘书租借服务，专门负责为一些商务客人提供会议以及生活翻译服务，而且商务中心还对非住店客人提供服务。现在商务中心经营情况正在走下坡路，技术的日新月异和电信资费的下调大大降低了饭店商务中心的收益。越来越多的商务散客为了办公需要携带手提电脑，而且宽带也铺进了京城各大五星级饭店。现代办公对纸张的需求越来越少，所以复印及传真服务的需求减少，饭店商务中心的商务职能也越来越弱。

另外，饭店的位置以及客人的定位对饭店商务中心也有很大影响。一般情况下，客源以团队为主的饭店的经营情况比商务饭店的经营情况要差很多。商务中心的收益和饭店的入住率也有很大关系，旅游旺季的收益比较好，淡季的生意较差。坐落在繁华地带，以接待商务客人为主的饭店的商务中心的经营情况也大致如此。

商务中心客房化

就在饭店经营者讨论商务中心的运营状况时，各家电信企业提出了结合宽带接入的"饭店商务中心客房化"的解决方案。这个方案的核心是将商务中心的职能融入客房中，使饭店客房增加远程通信、收发传真、远程办公等功能，将饭店客房"写字楼化"。

据提出这一方案的中国网通北京分公司有关人士介绍，这套方案几乎涵盖了饭店商务中心的全部功能，但却将其有机地分解到饭店客房中。如网络传真就是通过某种技术，将传真收入互联网服务器上，客人可以随时通过网络浏览、接收、发送传真，甚至能够完成普通传真机所无法完成的群发传真等功能。

网络电脑也是促使饭店商务中心向普通客房发展的一个重要因素。有关电信运营商表示，由于普通个人电脑主机和显示器用电量大，极容易造成室内火灾隐患，而且成本昂贵，因此各饭店都不愿将其放置在客房中。而目前基于宽带网络的个人电脑，由于只有一个显示器和键盘鼠标，火灾概率大幅度降低，而且主机放置在服务器端，每间客房改造费用在千元左右，也能够为众多饭店所接受。有关人士表示，个人电脑不仅是饭店商务中心的解决方案，还可以取代客人的笔记本电脑。只要不涉及商业机密，大多数商旅客人还是会欢迎的。

不少饭店从业人员认为，虽然商务中心目前处于一个非常尴尬的阶段，但由于商务中心本来就是一个"救急"部门，而且饭店周围的商务服务机构也越来越多，因而商务中心的存在意义变成了饭店实力和综合服务能力的象征，盈利倒成了次要功能。但无论如何，饭店商务中心都要为自己的发展找一条出路。

讨 论

结合饭店调研，谈谈目前饭店商务中心的功能有哪些转变。

任务四　掌握商务中心服务内容

案例导入

怀特先生拿着一份才整理好的密密麻麻的数据单匆忙来到饭店商务中心，还有一刻钟总公司就要拿这些数据与比特公司谈笔生意。"请马上将这份文件传去美国，号码是XXXXXX。"怀特先生一到商务中心就赶紧将数据单交给服务员要求传真。服务员一见怀特先生的紧张样，拿过数据单便往传真机上放，通过熟练的程序，很快将数据单传真过去，而且传真机打出报告单为"OK"。怀特先生直舒一口气，一切搞定。

第二天，商务中心刚开始营业，怀特先生便气冲冲赶到，开口便问："你们饭店是什么传真机，昨天传出的这份文件一片模糊，一个字也看不清。"服务员接过怀特手中的原件，只见传真件上写满了蚂蚁大小的数据，但能看清。而饭店的传真机一直是好的，昨天一连发出20多份传真件都没有问题，为什么怀特先生的传真会是这样的结果呢？

1. 试分析服务员的失误在哪。
2. 结合实例，谈谈商务中心传真服务的注意事项。

商务中心的服务项目多，各项业务差异较大，但其服务程序却有许多共同点。概括起来其服务程序可分为迎客、了解客人需求、介绍收费标准、业务受理、结账和送客六个方面。

一、会议室出租服务

《中华人民共和国旅游涉外饭店星级的划分及评定》规定，四、五星级饭店商务设施应有可以容纳不少于十人的会议室。会议室服务包括会议室出租及客人会议期间的服务两部分，其服务程序如下。

（1）主动迎接客人。

（2）了解洽谈相关服务信息：向客人详细了解会议室使用的时间、参加人数、服务要求（如席卡、热手巾、鲜花、水果、点心、茶水、文具）、设备要求（如投影、白板）等信息。

（3）出租受理：主动向客人介绍会议室出租收费标准，当客人确定租用后，按规定办理会议室预订手续。

（4）会议室准备：提前半小时按客人要求准备好会议室，包括安排座席、文具用品、茶水及点心，检查会议设施设备是否正常。

（5）会议服务：当客人到来时，主动引领客人进入会议室，请客人入座；按茶水服务程序为客人上茶；会议中每隔半小时为客人续一次茶。如客人在会议中提出其他商务服务要求，应尽量满足。

（6）结账：会议结束，礼貌地送走与会客人，然后按规定和会议负责人办理结账手续。

（7）向客人致谢并道别。

（8）打扫会议室：会议结束后，应迅速打扫会议室，整理室内物品，恢复室内原样。

二、打印服务

打印，是商务中心常见的服务项目，客人往往要求将写好的文字用电脑打印成字迹清楚的打印文件，其服务程序如下。

（1）主动迎接客人。当客人走进商务中心时，接待员主动向客人礼貌地打招呼。如遇自己正在忙碌，不能及时接待时，则向客人表示歉意，并请客人稍候；当接待员正在接听电话时，则向客人点头微笑，示意客人在休息处稍候。

（2）了解客人的要求。向客人了解文稿的打印要求，包括排版要求、稿纸规格、打印（复印）数量。迅速浏览原稿，对文稿不明或不清楚的地方，礼貌地向客人问清楚。

（3）接收打印。告知客人完成工作所需的最快交件时间，同时向客人介绍收费标准。当不能在短时间内完成时，记录客人的姓名、联系电话和房号，以便及时与客人联系。

（4）校稿。打字完毕，认真校对一遍。通知客人进行校审，按客人要求进行校正。

（5）文件收费。将打印文稿进行装订，双手持稿件上端交予客人。征求客人意见后删除电脑中的源文件，并将作废的稿件放入碎纸机中，然后按规定价格计算费用，办理结账手续。

（6）送客。起立、微笑、点头向客人致谢并道别。

三、复印服务

复印，是将客人交给的文稿按要求用复印机进行复制，其服务程序如下。

（1）主动迎接客人。当客人走进商务中心时，接待员主动向客人礼貌地打招呼。如遇自己正在忙碌，不能及时接待时，则向客人表示歉意，并请客人稍候；当接待员正在接听电话时，则向客人点头微笑，示意客人在休息处稍候。

（2）了解客人的要求。向客人问清复印的数量和规格，并介绍复印的收费标准。

（3）复印。调试好机器，对准相应的复印标记，首先复印一份，征得客人同意后，再按要求数量进行复印。

（4）文件收费。将复印文件装订好后，连同原稿一起双手交予客人，然后按规定价格计算费用，办理结账手续。

（5）送客。起立、微笑、点头向客人致谢并道别。

四、传真服务

（一）发送传真服务程序

（1）主动迎接客人。
（2）了解发送传真的有关信息，主动向客人问清发往的国家和地区，并认真核对发往国家和地区的电话号码。
（3）主动向客人介绍传真收费的标准。
（4）发送传真。认真核对客人的稿件，将传真稿件装入发送架内。之后用电话机拨通对方号码，听到可以传送的信号后，按发送键将稿件发出。
（5）结账。将原稿交还客人，按规定办理结账手续。
（6）向客人致谢道别。

（二）接收传真服务程序

接收传真也可以分为两种情况：一是客人直接到商务中心，要求接收传真；二是接收到传真，要将传真送交客人。对第一种情况，接待员应主动热情地帮助客人，并按规定收取费用。对第二种情况，服务程序如下。
（1）接收传真。接到对方传真要求，给出可以发送的信号（传真机在自动接收状态时，则免除此操作），接收对方传真。
（2）核对传真。认真检查传真的字迹是否清楚，页面是否齐全，然后核对传真上客人的姓名、房号，填写传真接收记录，将传真装入传真袋。
（3）派送传真。通知客人取件，或派行李员送交传真。行李员送交传真的程序是：将传真及传真收费通知单交给行李员，请行李员在传真取件单上签名，由行李员将传真交给客人，并请客人付款或在收费通知单上签名。
（4）账务处理。按规定办理结账手续。

五、打字服务

（1）拿到稿件后，商务中心文员应快速过目一遍，检查有无不清楚的地方，并问明客人打字的要求。
（2）在最短的时间内（一般要求每分钟打50字以上）为客人打印出符合客人要求的文件，打印时必须对每一份文件进行存盘。
（3）文件的修改、增减、排版都应在屏幕上进行，要充分利用电脑打字的"版面显示"功能，争取一次扫描，减少扫描浪费，以节约色带，提高打印速度。
（4）准确地计算费用，记入客账或收取现金。

（5）在中英文打字登记本上如实进行登记。

（6）客人提出其他语种，如日、俄、法语的打印要求，视饭店的具体情况受理，婉拒或转给可打印的地方。

（7）客人离开前应向其道谢。

六、票务服务

票务服务，是指饭店为客人提供订购飞机票、火车票等服务，其服务程序如下。

（1）主动迎接客人。

（2）了解订票信息。向客人了解并记录订购飞机票或火车票的日期、班次、张数、到达的目的地及座席要求（表5-6）。

（3）了解航班情况。向相关票务中心了解是否有客人需要的航班票，如没有则问清能订购的最近航班或车次，并向客人推荐。

（4）订票。向客人介绍服务费收费标准、票价订金收取办法。当客人确定航班后，查阅客人的有效证件和期限，请客人在订票单上签字并收取订金，向客人说明最早的取票时间。送走客人后，向相应票务中心订票。

（5）送票。拿到票务中心送来的飞机票或火车票后，根据订票单上的房号或客人的通信地址通知客人取票，并提醒客人飞机起飞或火车开车时间。对重要客人，则由行李员送交。

（6）按规定办理结账手续。

（7）向客人致谢道别。

表5-6　订票单

订票单位	预订号	订票数	交通工具	班次	代办人签字	预订日期	预订时间	输入电脑留言	备注

审核人　　　　　　　　制表人

七、Internet（互联网）服务

随着Internet的发展，网络收发电子邮件的业务也越来越普遍。Internet服务就是为客人收发电子邮件、提供计算机上网等电子商务服务。其中，发电子邮件是比较常见的服务，服务程序如下。

（1）主动迎接客人。

（2）了解邮件相关信息。向客人详细了解收件人的E-mail地址、客人发送的信件内容、有

无附件以及附件的录入方法,同时向客人介绍电子邮件的收费方法。

(3)邮件发送。启动计算机,连接 Internet,打开电子信箱,录入收件人的 E-mail 地址及信件内容。如有附件,则加入附件内容,点击"发送"即可。需要注意的是,当信件或附件是客人提供的 U 盘时,首先应对 U 盘进行杀毒处理。

(4)按规定办理结账手续。

(5)向客人致谢并道别。

八、翻译服务

翻译,一般分为笔译和口译两项服务内容,除服务内容与收费方式有所区别外,其服务受理程序基本相同。

(1)主动迎接客人。

(2)向客人了解翻译的相关信息。向客人核实要翻译的文稿,问明客人的翻译要求和交稿时间,迅速浏览稿件,对不明或不清楚的地方礼貌地向客人问清。

(3)翻译受理。向客人介绍翻译的收费标准,确定受理后,记清客人的姓名、房号和联系方式,礼貌地请客人在订单上签字并支付翻译预付款。送走客人后,联系翻译人员翻译文稿。

(4)交稿。接到翻译好的文稿后,通知客人取稿。如客人对稿件不满意,可请译者修改或与客人协商解决。

(5)办理结账手续。

(6)向客人致谢并道别。

九、长途电话服务

客人在大厅内或离店前要打长途电话时,可以到商务中心打,其服务程序如下。

(1)见到客人应先问好或欢迎客人光临。

(2)请客人如实填写长途电话挂号单,写明受话人所在的国名、城市名及电话号码。有计费器的电话机可以直接拨号,无须填写挂号单。

(3)服务员应主动告知客人通话到该国或该城市的电话资费,核实号码后拨号。

(4)如果对方占线或未拨通,要请客人稍候,并询问是否还有号码,然后重新拨号。

(5)通话完毕,应按实际通话时间与收费标准开票收款,收付款时应唱收唱付。客人要签单,仍要出示欢迎卡。如有疑问,应及时与总台联系核实,然后请客人在账单上签字。

(6)向客人道谢、道别,并欢迎客人再次光临。

考虑到以上各种服务,商务中心应制作每日收入控制表(表 5-7)。

表5-7 商务中心每日收入控制表
BUSINESS CENTER DAILY REVENUE CONTROL SHEET

日期 DATE:

账单号 Voucher No.	房间 号码 Room No.	传真 Fax	复印 Copy	打字 Type	打印 Print	上网 Internet	装订 Binding	快递 服务 Courier Service	长途 电话 DDD& IDD	其他 Others	合计 Total	挂账 Charge to Room	现金 Cash	合计 Total	备注 Remarks
Total															

制表人
Prepared by:

班次
Shift:

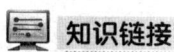知识链接

饭店商务中心的出路何在？

饭店商务中心目前处于一个非常尴尬的阶段，面对困境，很多饭店的经营管理者开始积极思考应该采取什么样的对策，这也使得商务中心出现了一些新的变化，主要表现在以下几个方面。

（一）商务中心外包

部分饭店选择了将商务中心整体进行外包，既可以保证饭店商务功能的存在，体现饭店的综合实力，又可以减轻饭店商务中心带来的经营压力。但时间一长，商务中心的外包开始出现问题：一方面，外包后的商务中心服务质量无法保证，时常造成客人的不满，特别是有些饭店的商务中心直接被某些票务公司、旅行社等代替，既不易管理，又给客人造成混乱、档次低的感觉，降低了客人对整个饭店的满意度，得不偿失；另一方面，外包后，商务中心经营困难的问题并没有得到解决，只是将问题进行了转移，时间一长，很多租赁承包饭店商务中心的主体发现这个生意根本不赚钱，自然而然选择退出。

（二）商务中心角色改变

既然外包有可能产生这样那样的问题，那就把视线转回到自主经营这条轨道上来。饭店自主经营就不可能回避商务中心业务简单、经营难度大的现实问题。在迎合社会科技进步的大趋势下，饭店商务中心在对客服务的整个链条中所扮演的角色需要改变。

"商务中心客房化"是目前饭店客房总体的发展趋势，它的核心是将商务中心的职能融入客房，使饭店客房增加远程通信、收发传真、远程办公等功能，将饭店客房"写字楼化"。如此，商务中心的全部功能几乎都将有机地分解到饭店客房中。商务中心在饭店中的角色也将随之发生变化。一是从原有的提供商务服务转向提供商务设施的出租。为了方便客人在房内办公，可以根据客人需要出租一些客房内可能缺少的商务设备，如扫描仪、投影仪等。二是从商务的主要场所转向商务技术支持和帮助。尽管越来越多的客人喜欢用自己的计算机在客房办公，但并非每一个客人都是计算机专家，饭店的商务中心可以帮助客人解决办公过程中遇到的技术问题，从而提高饭店的综合竞争能力，增加客人在饭店的附加价值，给客人留下良好的印象。三是从简单的商务服务转向大批量复制、激光打印、四色打印、文本高级装订等高端服务项目，突出饭店商务中心产品自身的优势。四是从被动式地提供服务转向主动地发现客人需求，并提供相关支持和帮助。商务中心不能再被动地等着客人上门，而要主动、热情、全面地为客人考虑，挖掘客人的显性和隐性需求，从而提高经营业绩。

（三）商务中心产品特色化

在商务中心角色转变的同时，如何在现有基础上突出产品的特色是一个亟须解决的问题。一方面，商务中心需要紧跟时代科技发展的脚步，创新性地提供某些产品和服务。例如，某些高档次会议型饭店，专门针对高端国际会议客人提供同声翻译服务。开发一些高端的服务产品，也能够给客人留下饭店高档、豪华的印象，从而提升饭店的整体形象。另一方面，商务中心可以注重现有产品的整合。例如，可以考虑把商务中心打造成一个流动的临时性质的商务办公场所。有不少企业由于某项业务，需要一个临时的办公地点，便于谈事情，便于办公。饭店商务中心就可以很好地通过现有产品和服务的整合满足这类客户的需求：提供一个短期租赁的办公场所，既有高质量饭店服务人员的专业秘书服务，又能够提供一个具有良好氛围且体面的办公环境，费用比在写字楼租赁办公室要

便宜，时间还不受限制。这样一来，通过整合的方式，商务中心就能够为客人提供系统、全面的解决方案和产品，体现出"一条龙"的服务理念。

（四）商务中心职能合并

面对商务中心的尴尬现状，饭店业界管理者也在积极思考商务中心的发展出路。职能的合并，指的是饭店管理者们开始将商务中心的职能与其他岗位职能合并，让商务中心的员工同时承担文员和其他业务部门的工作内容。例如，采取将商务中心与销售部合并、商务中心与预订合并等模式，将带来以下几方面的好处。一是商务中心经营困难，创造利润能力弱，职能合并后，能够充分利用商务中心的办公场地和相关设施设备为饭店其他业务部门所用，发挥商务中心存在的价值。二是员工工作内容丰富化。让商务中心员工承担起饭店一线业务部门的工作内容，使员工摆脱文员身份，面对丰富、有挑战性的工作时，员工会更有工作激情，也会觉得更加充实。这既有利于员工的职业生涯发展，又有利于员工收入待遇的提高。三是精简饭店组织结构。从管理学的角度讲，组织结构的精简是企业希望达到的理想状态。职能合并后，饭店的组织结构得到精简，能够为饭店节约大量人力、物力、财力，提高饭店的运行效率。

总之，改变饭店商务中心的尴尬处境，是目前饭店行业一个亟须解决的问题，我们必须为商务中心寻找一条出路，不再让它成为"鸡肋"。我们可以从产品创新、管理模式、角色转变等多方面积极思考商务中心的转型问题，但在饭店实际的改革过程中，需要注意到改革后可能导致的"后遗症"，例如商务中心产品丰富化后是否与贴身管家等岗位的设置有所重复、职能合并后多头管理的问题等，这又可能是饭店管理今后需要面对的新问题。

资料来源：邓逸伦，张健. 中国集体经济［J］. 酒店商务中心现状及其对策，2011.

项目小结

电话总机与商务中心服务是前厅对客服务的重要项目，其服务水平直接影响饭店的服务水平和管理水平。本项目阐述了电话总机与商务中心的服务内容，较为详细地阐述了电话总机与商务中心的服务程序，特别强调了其中应注意的细节问题。

综合能力训练

······ 基本训练 ······

一、解释

电话总机　商务中心

二、选择

1.（　　）在紧急情况时充当临时指挥中心。

A. 商务中心　　　　　　　　B. 总台

C. 总机　　　　　　　　　　D. 前厅

2. 在总机服务中，电话铃响（　　）声必须提机。
A. 二　　　　　　B. 三　　　　　　C. 一　　　　　　D. 四
3. （　　）是商务客人"办公室外的办公室"。
A. 商务中心　　　B. 商务楼层　　　C. 客房　　　　　D. 会议室

三、思考
1. 试论述总机话务人员的素质要求。
2. 简述如何为客人提供叫醒服务。
3. 试论商务中心的主要服务项目。
4. 简述为客人接收传真的服务程序。

四、案例分析

一份传真

下午5点，入住某四星级饭店1105房的卢先生，急匆匆地跑到商务中心要求发送一份文件。服务员小王感到纳闷，问道："先生，您的房间里有传真机呀，看您这么急，为什么还跑下来呢？"客人气不打一处地说："我就是看重这个房间有办公设备才入住的，谁知今天一位重要领导要我发一份急需用的文件，传真机却怎么试也没用，可把我急死了。这么高档的饭店，设备总不能是个摆设吧？"服务员小王想尽力平息客人的怒气，于是微笑着对卢先生说道："您现在的心情我非常理解，因为我也是做这一行的，也曾有过这种经历，我对此深表同情。首先我代表饭店向您道歉，但谁都知道名车开久了也有抛锚的时候，我们绝对不是故意坐视不管，给您造成不便我们也很难过，但谁也舍不得让它成为摆设的，您说对吗？非常感谢您给我们的提醒，我马上通知网管去维修，并将此事报告我的上司，让大家对此引起足够的重视。保证给您一个满意的答复，您看好吗？"说完小王向卢先生表示了谢意，随即电话通知了网络维修工，并将此事报告了经理。卢先生看着小王做完这一切，满意地点头离开了。

问题：
1. 谈谈房间商务设备成为摆设的原因何在？
2. 结合实例，试分析小王平息客人怒气的可取之处。

••••• 技能训练 •••••

一、任务名称
前厅电话总机模拟实训。

二、任务目标
选取前厅部电话总机的工作程序之一作为操练项目，进行情境设计、角色分工和操作体验，在此基础上撰写实训报告。

三、任务实施

1. 将班级学生分成若干实训组，每组确定一名组长。

2. 各组选取前厅部电话总机的工作程序之一，学习和讨论工作内容，作为本次实训的知识储备。

3. 各组分别将所选的工作程序作为操练项目，进行情境设计，根据情境需要进行角色分工。

4. 各组以所选的工作程序学习内容为规范，进入角色，体验本项目模拟实训的全过程。

5. 各组学生记录本次模拟实训的主要情节，总结实训操练的成功经验、存在的问题及解决办法，在此基础上撰写实训报告。

6. 在班级讨论交流、相互点评与修改各组的实训报告。

四、任务考核

1. 成果形式：《前厅电话总机模拟实训报告》。

2. 考核标准：

工作任务	评价方式		评价标准	分值
前厅电话总机模拟实训报告	小组自评	20%	评价学生完成任务过程中的执行情况、任务完成效果、工作态度、操作技能及自主解决问题的能力等	100
	小组互评	40%		
	教师评价	40%		

模块三　前厅部综合管理

项目六　前厅销售管理

学习目标

知识目标：
了解房价制定的基本原则。
能力目标：
掌握房价的定价方法和评价指标。
实训目标：
1. 掌握客房的销售报价方式。
2. 掌握客房经营统计分析。

任务一　了解客房价格的制定

案例导入

经理的困惑
——新开业的饭店要不要采用高牌价、高折扣的定价策略？

"我们是一家按照五星级标准建造的饭店，马上就要开业了。今天上午，总经理找我谈话，讨论客房定价问题。按照饭店行业的常规，一般是将饭店房价（牌价）定得较高，然后客人实际预订时，再给客人打折。这样一则饭店在房价问题上有主动权；二则使客人感觉到饭店将高价房以打折后的低价出租给自己，自己'占了便宜'，也是对自己的尊重；三则维护了饭店高档的形象。而新来的夏总却要求我们按照市场实际需求状况，客房定价一步到位，不采用高牌价、高折扣策略。他认为这样做给客人的直观价格比较低，饭店价格也比较实在，在与同档饭店的竞争中容易获得竞争优势，迅速占领市场，并在客人中获得良好口碑。"

他的话似乎也很有道理，这样的定价策略能成功吗？

刘伟. 现代饭店前厅运营与管理［M］. 北京：中国旅游出版社，2009

　1. 影响客房定价的因素有哪些？
　2. 夏经理的定价策略能成功吗？

一、客房价格的构成及特点

前厅部的首要工作是销售饭店客房产品,由于客房产品的特殊性,其价格具有自身特点,从而决定了饭店制定价格的策略和方法。

客房价格也叫房价,是指客人住宿一夜所支付的住宿费用,是客房商品价值的货币表现形式。客房价格由客房成本和客房经营利润构成(图6-1),客房成本包括建筑投资及由此产生的利息、经营管理费用、客房设施设备、修缮费用、物资用品、客房员工费用、保险及营业税等;客房经营利润包括所得税和客房利润。

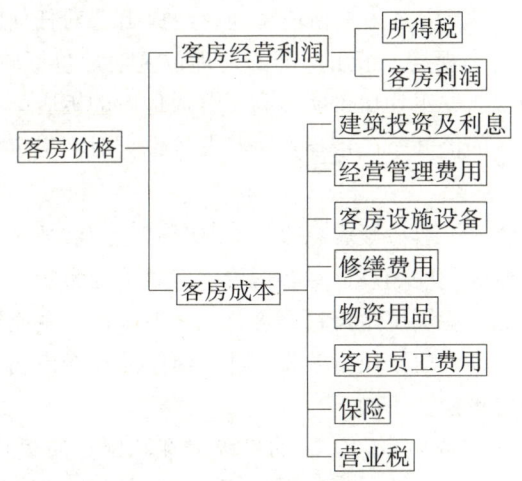

图6-1 客房价格构成

客房价格具有以下特点。

1. 客房价值的不可储存性

如果客房在规定时间内不能出售,则当天的效用就失去了,并且永远也收不回来,这就是客房价值的不可储存性,这也决定了客房价格要从时间概念来确定。

2. 客房价格的季节性

客房销售受季节、气候及节假日等因素影响较大,入住率在时间上呈现出比较明显的淡旺季,特别是观光型和度假型饭店,这一特点更加明显。

3. 客房价格中固定成本高,变动成本小

客房一次性投入很大,经营中可变成本较小。因此,在确定房价时,必须要考虑房价能够实现保本点的最低出租率。

二、客房定价的影响因素

客房价格的制定受外部因素和内部因素的共同影响。

1. 外部因素

（1）国际环境。国际政局稳定情况、经济发展情况在一定程度上影响全球旅游业的发展。如果国际政局稳定，经济繁荣，就会推动旅游业的发展，从而带动饭店业的发展。

（2）国家政策、主管部门及行业协会的价格约束。国家对旅游业的宏观调控政策和物价部门对价格的规定使得饭店只能在一定范围内来制定价格。另外，行业协会对价格的制定也在一定程度上约束了饭店房价的制定。

（3）市场供求状况。当市场供大于求时，价格下降；供小于求时，价格上升。同时，饭店也可以根据供求规律，在市场需求下降时通过降低价格来刺激需求，在市场需求旺盛甚至超负荷时，通过提高价格来抑制或降低需求。

（4）饭店的地理位置。"饭店之父"斯塔特勒曾经提出"对任何饭店来说，取得成功的关键是地点、地点、地点"这一观点。饭店所处的地理位置对房价影响很大，设在机场、车站、旅游度假区、繁华地段的饭店，平均房价明显高于普通地段的饭店。

（5）其他因素。旅游业的淡旺季、市场竞争状况等也会对客房定价产生影响。

2. 内部因素

（1）投资成本。客房收入一般占饭店总收入的50%以上，投资成本的抵偿也主要靠客房收入。成本回收期的长短、目标利润的高低对客房价格有直接的影响。

（2）定价目标。客房定价应围绕定价目标进行。一般来说，企业的定价目标有争取最大经济效益、争取更大市场占有率、争取质量领先、开发新产品和新市场、维持企业生存等。在不同的定价目标下，房间的定价也会不同。

（3）饭店的星级标准和服务质量。饭店的星级标准和服务质量代表饭店的软硬件建设投入，同时也代表能提供服务的项目和水平。服务质量包括员工礼貌礼节、服务态度、服务技巧、服务效率和服务项目。因此，星级标准越高、服务越到位的饭店，房价就越高。

（4）非营业部门、非营利性服务项目费用支出。前厅客房部行政管理和后勤保障部门的支出、客房设施维修、楼层卫生等非营利性服务的支出，也要依靠客房收入支撑。

三、客房定价的基本程序与方法

（一）客房定价的基本程序

1. 制定价格目标

（1）当期利润最大化目标。有些饭店希望确定一个能使当期利润最大化的价格。它们估计需求和成本，并据此选择一种价格，使其能产生最大当期利润、现金流量或投资报酬率。假定饭店对其产品的需求函数和成本函数有充分了解，则借助需求函数和成本函数就可以制定争取当期利润最大化的价格。

（2）更大市场占有率目标。有些饭店想通过定价来控制市场，即实现市场占有率最大化。因为饭店确信赢得最高市场占有率之后将享有最低成本和最高的长期利润，所以，很多饭店制定尽可能低的价格来追求更高的市场占有率。当具备下列条件之一时，饭店就可以考虑通过低价来实现市场占有率的提高；市场对价格高度敏感，因此低价能刺激需求的迅速增长；生产与分销的单位成本会随着生产经验的积累而下降；低价能吓退现有和潜在的竞争者。

(3) 质量领先目标。饭店也可以考虑客房质量领先这样的目标，并在生产和营销过程中始终贯彻客房质量领先的指导思想，这就要求用高价格来弥补高质量和研究开发的高成本。客房优质优价的同时，还应保证相应的优质服务。

2. 判断市场需求

在社会购买力一定的情况下，价格变化与需求量变化成反比，这就是市场的供求规律。房价升高，需求量下降；房价降低，需求量上升。但是，部分可以给消费者带来某种声望的优质客房商品在高价时销量更大。因此，消费者偏好及购买行为、营销方式、季节因素、环境因素及饭店风格等都会影响到市场需求。对饭店来说，在综合考虑这些因素的前提下才能准确判断市场需求。

3. 估算成本费用

客房定价一定要估算成本费用，这是饭店产品价格的最下限。客房成本包括建筑投资及由此产生的利息、经营管理费用、客房设施设备、修缮费用、物资用品、客房员工费用、保险及营业税等。如果采用低于成本的价格，则饭店势必会亏损。

4. 分析竞争因素

分析竞争因素的关键在于分析市场的竞争状况和本饭店的市场地位。市场竞争状况包括完全竞争、寡头竞争、寡头垄断、完全垄断四种状态。市场地位有市场主导者、市场挑战者、市场跟随者和市场补缺者。饭店应根据不同市场状态和市场地位确定自己的定价目标，同时分析竞争对手的定价情况，调整自己的定价策略和方法。

5. 选择定价导向和定价方法

定价导向有成本导向、需求导向和竞争导向三种。成本导向是以产品成本为定价依据，具体方法是按成本加一定利润进行定价，利润一般按成本或售价的一定比例计算。需求导向是以买主对产品价值的认知和需求强度为定价依据，具体的定价方法有认知价值定价法和需求强度定价法。竞争导向是以市场上相互竞争的同类产品价格作为定价依据，主要采用随行就市定价法。

6. 确定客房价格

饭店根据自己的客房产品特点及经营目标，可以用具体的定价方法制定出饭店客房的基本价格。在经营过程中，饭店还应该根据市场的变化及时调整基本价格，以达到预期的经营目标。

（二）客房定价的方法

1. 千分之一法

千分之一法也称建造成本法，是根据客房造价来确定客房出租价格的一种方法，即将客房平均造价的千分之一确定为每间客房的出租价格。计算公式为：

客房价格 = 饭店建造总成本 ÷ 客房总数 ÷ 1 000

例如：某饭店拥有客房800间，总造价16 000万元人民币，那么每间客房的造价为20

万元人民币，按照千分之一规律，房价应为 20 万元 ÷ 1000 = 200 元。

在使用千分之一法定价时，需要三个前提条件：

（1）客房的年平均出租率要达到 70%；

（2）其他部门（餐饮、商品部等）能够提供一定的利润；

（3）饭店的营业毛利率要达到 55%。

千分之一法是人们在长期的饭店建设和经营管理实践中总结出来的一般规律，可以用来指导饭店客房的定价，尤其是新建饭店的客房定价，也可以用来衡量现行客房价格是否合理。但是，千分之一法通常是根据饭店建设的总投资和客房总数来计算每间客房的平均房价的，因此，其科学性和合理性受到以下两个条件的制约：一是饭店客房的类型、面积、设施设备的豪华程度基本相同；二是饭店客房、餐饮及娱乐设施等的规模和投资比例适当，即饭店的餐饮和娱乐设施主要用来满足住店客人的需要。另外，千分之一法只考虑了饭店客房的成本因素，而没有考虑供求关系及市场竞争状况，因此，据此制定的客房价格只能做参考，应在此基础上结合当时当地市场供求关系和竞争状况加以调整。

2. 赫伯特定价法

赫伯特定价法也称赫伯特公式法，目前也称目标利润法，是在 20 世纪 50 年代，由美国饭店和汽车旅馆协会主席罗伊·赫伯特主持发明的。该法根据饭店计划的客房出租率、预计的营业费用和需达到的合理目标利润（即投资收益率）来决定客房的平均价格。

客房价格 = 客房所需全年营业收入 ÷（可供出租总客房数×天数×预测出租率）

= （营业支出 + 目标利润）÷（可供出租总客房数×天数×预测出租率）

3. 客房面积定价法

客房面积定价法是通过确定客房预计总收入来计算单位面积的客房的应取得收入，进而确定每间客房的应取得收入来进行定价的一种方法。

4. 随行就市法

随行就市定价法就是以同档次饭店的平均房价作为定价依据，制定出本饭店房价的一种方法。

四、房价体系

饭店的房价按照接待对象、时间等标准可以分为多种类型，它们一起构成了饭店客房的价格体系。

（一）按照房型及等级分类

1. 标准间价格

标准间是饭店中数量最多的房型，一般占到饭店客房总数的 75% 以上。标准间内一般会摆放两张单人床，房间内配有空调、电视、台灯、落地灯、沙发、茶几、衣架、备用被褥、衣柜，卫生间配有便器、浴缸、淋浴喷头、洗脸池等，有两套客用品。

2. 豪华标准间价格

豪华标准间的面积大于标准间，房内的设施设备及客用品比标准间高档。

3. 商务间价格

商务间的面积比标准间略大，配有标准的办公桌、可以宽带上网的液晶电脑、充足的照明设施，有些还带传真机、书柜等。

4. 普通套间价格

普通套间一般是连通的两个房间，一间布置为起居室，另一间为卧室，卧室内设两张单人床或一张双人床。

5. 豪华套间价格

豪华套间内的设施设备豪华齐全，一般房间数及卫生间均在两间以上，有些还有会议室、书房。这种套间的特点在于注重装饰及布置氛围，用品配备齐全，功能完善，豪华气派。

6. 总统套房价格

总统套房的面积比豪华套间更大，一般由 5~7 间甚至更多的房间组成，设有男、女主人卧室及豪华浴室，另外还有起居室、会议室、餐厅、书房、随员房、保镖房、厨房等。这种套间装饰布置极其讲究，有些还带有小型花园和小酒吧，通常高档饭店内才设置这种房型。

（二）按照服务内容分类

1. 欧式计价

欧式计价是指饭店的客房价格仅包括房租，不包含任何餐费，绝大多数饭店的房价均属此类。

2. 美式计价

美式计价是指饭店的客房价格包括房租和一日三餐的费用。这种计价方法曾一度被度假型饭店采用，但随着旅客流动性的增强，这种计价形式被逐渐淘汰，只有少数偏远的度假饭店采用。

3. 修正美式计价

修正美式计价是指饭店的客房价格包括房租和一顿正餐（午餐或晚餐）的费用，也称为"半包餐"计价。它既可以使客人有较大的自由度，又能为饭店带来一定效益。

4. 欧陆式计价

欧陆式计价是指饭店的客房价格包括房租及一份简单的欧陆式早餐（咖啡或茶、面包、果汁）的费用，也称"床位连早餐"报价。

5. 百慕大计价

百慕大计价是指饭店的客房价格包括房租和一份美式早餐（咖啡或茶或牛奶、面包、蛋、肉类、谷物、果汁或水果）的费用，这种报价对商务旅客有较大的吸引力。

目前我国一些饭店采取房租加早餐计价的一般都采用自助早餐形式，提供的品种比较丰富，既包括西餐的食品，又包括中餐的食品，宾客可以自由选择。

（三）需要加收房费的分类

1. 白天租用价

在一些特殊情况下，饭店可按白天租用价向客人收取房费。例如：客人离店时已超过饭店规定的时间，入住与退房发生在同一天等。白天租用价，大部分饭店按半天收取房费，也有些饭店按小时收取。

2. 加床费

加床费是指饭店对需要在客房内临时加床的客人加收的一种房费。

3. 深夜房价

深夜房价是指客人在凌晨抵店的情况下，饭店向客人收取一天或半天的房费。

4. 保留房价

保留房价是指客人短期外出旅行，但需要继续保留其所住的客房，或预订客人因特殊情况未能及时抵店需要保留客房时，饭店要求客人支付为其保留客房的房费，但一般不再加收房费的服务费。

（四）按照接待对象分类

1. 标准价

标准价又称为"客房牌价""门市价""散客价"，是在饭店价目表上明码公布的各类客房现行价格，该价格不含任何服务费或折扣等因素。

2. 商务合同价

商务合同价是饭店与商务公司、企事业单位或有关机构签订房价合同，并按照合同规定向对方客人以优惠价格出租客房，以求双方长期合作。房价优惠的幅度视对方能够提供的客源量及客人在饭店的消费水平而定。

3. 团队价

团队价主要是针对旅行社团队客人制定的折扣价格，目的是与旅行社建立长期良好的关系，确保饭店长期稳定的客源。团队价格可以根据旅行社的重要性和送客量的多少加以确定，同时还要考虑饭店淡旺季客房利用率的差异。

4. 折扣价

折扣价是饭店向常客、长住客或其他有特殊身份的客人提供的优惠房价。

5. 免费

免费是饭店在互惠互利的原则下，给予与饭店有双边关系的客人免费招待的待遇。免费的范围既可以是仅限房费，也可以包括餐费。

（五）按照时间分类

1. 淡季价

淡季价是饭店在营业淡季，为了刺激市场需求，提高入住率，为普通客人提供的折扣价，通常在标准价的基础上下浮一定的百分比。

2. 旺季价

旺季价是饭店在营业旺季，为了最大限度地提高经济效益而将房价提高，通常在标准价的基础上上浮一定的百分比。

五、房价评价指标

客房价格制定以后,要通过不同的房价评价指标来评价该房价是否合理,通常会用平均房价、客房产出率和平均每间可供出租客房收入来评价。

(一)实际平均房价与理想平均房价

1. 实际平均房价
实际平均房价是指饭店一天内卖出的所有类型房间的平均价格。
2. 理想平均房价
理想平均房价由最高客房营业收入和最低客房营业收入决定。
(1)最高客房营业收入:一天内按照客房价格从高到低销售获得的总收入,即在一定时间内,从最高价格开始出租客房获得的总收入。
(2)最低客房营业收入:一天内按照客房价格从低到高销售获得的总收入,即在一定时间内,从最低价格开始出租客房获得的总收入。
(3)理想平均房价:将最高客房营业收入和最低客房营业收入两者加权平均得出理想平均房价。

$$理想平均房价 = (最高平均房价 + 最低平均房价) \div 2$$

一天的实际平均房价高于理想平均房价则经营状况好,低于理想平均房价则经营状况差。

(二)客房产出率

1. 客房产出率 = 实际客房收入 ÷ 可能的客房收入
可能的客房收入是指所有房间以门市价卖出去所得的收入,两者的差距反映了实际收入与最大收入之间的差距。
2. 客房产出率 = 客房出租率 × 实际房价销售系数;实际房价销售系数 = 实际房价 ÷ 理想平均房价
客房出租率是饭店实际出租的客房数在饭店可供出租的客房总数中所占的比例。饭店经营者总是设法提高客房出租率,以提高饭店的经济效益,但客房出租率并非越高越好。按国际标准,客房出租率达到80%便可,最多不超过90%,否则就属于"破坏性接待",原因如下:
(1)饭店客房设施需要保养维修,过度使用会使其功能失灵、寿命缩短,这样会影响饭店经济效益,也会影响对客服务质量;
(2)长年过高的出租率会使员工固定于工作岗位,无暇培训,致使服务质量下降,对管理者也造成极大的压力。

(三)平均每间可供出租客房收入(Rev PAR)

Rev PAR(Revenue Per Available Room)是指一定时期内,饭店平均每间可供出租客房产生的营业收入，它是反映客房赢利能力和饭店经营状况的一个非常重要的指标。Rev PAR = 平均房价×出租率。

 阅读材料

有甲、乙、丙三家饭店，其客房数和出租率如表 6-1 所示。

表 6-1 三家饭店可供出租客房的营业收入对比

指标＼饭店	甲	乙	丙
客房数（间）	100	300	200
出租率（%）	85	76	90
平均房价（元）	400	480	350
Rev PAR（元）	340	364	315

 讨 论

从表中的平均房价和 Rev PAR 数据分析三家饭店的经营业绩。

任务二 分析前厅部的销售策略与技巧

 案例导入

巧妙推销豪华套房

一天，南京某四星级饭店前厅部预订员小夏接到一位美国客人霍曼从上海打来的长途电话，想预订每天收费 180 美元左右的标准双人客房两间，住店时间 6 天，3 天以后来饭店住。小夏马上翻阅预订记录，回答客人说 3 天以后饭店要接待一个大型会议的几百名代表，标准间已全部预订完。小夏讲到这里用商量的口吻继续说道："霍曼先生，您是否可以推迟 3 天来店？"霍曼先生回答说："我们的日程已安排好，南京是我们在中国的最后一个游览城市，还是请你给想想办法。"

小夏想了想说："霍曼先生，感谢您对我们饭店的信任，我很乐意为您效劳，我想，您可否先住 3 天我们饭店的豪华套房，套房是外景房，在房间可眺望紫金山的优美景色。紫金山是南京名胜古迹集中之地，室内有我们中国传统雕刻的红木家具和古玩瓷器摆饰。套房每天收费也不过 280 美元，我想您和您的朋友住了一定会满意。"小夏讲到这里，等待霍曼先生回答，对方似乎犹豫不决，小夏又说："霍曼先生，我想您不会单纯计较房价的高低，而是在考虑豪华套房是否物有所值吧。请告诉我您和您的朋友乘哪次航班来南京，我们将派车到机场接你们，到店后，我一定先陪你们参观套房，到时您再做决定好吗？我们还可以免费为您提供美式早餐，我们的服务也是上乘的。"霍曼先生听小夏这样讲，倒觉得还不错，想了想，便欣然同意先预订 3 天豪华套房。

思考
1. 前厅服务员应具备哪些素质？
2. 本案例中的小夏在接待客人来电预订房间时，做得如何？

一、客房销售的一般要求

要成功销售客房，前厅接待员首先要表现出良好的职业素质。客人初到饭店，对饭店的了解和对客房服务质量的判断是从前厅接待员的仪容仪表和言谈举止开始的。因此，前厅接待员必须面带笑容，以端正的站姿、热情的态度、礼貌的语言、快捷规范的服务接待每一位客人。

1. 销售准备

（1）仪表端正，表现高雅的风度和姿态。
（2）工作环境要有条理，服务区域干净整洁。
（3）熟悉饭店各种类型的客房及其服务质量，以便向客人介绍。
（4）了解饭店所有餐厅、酒吧、康乐等营业场所及公共区域的营业时间与地点。

2. 服务态度

（1）善于用眼神和客人交流，表现出热情和真诚。
（2）面带微笑，用礼貌用语问候每位客人。
（3）举止行为恰当、自然、诚恳。
（4）回答问题简单、明了、恰当，不夸张宣传住宿条件。
（5）不贬低客人，耐心向客人解释问题。

二、客房销售的程序

1. 了解客人

前厅接待员在销售客房时，首先要把握饭店目标市场客人的类型和需求特点，有效建立客史档案数据库，包括客人的年龄、性别、职业、国籍、住店目的、住店要求等，平时加强观察、注意积累，采取个性化、人性化的销售方法，做好针对性的客房销售。

2. 介绍客房

前厅接待员要在把握客人需求的基础上向客人介绍饭店各类客房，在介绍过程中要注意察言观色，并能生动描述房间特色。例如，套房强调设施多、气派；内景房强调清静，给人以惬意的感受；邻近通道的客房则强调其出入方便。还可以主动带客人参观客房，参观过程中要表现出耐心和礼貌。

3. 洽谈价格

前厅接待员在介绍客房之后，应引导、帮助客人选择客房，着重推销客房的价值而非价格，避免急于报出价格；要选择时机，有技巧地与客人洽谈价格，并让客人主动接受。此时，应对客人的选择表示赞赏，同时尽快为客人办理入住登记手续。

4. 安排客房

价格谈妥后，前厅接待员要为客人准确、迅速地安排房间，这是体现饭店和接待员水平的关键环节。安排客房不是简单地分配客房，而是根据客人的不同特点，结合饭店的服务与经营管理来安排。

三、客房销售报价方式

对客人而言，饭店客房价格是一个敏感因素。前厅部在销售客房时，如何科学有效地报价，从而引起客人的购买欲望并激发其购买行为，体现了接待员的业务知识、推销技巧和语言艺术。因此，学习并掌握客房销售的报价方式，是做好饭店推销工作的一项基本功。

（一）根据价格高低有三种报价方式

1. 从高到低报价

从高到低报价就是首先向客人报出饭店的最高房价，让客人了解饭店最高房价房间所具有的宜人环境和设施设备。客人对此不感兴趣时，再销售价格较低的客房。这种方法适用于讲究身份、地位的客人及未经预订直接抵店的客人，以期最大限度地提高客房利润率。此类报价的指导原则是努力把客房产品特征转化为客人的利益需要，积极推销高档客房，而不是突出高价格。

2. 从低到高报价

从低到高报价是先报最低价格，然后逐渐报高价格，这种方法适用于对价格敏感的客人。一些人认为这种报价方法会使饭店失去很多获取利润的机会，但不可否认的是，这种报价方法往往会给饭店带来更广阔的客源市场。

3. 交叉排列报价

交叉排列报价法是前厅接待员将饭店所有现行房价按一定顺序排列后提供给客人，即先报最低房价，再报最高房价，最后报中间档次的房价。这种报价方法既坚持了明码标价，又体现了商业道德；既可以使客人有选择各种价格的机会，又增加了饭店出租高价客房、获取更多利润的机会。

（二）根据房间类型有三种报价方式

1. "冲击式"报价

"冲击式"报价即先报价格，再提出房间所提供的服务设施与项目。这种报价比较适合价格不高、档次偏低的客房或消费水平较低的客人。

2. "鱼尾式"报价

"鱼尾式"报价即先介绍所提供的服务设施与项目以及房间的特点，再报出价格。这种报价方法突出"物美",减弱价格对客人的影响,比较适合中档客房。

3. "夹心式"报价

"夹心式"报价又称"三明治式"报价,即将房价放在所提供服务的项目中间进行报价,起到减弱价格分量的作用。例如,"一间宽敞、舒适的客房,价格只有600元,这个房价还包括一份早餐、服务费、一杯免费咖啡"。这种报价方式适合于中、高档客房以及消费水平高、有一定地位和声望的顾客。

四、客房销售技巧

1. 强调客人受益

前厅接待员在销售客房时,要将价格转化为能给客人带来的益处和满足,刺激客人的购买欲望,激发其购买行为。不同的客人对产品价值和品质的认识程度不同,相同的价格,有的客人觉得合理,有的客人则难以承受。所以,在遇到犹豫不决的客人时,推销时可以强调客房所能提供给客人的价值和利益,例如免费早餐、枕头具有保健功能、配有冲浪浴设施等,在强调客人收益的同时,增强客人对产品价值的理解和对价格的认同。

2. 帮客人下决心

有些客人并不清楚自己需要什么样的房间,在这种情况下,接待人员要认真观察客人的肢体语言和面部表情,设法理解客人的真实意图和喜好,然后根据客人的喜好,有针对性地向客人介绍各类客房的特点,适时提出合理化建议。例如,可以建议客人先登记再调整,也可以在征得客人同意的情况下,陪同客人实地参观几种不同的房型,让其对客房有一定的感性认识,从而迅速做出决定。帮客人下决心绝不等于代客人做决定,在提供建议时最好用"我个人觉得……您觉得呢""如果让我选,我会……不过还是尊重您的想法"。

3. 将房价分解

当客人对房价产生异议,可能被高房价吓走时,前厅接待员不妨将房价分解,隐藏其"昂贵性"。例如,某客房房价是450元,报价时可将其中的50元自助早餐费从房价中分解出来,告诉客人实际房价是400元;假如房价中包含其他服务项目,也可以进行价格分解,这样就可以弱化客人心目中的"高价"概念,促成交易。

4. 使用第三者意见

当客人为选择客房犹豫不决或有可能放弃住宿时,前厅接待员可以适时使用第三者意见来促成交易。"第三者"可以是某一位顾客、某一位旁观者或另一位服务员,但必须是对客人做出决定有一定影响作用的人。例如,可以说"我的一个远房亲戚从外地来就选的这个房型,确实不错""许多客人都非常喜欢这种房型""这是最受欢迎的一种房型,性价比很高的",等等。

5. 推荐其他服务与设施

前厅接待员在推销客房的同时,还应该推销饭店的其他服务设施和服务项目,如餐饮、商务服务等,以使客人感到饭店产品的综合性和完整性,同时还可以增加饭店的营业收入。例如,客人深夜抵店,可以向客人介绍24小时营业的酒吧或房内送餐服务等。

知识链接

实施效益最大化的具体销售策略

（1）超预订受理策略。这是指在客房预订已满的情况下，再适当增加订房数量，以弥补预订过但未抵店或临时取消订房给饭店带来的损失。

（2）时滞控制策略。前厅销售不仅要着眼于客房的销售和使客房收益最大化，同时也应注重通过客房销售带动饭店其他各营业点的销售，以实现饭店收益最大化。

（3）折扣配置策略。该策略能否正常实施的关键在于需求预测的准确性，前厅管理人员不仅应考虑未来某一天的客房销售量，还应该仔细分析未来这一天的销售量对今后某一段时间销售量的影响。

（4）升档销售策略。这是一种常用的实现收益最大化的销售策略，是指在可能的情况下，让客人愿意接受更高档次的客房和服务，以提高客人对饭店的总体印象。

阅读材料

商务客人的特点是时间安排紧、注重饭店的服务速度、入住饭店的可能性大、对房价不太计较、经常使用饭店设施设备等，前厅接待员应针对上述特点，向其推销办公设施设备齐全且便于会客的商务房。度蜜月者喜欢安静、免受干扰且配有大床的双人房，知名人士、高薪阶层偏爱套房，其他旅游类客人的特点则不相同，他们通常要求房间宽敞舒适、整洁卫生，比较在乎价格，其中家庭旅游者往往选择连通房，而年老的或有残疾的客人喜欢住在靠近电梯或楼层较低的房间。

黄志刚. 前厅服务与管理 [M]. 北京：北京大学出版社，2012

任务三 开展客房经营统计分析

作为饭店经营活动的枢纽和中心，前厅部要利用经营过程中获得的统计数据分析客房经营状况，并研究相应对策。

一、前厅统计报表

前厅统计报表是根据饭店经营管理要求设置的，是饭店管理者了解经营状况的途径，也是其他部门获取信息的重要来源。前厅统计报表种类很多，其中最主要的是客房营业日报表。客房营业日报表又称为每日客房统计表，是由接待处夜间值班员制作的一份综合反映每日客房经营状况的表格。客房营业日报表的格式与内容因饭店而异,但大致包括各类用房数、各类客人数、出租率、客房收入等方面的内容。主要营业统计数据计算如下。

(一)当日出租的客房数与在店客人数

1. 当日出租客房数

   当日出租客房数 = 昨天出租客房数 − 当日离店客人用房数 + 当日抵店客人用房数

2. 当日在店客人数

   当日在店客人数 = 昨天在店客人数 − 当日离店客人数 + 当日抵店客人数

(二)计算客房出租率和各类平均房价

1. 客房出租率

$$日出租率 = \frac{日出租客房数}{可供出租客房数} \times 100\%$$

$$月出租率 = \frac{月出租客房天数}{可供出租客房数 \times 月营业天数} \times 100\%$$

$$年出租率 = \frac{年出租客房天数}{可供出租客房数 \times 年营业天数} \times 100\%$$

2. 平均房价

$$总平均房价 = \frac{客房房租总收入}{已出租客房数}$$

$$散客平均房价 = \frac{散客客房房租总收入}{散客占有客房数}$$

$$团队平均房价 = \frac{团队客房房租总收入}{团队占有客房数}$$

$$长住客平均房价 = \frac{长住客客房房租总收入}{长住客占有客房数}$$

3. 客人的平均房价

$$客人的平均房价 = \frac{客房房租总收入}{入住客人数}$$

(三)计算各类客人占用客房的百分比

1. 散客房占用百分比

$$散客房占用百分比 = \frac{散客占用客房数}{已出租客房数} \times 100\%$$

2. 团队客房占用百分比

$$团队客房占用百分比 = \frac{团队占用客房数}{已出租客房数} \times 100\%$$

3. 免费客房占用百分比

$$免费客房占用百分比 = \frac{免费占用客房数}{已出租客房数} \times 100\%$$

4. 预订客人房间占用百分比

$$预订客人房间占用百分比 = \frac{预订客人占用客房数}{已出租客房数} \times 100\%$$

（四）计算各类订房变化的比率

1. 空订百分比

$$空订百分比 = \frac{预订不到客人数}{预订客人数} \times 100\%$$

2. 取消预订的百分比

$$取消预订的百分比 = \frac{取消预订客人数}{预订客人数} \times 100\%$$

3. 提前离店客用房百分比

$$提前离店客用房百分比 = \frac{提前离店客使用客房数}{预期离店客使用客房数} \times 100\%$$

4. 延长停留客用房百分比

$$延长停留客用房百分比 = \frac{延长停留客使用客房数}{预期离店客使用客房数} \times 100\%$$

二、客房经营主要指标

（一）客房出租率

客房出租率（也称周转率）是反映饭店经营状况的一项重要指标，它是已出租的客房数与饭店可以提供租用的房间总数的百分比。其计算公式为：

$$客房出租率 = \frac{已出租客房数}{可供出租客房总数} \times 100\%$$

饭店客房出租率直接关系饭店的盈亏状况，所以饭店的盈亏百分比也是以客房出租率来表示的，即保本出租率。其计算方法如下：

$$保本出租率 = \frac{保本营业额 \div 平均房价}{可供出租客房间数 \times 天数} \times 100\%$$

其中，

$$保本营业额 = \frac{固定成本总额}{1 - 变动成本率 - 税率}$$

例如，某饭店拥有客房 250 间，年固定成本 1 000 万元，变动成本率 10%，营业税税率 5%，当年每间客房平均房价为 300 元，则：

$$\text{保本营业额} = \frac{1000}{1-10\%-5\%} = 1\,176.47\text{（万元）}$$

$$\text{保本出租率} = \frac{11\,764\,700 \div 300}{250 \times 365} \times 100\% = 43\%$$

计算结果说明，这家饭店的保本出租率是43%，如果出租率低于43%，饭店会亏损经营；反之，如果出租率高于43%，饭店就能盈利。

（二）客房销售效率

客房销售效率是实际客房出租所得销售额占全部可出租房间全价出租的销售总额的百分比。其计算公式为：

$$\text{客房销售效率} = \frac{\text{客房实际销售额}}{\text{全部客房牌价出租的总销售额}} \times 100\%$$

例如，某饭店拥有可出租客房300间，其中：单人间50间，房价300元；标准间200间，房价400元；普通套间40间，房价600元；豪华套间10间，房价800元。某日的客房收入额合计为80 000元，试计算客房销售效率。

$$\text{客房销售效率} = \frac{80\,000}{50 \times 300 + 200 \times 400 + 40 \times 600 + 10 \times 800} \times 100\% = 63\%$$

（三）双开率

双开率即双倍客房出租率，是指两位客人同住一个房间的房数占所出租房间总数的百分比。其计算公式为：

$$\text{双开率} = \frac{\text{客人总数} - \text{已出租客房数}}{\text{已出租客房数}} \times 100\% = \frac{\text{双人房占用数}}{\text{已出租客房数}} \times 100\%$$

还有一种表示方法，是以房间为单位，双开率表示每一间已出租的房间所住的客人数：

$$\text{双开率} = \frac{\text{客人总数}}{\text{已出租客房数}}$$

例如，某饭店下榻客人数为400人，当日出租客房数250间，其客房双开率为：

$$\text{双开率} = \frac{400-250}{250} \times 100\% = 60\%$$

$$\text{双开率} = \frac{400}{250} = 1.6$$

双开率指标可以反映客房的利用情况，是饭店增加收入的一种手段，其前提是一个房间列出两种价格。例如，一个标准间住一位客人时，房价450元，住两位客人时，每位只收300元，这样客人可以节省1/3的房费开销，饭店增加了1/3的收入，同时，饭店增加的劳动成本却很小。

项目小结

客房房价的制定方法、前厅的销售方法是本项目的重点内容。本项目介绍了客房价格的构成、特点、影响因素，客房价格制定的程序、方法，客房价格的类型，客房销售的程序、要求、报价方式和销售技巧。

综合能力训练

······ 基本训练 ······

一、解释

客房价格　百慕大计价　平均每间可供出租客房收入

二、多项选择

1. 客房价格具有的特点有（　　）。
   A. 客房价值的不可储存性　　　　B. 客房价格的季节性
   C. 客房价格中固定成本高，变动成本小　　D. 客房价格的稳定性
2. 客房定价的方法有（　　）。
   A. 千分之一法　　　　　　　　B. 赫伯特定价法
   C. 客房面积定价法　　　　　　D. 随行就市法
3. 按照服务内容分类，房价有（　　）。
   A. 欧式计价　　B. 美式计价　　C. 修正美式计价
   D. 欧陆式计价　　E. 百慕大计价
4. 客房销售的程序是（　　）。
   A. 了解客人　　B. 介绍客房　　C. 洽谈价格　　D. 安排客房
5. 客房报价根据价格高低有（　　）三种方式。
   A. 从高到低报价　　　　　　　B. 从低到高报价
   C. 交叉排列报价　　　　　　　D. 尾数报价
6. 客房报价根据不同房间类型有（　　）三种方式。
   A. "冲击式"报价　　B. "鱼尾式"报价　　C. "夹心式"报价　　D. 整数报价

三、思考

1. 影响客房定价的内外因素有哪些？
2. 简述客房定价的基本程序。
3. 按照房型及等级分类，房价有哪几种？
4. 客房销售技巧有哪些？

技能训练

一、技能训练目的

明确客房销售的程序,掌握客房销售的方法和技巧。

二、技能训练方式

情景模拟。

三、材料准备

笔、计算器、工作台、房价表、促销及奖励计划。

四、技能训练步骤

1. 教师讲解示范,说明要求和注意事项,给出训练程序和训练标准,要求学生根据程序、标准去做:观察客人需求—使用技巧推销客房—报价技巧—促成交易—办理手续。

2. 将学生分成两人一组,一人扮演接待员,另一人扮演客人,进行客房销售情景模拟。

3. 教师指导、示范、检查、纠正、总结。

4. 评分标准:

考核要点	分值	得分
销售准备(个人仪表、用品)	10	
服务态度及语言表达	20	
推销策略	30	
报价技巧	20	
办理手续程序	20	
总计	100	

项目七 前厅部的信息沟通

📖 学习目标

知识目标：
1. 了解信息沟通的目的和过程，理解达到有效沟通所需的条件。
2. 掌握信息沟通的原则和方法。
3. 掌握顾客让渡价值、顾客满意和顾客终身价值的概念。
4. 了解投诉产生的原因。

能力目标：
1. 掌握前厅部内部沟通的内容。
2. 掌握前厅部与其他部门沟通的内容。
3. 掌握建立良好宾客关系的措施。
4. 掌握投诉处理的原则。

实训目标：
1. 掌握前厅部与顾客沟通的方式和技巧。
2. 掌握投诉处理的一般程序。

任务一 了解前厅部的信息传递

🌐 案例导入

　　北京某饭店前厅，高大明亮，富丽堂皇。一位日本客人，男性，中年，中等身材，胖胖的圆脸，留着一小撮八字胡。他刚办完住店手续，一手拿着磁卡钥匙，一手提着旅行包，乘电梯上七楼。过了一会儿，他又来到二楼的中餐厅门口，看了看菜谱，摇了摇头，又巡视着挂着的菜肴彩照，"佛跳墙""原汁鲍鱼""干炸大虾""黄扒鱼翅"……边看边摇头。一转身，他看见一亭亭玉立、满面笑容的女服务员。
　　"……"他用日语说，递上地图和笔。
　　女服务员听不懂，紧皱双眉。
　　"……"他又说了一遍。
　　女服务员还是不懂，又摇了摇头。
　　日本客人急了，用英语叫了一声："Duck！"
　　女服务员不懂英语，又摇了摇头。

> 客人急中生智，低下头，弯着腰，双手往两侧微微上扬，转圈走了几步。
>
> "噢！你是要去飞机场啊！"女服务员顿时明白，接过地图，用笔画了一个箭头，从饭店指向飞机场。
>
> 客人虽不懂中文，但他从女服务员的神情中得到了鼓舞，高兴得手舞足蹈，手持地图，快步走出饭店。他举手拦了一部豪华出租车，出租车停了下来。客人向司机指着地图上的箭头，做了一个去了再回来的手势。司机很高兴，心想今天运气好，遇到财主，大老远向飞机场跑来回。
>
> 出租车驶出城区，在郊区公路上飞驰。客人心里纳闷：吃烤鸭，为什么要走那么远的路？到了机场，客人傻了，不是刚从这儿下飞机吗？怎么又到这儿来啦？他马上醒悟，女服务员误解了，把鸭子当成飞机了。客人又气又急，马上要司机往回开。
>
> 到了饭店，他付了70余元车费，冲到前厅，大叫大嚷，用日语骂个不停，引起了值班经理的注意。值班经理马上叫来日文翻译，了解情况。明白了事情的前后经过，经理向客人鞠躬致歉，并派专人陪他去著名的"全聚德"烤鸭，当是向客人赔罪。
>
> 经理叫来女服务员，怒斥道："你怎么搞的？把烤鸭当成飞机，害得客人往机场白跑一趟，回来非常生气。"女服务员满面通红，羞愧地说："他的动作挺像飞机，如果他一边走一边摇摆，或学鸭子嘎嘎地叫几声，我就不会搞错了。"经理叹了叹气，自言自语地说："你们啊，太不争气，既不懂英语、日语，又不懂心理学。客人来餐厅是为了品尝美食，要是想去飞机场，会到餐厅来打听吗？"

 思 考　　什么是有效沟通？达到有效沟通需具备什么条件？

任何组织都是由纵向高低不同的层次和横向不同的职能部门所组成的有机系统。组织系统要有效地运转，信息必须在系统内各层次、各环节、各部门之间以及系统与外部之间顺畅沟通。饭店是一个多部门、为社会提供综合服务的行业，众多部门和功能在自行运行和发挥作用的同时，既要保持自身的有效性，又要做到各部门之间的协调一致、和谐统一，这样才能实现饭店经营的总体目标。

一、信息沟通的目的和过程

信息沟通，是指信息的发送者通过多种渠道把信息传递给接收者，并使接收者接受和理解所传递信息的过程。信息的发送者首先把信息，即"被沟通的东西"，包括消息、事实、思想、意图、感情和态度等，整理成信息接收者可以接受和理解的信息，然后通过各种渠道传递给信息接收者。所传递的信息应被信息接收者接受和理解，信息沟通才能实现。

对于正式组织而言，信息沟通的主要目的是通过有效的沟通来传递组织所要传达的信息（如组织的目标、计划、政策、工作程序等），并使组织成员接受和理解这些信息。组织除了正式的纵向层次和横向的职能关系外，还有大量非正式群体关系，所以组织信息沟通的另一方面是人与人之间的沟通，其主要目的是协调关系、增进团结，维护健康、鼓舞士气，满足需要、改变行为。可见,这里的沟通更多强调的是多向的互动过程,沟通的目的不是要证明谁是谁非,而是能使大家在一个组织里坦诚地分享自由、和谐、经验和价值。

信息沟通的过程,是一位信息发送者通过选定的沟通渠道把信息传递给信息接收者的过程,如图7-1所示。信息的发送者需要把某种意图通过一定形式转变成信息接收者所能理解的信息(如语言、文字、手势、表情等),然后通过一定的沟通渠道(如电话、文书、电报、电脑网络等),传递给信息的接收者;信息接收者对所接收的信息进行加工、处理、分析、接受和理解,然后把所理解的信息反馈给信息的发送者,以便确认其所接收的信息是否正确。在信息沟通过程中,还可能存在着各种各样的"噪音"干扰。

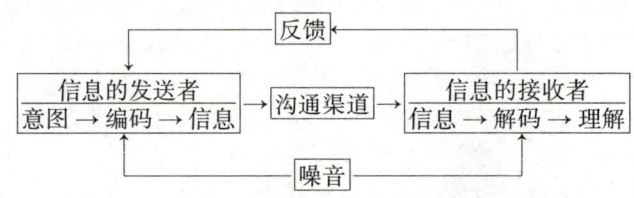

图7-1 信息沟通的过程模型

从图中信息沟通的过程看,信息沟通的要素包括:信息的发送者、编码、信息、沟通渠道、信息的接收者、解码、反馈和噪音。

(1)信息的发送者。信息的发送者又称信息源或沟通者,是指把信息发送给另一方的主体。例如,饭店的管理者经常要安排各种各样的工作给下属,管理者就是信息的发送者。

(2)编码。信息发送者要把其意图或想法传递给信息的接收者,首先应把其意图转换成信息接收者所能接受和理解的形式,如语言、文字、图表等。例如,饭店要把财务状况和经营成果的信息提供给股东,就必须把企业经营活动的原始资料通过会计方法的处理,编制成股东所能理解的资产负债表和损益表。

(3)信息。信息发送者通过编码把意图或原始资料转换成信息,信息就是所需要沟通的内容。

(4)沟通渠道。沟通渠道也称媒体,是信息从发送者到达接收者的途径。信息可以通过口头或者书面传递,也可以通过电话、电报和计算机网络来传递。

(5)信息的接收者。信息的接收者即接收信息的人,又称受传者或信息传播终点。

(6)解码。信息的接收者把原始信息转换成思想或与发送者理解的信息相互接近的意思。只有当信息的发送者与信息的接收者所理解的信息含义相同或相近时,沟通才得以实现。否则,信息只是进行了传递,而没有被接受和理解。

(7)反馈。为了检查信息沟通的效果,信息接收者应把所接受和理解的信息反馈给信息的发送者。通过反馈,使信息发送者明白其传递的信息是否被理解。反馈把信息沟通的双方转换过来,信息的接收者成为信息的发送者,而信息的发送者成为信息的接收者。

(8)噪音。信息的沟通经常受到噪音的干扰,如电话信息不清楚、环境噪音大等。除了噪音的干扰外,还有语言方面理解的差异、用语不当、各种成见等因素产生的干扰,这些对有效沟通有很大的影响。

了解信息沟通的过程和要素及其之间的相互关系,可以帮助我们了解信息沟通的问题,提高信息沟通的有效性。同时，该沟通过程模式强调了有效沟通过程中的关键因素，从而揭示了有效的沟通过程决策。有效的沟通过程要求：

（1）发送者必须知道把信息传播给什么样的沟通对象，期待目标沟通对象做出何种反应；

（2）发送者必须是编译信息的能手，要考虑目标沟通对象倾向于如何解释信息；

（3）发送者必须通过能触及目标沟通对象的有效媒体传播信息；

（4）发送者必须建立信息反馈渠道，以便能够了解沟通对象对信息做出的反应。

二、信息沟通的原则和方法

（一）信息沟通的原则

1. 准确性原则

当沟通所用的语言和传递方式能被接收者所理解时，信息才是准确的信息，沟通才有价值。沟通的目的是使发送者的信息能够被接收者理解，这看起来似乎很简单，但在实际工作中，常出现接收者对发送者非常严谨的信息缺乏足够了解的情况。信息发送者的责任是将信息加以综合，无论是笔录还是口述，都要求用容易理解的方式表达。这就要求发送者有较高的语言或文字表达能力，并熟悉下级、同级和上级所用的语言，这样才能克服沟通过程中的各种障碍，而对表达不当、解释错误、传递错误的信息予以澄清。

2. 完整性原则

主管人员为了实现组织目标，维持良好合作，必须进行信息沟通，而信息必须是完整的。这项原则特别需要注意的地方，即信息的完整性，很大程度上取决于主管人员对下级工作的支持。主管人员位于信息交流的中心，拥有中心职位和权力，应发挥中心作用。但有的上级主管人员忽视了这一点，往往越过下级主管人员而直接向有关人员发指示、下命令，使下级主管人员处于尴尬境地，违反了统一指挥的原则。如果确实需要这样做，则上级主管应事先同下级主管进行沟通。

3. 及时性原则

在沟通过程中，不论是主管人员的下行沟通信息，还是下级人员的上行沟通信息，以及横向沟通信息，都应遵循及时性原则。这样可以使组织制定的政策、组织目标、人员配备等情况尽快得到下级主管人员或员工的理解和支持，同时可以使主管人员及时掌握其下属的思想、情感和态度，从而提高管理水平。

4. 策略性运用非正式组织原则

这一原则的性质就是只有当主管人员使用非正式的组织来补充正式组织的信息沟通时，才会产生最佳的沟通效果。非正式组织传递信息最初是因为一些信息不适合于由正式组织来传递，所以在正式组织之外，应鼓励非正式组织传达并接收信息，以辅助正式组织做好组织的协调工作，为共同达到组织目标做出努力。一般来说，非正式渠道的消息对完成组织目标也有不利的一面。小道消息盛行，即反映了正式渠道的不畅通，因而加强和疏通正式渠道，在不违背组织原则的前提下，尽可能通过各种渠道把信息传递给员工，是防止不利于或有碍于组织目标实现的小道消息传播的有效措施。

（二）信息沟通的方式

1. 会议沟通

会议是一种面对面的直接沟通的方式，例如由前厅部经理召开的部门例会、晨会、班前会等。

2. 函件沟通

函件沟通是以纸质媒介为载体的沟通方式，形式有报纸、杂志、内部简报、信函、备忘录、员工手册、日志、报表或报告等。

3. 活动沟通

活动沟通是通过各种形式的团体活动，例如联谊会、茶话会、酒会、歌舞会、郊游、外出参观考察等来达到目的的沟通方式。活动沟通是消除误会、隔阂，加强沟通交流的理想方式。

4. 培训沟通

培训沟通即饭店通过开展对部门员工的培训来加强员工之间的沟通，例如前厅部员工的培训、前厅部主管和领班对员工的培训、前厅部员工对员工的培训等。

5. 其他形式的沟通

前厅部在日常工作中还可以通过公告牌、电话、计算机、传真、电子邮件等通信方式进行沟通，这些方式可以提高沟通效率。

三、前厅部内部沟通与协调

前厅部内部沟通是指前厅部各环节之间的相互沟通，包括客房预订、入住接待、问询、前台收银、礼宾行李服务、商务中心以及电话总机等部门之间的沟通。

（一）预订处与礼宾部的沟通

预订处把预计次日抵店的客人资料及有关接待要求详细列表交礼宾部，礼宾部根据资料情况安排行李员为客人提供接站和行李服务。

（二）预订处与接待处的沟通

预订处及时把有关客人的订房要求及个人资料移交接待处，接待处把预订未到的客人情况返回预订处，以便预订处进一步查找有关资料，做出处理。对预订客人抵店当天的订房变更或订房取消信息，预订处应及时通知接待处做出相应处理。

（三）礼宾部与接待处的沟通

客人抵店时，行李员协助客人照看行李，引导客人到接待处。此外，行李员还协助总台为客人传递留言条、换房通知单等资料。

（四）接待处与前台收银处的沟通

接待处应及时把客人的入住登记资料交给收银处，以便收银处管理客账；换房时，接待处应迅速通知收银处。

目前，一些饭店的四个环节已实行四合一，沟通起来就相对简单多了。

阅读材料

> 一天傍晚，已经是前台中班员工快下班的时候了，前台在岗员工人数是常规数两名（一名领班，一名实习生）。前台后区办公室，前台经理还没有下班；大堂上，大堂副理也还没有下班；前厅部经理已经下班，值班经理当天也是有的。礼宾部当天有五人，分别是领班、三名接话员和一名门童。其他隶属前厅部的各部门都在正常运作中。
>
> 突然，饭店大堂正门外的广场上来了三辆坐满宾客的大型巴士（按照预订，他们应该是明天这个时候到达的，但临时变更计划，提前一天到达了），随后摩肩接踵的一大群人毫无秩序地从大巴士上下来，拥到前厅，乱哄哄、争先恐后地去前台做登记……
>
> 当时场景乱得一塌糊涂，在后区办公室里的前台经理得知此事，立即从办公室里出来支援前台，一起和前台员工做登记手续。整个大堂当时乱得跟赶集似的，这种情况一直持续到所有客人办完登记手续。
>
> 赵庆梅，蔡海燕. 前厅服务与管理［M］. 上海：复旦大学出版社，2013

讨论

从本案例中可以了解到前厅部在管理方面有哪些不足之处？该饭店应如何避免此类问题再次发生？

任务二　前厅部与其他部门的沟通

案例导入

> 7月上旬的某一天，有一个很重要的会议计划上午9:00开始，负责会务工作的黎明早上8:00就搬着一箱会议资料来到饭店，并想最后再查看一下会议室有没有问题。
>
> 当黎先生来到饭店门口时，发现门边正好站着一位行李员，就对行李员说："请你帮我把资料搬到会议室。"

行李员微笑着对他说："对不起，先生！我们不为会议客人搬资料。"

黎先生顿时很不高兴，将手中的资料往地上一放，对行李员说："行李员不搬，谁搬？"

然后，黎先生走向总台，总台服务员微笑地询问："请问我能为您做点什么？"

黎先生说："我想再查看一下会议室，麻烦你们开一下门。"

服务员非常客气地说："对不起，先生，会议室不归我们管，您打个电话到营销部问问吧？"

黎先生压住心里的火气，板着脸对服务员说："那么，请你打电话通知他们开门。"

服务员看着黎先生满脸怒气的样子，只得打了电话到营销部，然后告诉客人："请您稍等一下，掌管会议室钥匙的人吃早餐去了。"

黎先生再也按捺不住心头的火气，愤然责问服务员："那么，我来这么早干什么？三分钟之内，让他到会议室门口，否则……"说完朝会议室走去。

看着离去的黎先生，总台服务员连忙打电话叫同事去员工食堂找人。当拿着钥匙的服务员赶到会议室门口时，黎先生正看着自己的手表，对气喘吁吁的服务员说："开门。"然后进会议室仔细检查起来。

会议之后，黎先生代表会议主办单位向饭店投诉，声称再也不会把会议放在如此糟糕的饭店。

思　考　前厅部如何做好同其他部门的沟通协调，为客人提供满意的服务？

一、前厅部与总经理室的沟通与协调

前厅部平时要及时向总经理请示、汇报前厅运行与管理过程中的重大事件，还要定期向总经理室沟通以下信息。

（1）每日递交"客情预报表""次日抵、离店客人名单""客房营业日报表""营业情况对照表"等统计分析报表。

（2）制定房价与修改条文。每月递交"房价与预订情况分析表""客源结构分析表"及"客源地理分布表"。

（3）客源销售政策的呈报与批准，包括免费、折扣、订金及贵宾接待规格的审批；递交贵宾接待规格审批表，报告已订房贵宾的具体情况；贵宾抵店前，递交贵宾接待通知单。

（4）转交有关留言与邮件。

二、前厅部与客房部的沟通与协调

前厅部负责销售客房，客房部负责管理客房，两者都围绕客房展开工作，所以要互相配合。

（1）前厅部每日向客房部递送"客情预报表"。

（2）前厅部将入住与退房信息及时通知客房部，对房内有特殊要求的要书面通知客房部；向客房部递交"报纸递送单"，由客房部分发各种报纸；向客房部递交"客房/房价变更通知单"；将客人用房变动情况通知客房部。

（3）前厅部在贵宾团队抵店前，向客房部递交"贵宾接待通知单""团队用房分配表"；贵宾抵店当天，要将准备好的欢迎信、欢迎卡、"鲜花通知单"送入客房部，以便客房部布置贵宾房。

（4）前厅部向客房部递交"在店贵宾/团队/会议一览表""待修房一览表"。

（5）客房部每日向前厅部递交"楼层报告"，以便前厅接待处核对房态，确保其准确性。

（6）客房部应安排楼层员工协助行李员运送抵店的团队行李，应派楼层员工探视、叫醒无反应的客人，应将客房遗留物品情况通知前厅部，应及时向前厅部通报客房异常情况。

（7）前厅部应积极参与客房打扫保养质量的检查；前厅部与客房部应进行交叉培训，以利于沟通。

三、前厅部与餐饮部的沟通与协调

前厅部应重视与餐饮部的沟通与协调，因为餐饮收入是饭店营业收入的主要来源之一。

（1）随时掌握餐饮部最新的服务内容、服务时间以及收费标准。

（2）前厅部每日向餐饮部递交"客情预测表""贵宾接待通知单""在店贵宾/团队/会议一览表""预期离店客人名单""在店客人名单"等报表。

（3）向餐饮部发放团队用餐通知书，书面通知餐饮部在客房内放置水果、点心；从餐饮部取得"宴会/会议活动安排表"，以方便解答客人的询问；向客人散发餐饮部的促销宣传资料。

（4）餐饮部需每日更新宴会/会议、饮食推广活动的布告信息。

四、前厅部与营销部的沟通与协调

前厅部主要负责零星散客和当日的客房销售，营销部主要负责饭店长期的整体销售工作，例如团队和会议的客房销售，前厅部应与营销部沟通协调各自销售的产品重点。

（1）前厅部和营销部共同确定团队客人和散客的接待比例。

（2）前厅部每日向营销部递送"客情预报表""客源比例分析表""房价与预订情况分析表""次日抵、离店客人名单"等统计分析报表。双方定期核对月度、年度客情预报表，共同预测来年的客房销售。

（3）营销部将已获总经理室批准的各种订房合同副本交前厅部客房预订处。

（4）营销部将团队、会议客人的订房资料送达客房预订处；前厅部在团队、会议客人抵店前，将用房安排情况书面通知营销部；营销部在团队、会议客人抵店后，将客人用房变更等情况书面通知前厅部接待处；前厅部了解团队、会议客人需要提供的叫醒服务时间及最新日程安排；前厅部向营销部了解团队、会议客人的离店时间及最新的行李发出时间。

五、前厅部与财务部的沟通与协调

前厅部要加强与财务部之间的信息沟通，防止出现漏账、逃账等现象。

（1）双方就订金、预付款、住店客人信用限额以及逾时退房的房费收取等问题及时相互通知。

（2）每日向财务部递交"客情预测表""贵宾接待通知单""在店贵宾/团队表""在店客人名单""预期离店客人名单""长途电话收费单""长途电话营业日报表"等。

（3）向财务部递交抵店散客的账单、团队客人的总账单、信用卡签购单、客房营业收入的夜审单据。

（4）双方应就已结账的客人再次发生费用及时沟通，采取恰当方法提醒客人付款。

六、前厅部与其他部门的沟通与协调

（1）了解各部门经理的值班时间安排与去向。

（2）出现突发事件时及时与相关部门沟通协调。

（3）向工程部递送"维修通知单"。

（4）与工程部、安全部沟通客房钥匙遗失后的处理情况。

（5）与人力资源部沟通有关前厅部员工招聘、录用、培训、上岗等事宜。

饭店提供的服务是一个整体，各部门之间的协助应及时、准确。只要有一个部门发生了失误，就可能引起客人的投诉。所以部门之间要密切配合，强化沟通意识，从而为客人提供满意的服务。

任务三 确立良好的宾客关系

案例导入

颇费周折的"一切顺利"

某日中午临近12点，河南某饭店总台服务员小阮接到一位女士的电话，自称是南京某饭店的人，需要饭店今天去接一位从她们饭店来这里住宿的外宾。小阮忙询问预订房间的有关资料，但是根据对方告知的相关资料，并未查到今天有这样一位客人要下榻饭店，小阮便告知对方要核实一下。

过了10分钟，这位女士又打来电话，说已与客人通过话，的确有人为他在饭店预订了房间。小阮又仔细查看了电脑上的预订记录，确认没有人为这位外宾预订房间。因此，小阮询问对方有没有委托其他单位订房，这位女士想了又想回答道："好像是××系统订的。"小阮听后又进行查找，确实是有间××系统预订的房间，但是预订入住时间不是今天，外宾名字也不相符。

小阮把情况告知她，又与对方重新核对了名字。不知是预订人当初拼错了，还是其他原因，外宾的名字存在一定差异，还好有预订人何小姐的联系方式。小阮将情况告知这位女士，并与对方说："我联系预订人何小姐，你再同外宾进行确认。"切断电话，小阮拨了几次何小姐的电话，均没拨通。

一刻钟后，那位女士再次将电话打到总台。小阮告知对方与预订人联系不上，而对方说她再次向客人证实，确实是有人为他在饭店订有房间。小阮听到这些，感到或许是预订人何小姐将名字拼错了的缘故，客人应该没错，但是入住时间不对。经过询问才知道，客人有事要提前到达。但客人脚部扭伤，行动不便，需要饭店方面去接车。因为当时是周末，饭店相关部门没有上班，确实有些困难。

这位女士听了小阮的解释补充道："小姐，请尽量联系一下。"小阮迅速拨通了车队值班电话，说明情况后，得到可以派车的证实，小阮向对方询问了车次及抵郑的时间，因没有中方陪同人员，小阮便告知对方，接站人会做接客牌，并将客人名字打印到上面，对方应允了。小阮便让她重新拼读了客人的姓名，重述了一遍时间和车次，并让其留了联系电话，以防有事再联系。

挂机后，小阮又联系车队，告之其车次及抵郑时间，并交代接车事宜，如遇新情况，待客人抵店后由接待员解释。随后，小阮通知商务中心打印一张接车牌，放至总台，转交给车队司机，并一再叮嘱，由于车队司机与客人的语言障碍，有关费用问题一定要等到客人到店由接待员负责向客人解释收取。

一切安排妥当后，小阮拨通了南京那家饭店的电话，将安排情况告知对方，并再次确认客人今日一定如期到达后，方才下班。临走时，小阮将联系电话交给中班接班人，并交代他务必告知夜班人员（因为客人21：30到）。虽然一切都交代得很清楚，但小阮始终放心不下。晚上10：00，小阮的手机响了，上面显示四个字"一切顺利"，小阮那颗悬着的心才放下。

次日上班，刚巧遇上外宾退房，小阮便关切地询问客人，一切是否顺利，脚伤是否好了一点。这时外宾才知道自己顺利抵郑，离不开小阮的精心安排，就用不标准的中文微笑着说："小姐，谢谢你，太谢谢你了！"

 思 考　　如何确立良好的宾客关系？

前厅部处在对客服务的最前沿，是联系饭店和宾客的桥梁和纽带，在宾客关系管理中起着重要作用。宾客关系是指通过对客人的行为施加某种影响，从而强化饭店与客人之间的合作关系。确立良好的宾客关系就是通过培养客人对饭店产品及服务的偏爱，使其对饭店形成"顾客忠诚"，从而留住客人，获取市场份额，提升饭店的营销业绩。

一、正确认识客人

前厅部要与客人确立良好的宾客关系，就要树立"宾客至上"的服务意识，正确看待客人，了解客人的需求。

1. 客人是尊重的对象

对客服务首要的一点是尊重客人，理解客人。马斯洛的需要层次理论指出，人有被尊重的需要。客人到饭店消费，前厅部要礼貌待客，满足其被尊重的需要；同时，要善于换位思考，理解客人的各种需求，对客服务要真诚热心、耐心细致。

2. 客人是包容的对象

人无完人，每个人都有弱点，客人也是人。前厅部在对客服务时，不能苛求所有的客人都文质彬彬、完美无缺，要包容、谅解客人的弱点，提供一视同仁的服务，从而确立良好的宾客关系。

3. 客人是服务的对象

饭店产品是以服务为核心的综合产品，饭店服务人员提供服务，饭店客人接受服务，客人是饭店服务人员服务的对象。在对客服务中，服务人员必须树立服务意识，为宾客提供优质服务，因为客人理应得到满意的服务。

正确认识客人是确立良好宾客关系的第一步。要明确客人不是评头论足的对象，不是说理的对象，也不是教育和改造的对象，在提供服务的过程中要尊重客人、理解客人，避免冲突矛盾，使客人高兴而来、满意而归。

二、顾客价值

（一）顾客让渡价值

菲利普·科特勒在1994年提出了顾客让渡价值，他认为，消费者从他们认为能够提供最高顾客让渡价值的公司购买产品或服务。

所谓顾客让渡价值（Customer Delivery Value），是指顾客总价值（其获得的全部利益，包括产品价值、服务价值、人员价值和形象价值）与顾客总成本（其支付的全部成本，包括货币成本、时间成本、精力成本和精神成本）之间的差额，可以用公式表述如下：

$$顾客让渡价值 = 顾客总价值 - 顾客总成本$$

饭店要提供比竞争对手具有更多顾客让渡价值的产品，可以从两方面改进自己的工作：一是通过改进产品、服务、人员与形象，提高产品的总价值；二是通过降低生产与销售成本，减少顾客购买产品的时间、精神与体力耗费，从而降低货币与非货币成本。

1. 顾客总价值

（1）产品价值：是指由产品的质量、功能、规格、式样等因素所产生的价值。

（2）服务价值：是指企业向顾客提供满意服务所产生的价值，包括核心服务和追加服务两部分。核心服务是消费者所要购买的对象，服务本身为购买者提供了其所寻求的效用；追加服务是伴随产品实体的购买而发生的服务。

（3）人员价值：是指企业员工的经营思想、知识水平、业务能力、工作效率与质量、经营作风以及应变能力等所产生的价值。

（4）形象价值：是指企业及其产品在社会公众中形成的总体形象所产生的价值。形象价值与产品价值、服务价值、人员价值密切相关，在很大程度上是上述三方面价值综合作用的反映和结果。

2. 顾客总成本

（1）货币成本：是指顾客购买商品过程中货币方面的耗费和支出，是构成顾客总成本的主要因素。

（2）时间成本：是指顾客从产生购买愿望到购得商品的全部过程所消耗的时间。时间成本是顾客满意和价值的减函数，即其他条件一定的情况下，等候时间越长，顾客满意度越低，让渡价值越小；等候时间越短，顾客满意度越高，让渡价值越大。

（3）精力和精神成本：是指顾客购买商品时，在精力、精神方面的耗费与支出，包括精神和体力两方面。顾客的购买过程包括确认需求、搜集信息、评价比较、决定购买、购后评价几个阶段。在每个阶段，顾客都要付出一定的精力，因此饭店要采取有效措施，尽可能地降低顾客在购买过程中的精神和体力耗费，从而降低顾客总成本，增加顾客让渡价值。

（二）顾客终身价值

顾客终身价值（Customer Lifetime Value）又称顾客生涯价值，是指顾客在正常年限内持续购买所产生的利润。顾客终身价值由三部分构成：历史价值（到目前为止已经实现了的顾客价值）、当前价值（如果顾客当前行为模式不发生改变的话，将来会给饭店带来的顾客价值）和潜在价值（饭店通过有效的交叉销售可能会调动顾客的购买积极性或促使顾客向别人推荐产品和服务等，以这种方法增加的顾客价值）。

研究表明，如同某种产品一样，顾客对于饭店利润的贡献也可以分为导入期、快速增长期、成熟期和衰退期。所以饭店需要收集客人的个人信息（年龄、婚姻、性别、收入、职业等）、住址信息（区号、房屋类型、拥有者等）、生活方式（爱好、产品使用情况等）、态度（对风险、产品和服务的态度，将来购买或推荐的可能）、地区（经济、气候、风俗、历史等）、客户行为方式（购买渠道、更新、交易等）、需求（未来产品和服务需求等）、关系（家庭、朋友等），这些数据及其变化都将影响顾客的终身价值。

（三）顾客满意

顾客满意（Customer Satisfaction）是消费者通过对一种产品可感知的效果与他的期望值相比较后所形成的愉悦或失望的感觉状态。对饭店高度满意的顾客能为企业带来很多好处，例如，持久忠诚于品牌，提高购买产品的量和（或）等级，为饭店（产品）说好话，向饭店提出产品或服务建议，由于交易惯例化而降低交易成本，更容易接受饭店的新产品并推介它等。顾客的这些行为对员工有激励作用。

顾客让渡价值的高低是影响顾客满意程度的主要因素之一，所以，饭店可以通过建立顾客让渡价值系统来影响顾客满意程度。建立顾客让渡价值系统的实质是设计出一套满足顾客让渡价值最大化的营销机制，例如利用价值链实现网络竞争优势、实行核心业务流程管理、实行全面质量营销、重视内部的服务管理等。

同时，饭店还可以实施顾客满意营销战略，包括开发顾客满意的产品、提供顾客满意的服务、进行顾客满意观念教育、建立顾客满意分析方法体系等。

三、前厅部与客人的有效沟通

（一）与客人沟通的方式

1. 面谈沟通

前厅部大堂副理或工作人员可以通过与客人面谈或交流了解客人对饭店服务的感受、意见及建议，也可以召集一部分客人召开座谈会征求意见，深入查找隐藏的服务质量问题，并以此写成报告呈交经理及有关部门，及时改善饭店服务质量。

2. 电话沟通

电话沟通即通过饭店数据库查找客人相关信息及联系方式，定期与客人通电话，这种方式有助于巩固与客人之间的关系。

3. 信函沟通

信函是比较正规和庄重的沟通方式，特别是有饭店管理者亲笔签名的信函。注重客人的来信，慎重地为每一封来信回信，是与客人建立长期稳定关系的有效方式。计算机网络普及后，饭店更多地采用了电子邮件代替传统的纸质信函进行沟通交流，更加高效快捷。

4. 其他沟通

其他沟通包括利用重大节日或饭店周年庆典举办酒会或其他形式的活动招待饭店重要客人，加强与客人的沟通联络，定期向长住客、常客赠送鲜花或其他礼品等。

（二）与客人沟通的技巧

与客人沟通首先要学会倾听，会听才能从交流中获得真正的信息。

（1）留心说话者词语的选择和运用，从中获取对方所要传送的意义。

（2）留心说话者的姿势、表情、与对方的距离等非语言沟通途径，从中了解对方的心理状态。

（3）不仅要被动地听，而且要主动地答、主动地问、主动地说，积极参与其中。

（4）与说话者进行目光接触，表示自己在耐心、有兴趣地、聚精会神地倾听。

（5）对重要的内容作简单记录，让说话者感到受重视。

（6）注重对方讲话的内容，包括他讲话时的语音、语调、语速等外在的东西。

（7）及时归纳、概括讲话者所讲的要点，重复说出，并在听的过程中给对方的讲话以补充、佐证或纠正。

（8）预测讲话者后面要讲的内容，及时给予反应。

与客人沟通的另一个方面是"会说"，要准确、清晰地表达自我。

（1）从寻找双方的共同点开始谈话，不应该开门见山地摆出分歧。

（2）创造一个令人舒适、充满友好气氛的交谈环境，尽量消除对方的对立情绪，使其心平气和。

（3）学会设身处地地考虑问题，站在对方的角度提出问题。

（4）善于通过提问来诱导对方说"是"，诱导对方承认你的观点。

（5）情真意切最能感动人、说服人。

（6）针对不同对象采取不同的语言。

阅读材料

饭店前厅禁忌语

1. 就剩下这种房型了，你看着办吧。
2. 看得到公园的房间没有了，你将就住一下吧。
3. 我们下过通知，你应当知道。
4. 我们不可能什么事都知道。
5. 他们早就订了，你现在才订。
6. 谁说的？不可能！
7. 账单上明明写着……钱，不可能错，你再看一下。
8. 我们也没办法了，只能这样了。
9. 刚查完，怎么又查。
10. 我们这不提供这项服务，你找××部吧。

赵庆梅，蔡海燕．前厅服务与管理［M］．上海：复旦大学出版社，2013

讨 论

与客人沟通的技巧有哪些？

任务四 掌握宾客投诉处理技巧

案例导入

任何饭店都拥有一批老客户，他们都十分偏爱自己常住的饭店，并且与饭店上上下下的工作人员都很亲热友好，C先生就是这样一位老客户。一天，他和往常一样，因商务出差来到了X饭店。如果是平时，C先生很快就能住进客房，但是，这次正在饭店召开的大型会议使得他不能马上进房。服务员告诉他，到晚九点可将房间安排好，他只好到店外的一家餐厅用餐。由于携带手提包不方便，他顺便来到前台，也没有指定哪一位服务员，和往常一样，随随便便地说了一句把手提包寄存在他们那里，十点以前来取，请他们予以关照，当然，也没有拿收条或牌号之类的凭证。当C先生在十点前回到饭店吩咐服务员到大堂帮他取回手提包时，大堂经理却说找不到，并问C先生的存牌号是多少。C先生讲，同平时一样，他没拿什么存牌。第二天，尽管饭店竭尽全力，却仍未找到。于是，C先生突然翻脸，声称包内有重要文件和很多现金，要求饭店处理有关人员，并赔偿他的损失。

思考
1. C 先生是出于什么原因投诉饭店并要求赔偿的？
2. 前厅服务过程中有不妥之处吗？
3. 针对 C 先生的投诉，饭店应如何处理？

投诉是客人对饭店提供的服务，包括服务设施设备、项目及服务态度等感到不满或失望，而向饭店的有关部门提出的批评、抱怨或控告。由于不同客人对饭店服务的需求各不相同，所以无论饭店经营多么出色，都不可能让所有的客人百分之百满意，客人投诉也是不可避免的。前厅部处在对客服务的最前沿，所以经常会接到客人投诉，如何正确有效地处理投诉，是决定顾客满意度高低的一个重要因素。

并不是所有对饭店服务不满意的客人都会采取投诉的方式，根据调查显示，只有 5% 的客人会向企业正式提出投诉，其他的不满意顾客或者不投诉，或者只是向身边的服务人员口头抱怨。但是绝大多数不满意者都会将不满放在心里，拒绝再次光临，还会向身边的亲友、同事宣传。根据美国汽车业的调查，一位满意的顾客会引发 8 笔潜在的生意，其中至少有一笔成交；而一个不满意的顾客会影响 25 个人的购买意愿。因此，饭店对客人的投诉应持积极态度。客人投诉反映了饭店经营管理中的弱点，也给了饭店道歉和弥补的机会。同时，对投诉的有效处理可以加强饭店与客人之间的交流和沟通，提高客人的满意度。

一、投诉产生的原因

客人投诉的根本原因是其感受到的服务与所期望的服务之间有差距，而产生差距的原因有以下两个方面。

（一）饭店方面的原因

客人对饭店投诉的内容很多，总的来说可以归结为两个方面——硬件和软件。

1. 硬件方面

（1）设施设备出现故障，例如空调不制热或不制冷、电视机打不开、卫生间漏水、电热水壶不能正常工作等，这类投诉在顾客投诉比例中占绝大多数。饭店客房的设施设备完好是饭店提供令客人满意的服务的基础，设施设备出故障，服务态度再好也无法弥补。降低此类投诉的办法是前厅部与工程部沟通，建立完善的设施设备保养、维修、检查制度，尽量减少设施设备故障的发生。

（2）食品及饮料的质量及卫生问题，例如餐具不清洁、食材过期、菜品有异物、口味不佳等。食品和饮料是饭店向顾客提供的重要有形产品，它们出现卫生与质量问题往往会引起客人的不满。降低此类投诉的办法是同餐饮部沟通，制定食品原材料采购监督制度和食品加工制作的流程管理制度，对卫生情况制定严格的标准，杜绝不卫生现象的发生。

2. 软件方面

（1）服务态度不佳，例如不尊重客人、用语不当或不雅、不懂礼仪、缺乏基本的礼貌礼节、肢体语言不当等。降低这方面投诉的办法是对服务人员进行礼貌礼节培训，强化其服务意识，提高其素质修养。

（2）服务技能不熟，例如缺乏专业知识、无法回答客人问题、在具体服务内容方面失误或出错。降低这方面投诉的办法是进行专业培训、岗前培训和在岗指导，提高服务技能水平。

（3）服务效率不高，例如办理登记过慢、结账时间过长、服务纪律达不到饭店规定的标准或客人的期望。降低此类投诉的办法是一方面要强化训练，一方面饭店要建立健全管理制度，提高整体管理水平。

（二）客人方面的原因

饭店的客人来自不同地区、不同阶层，他们的生活习惯、文化修养、兴趣偏好各不相同，因此对饭店服务的要求也不同。客人出于自身方面的原因也会进行投诉，其中最主要的原因是客人对饭店有关政策、制度不了解或不理解，例如对退房规定时间不了解、对办理登记手续不满意等。所以，前厅服务人员要做好解释说明工作，消除客人疑虑。针对这方面的投诉，饭店要不断完善和调整政策制度，使之更加合理化、人性化，从而更好地为客人服务。

除此之外，性格暴躁、个性孤僻、喜爱挑剔或习惯迁怒他人的客人也容易发生投诉行为。这类投诉大部分责任不在饭店，但处理时要注意方式方法，要求服务人员有很强的心理承受能力和应变能力。

二、投诉处理的原则

1. 真诚地帮助客人解决问题

客人投诉，说明饭店服务及管理存在漏洞，也说明客人需要帮助。服务人员应换位思考，从客人角度出发，理解客人、尊重客人，争取客人的好感和信任，真心诚意帮助客人解决问题。

2. 不和客人争辩

大多数客人在投诉时通常情绪比较激动，言辞比较激烈，这种情况下，服务人员切忌与客人争辩，否则只会火上浇油。服务员一定要保持冷静，给客人更多申诉的时间，耐心地听完客人投诉，同时要想办法平息客人的抱怨，安抚客人的情绪。如果服务人员无法平息客人的怒气，可以请管理人员来接待客人，同时应尽可能减少对其他客人的影响。

3. 维护饭店应有的利益

服务人员在处理投诉时，要兼顾饭店和客人双方的利益。一方面要调查事件，给客人合理的解释，不推卸责任，保护客人的利益；另一方面，对客人投诉进行解答时要注意合乎逻辑，不能为了讨好客人随意表态，给饭店造成损失。

4. 第一时间处理

里兹饭店有一条著名的黄金管理定律 1∶10∶100，就是说如果在客人提出问题的当天加以解决，所需成本是 1 元，拖到第二天解决则需 10 元，再拖几天可能需要 100 元。所以第一时间处理投诉是最经济的，也是最令顾客满意的。

三、投诉处理的一般程序

1. 坚定"客人是对的"的信念

在倾听客人投诉前,做好心理准备,确立"客人永远是对的"的信念,换位思考,理解客人的立场和行为。

2. 认真聆听客人的投诉

对待客人的投诉要冷静、专注,表情要严肃。注意不要贸然打断客人,在客人叙述的过程中弄清事情的经过。

3. 仔细记录投诉的要点

在倾听客人投诉的过程中,服务人员应仔细记录投诉的要点,并适时提出问题,这样可以缓和客人的情绪,使其放慢语速,同时这也会让他感觉饭店对他的投诉是重视的,从而为处理问题提供原始依据。记录要点包括客人的房号、姓名、投诉时间、投诉内容等。

4. 对客人表示同情和理解

在倾听客人投诉的过程中,服务人员要尊重客人、理解客人,用温和的语言安抚客人,对其遭遇表示同情。

5. 告诉客人解决问题的措施和所需时间

根据投诉内容,服务人员应迅速确定一个或几个解决方案。为表示对客人的尊敬,可征求客人意见,让其选择解决问题的措施。此外,要充分估计解决问题所需的时间并告知客人。

6. 立即行动,解决问题

解决方案确定后,服务人员应立即行动,解决问题,必要时应请相关人员协助。解决过程中遇到问题不能马上解决的,要耐心向客人解释,取得客人谅解,请客人留下联系方式,以便将解决问题的进展和结果告知客人。

7. 跟踪处理的结果

主动与客人联系,检查问题是否已经解决,客人对处理结果是否满意。如果不满意,在维护饭店利益的前提下,可采取额外措施进一步解决问题,以达到令宾客满意的目的。

8. 总结记录

投诉处理完之后,服务人员应对投诉产生的原因及后果进行分析总结,整理整个投诉处理过程,写出报告并记录存档,为今后处理类似投诉提供借鉴。还可以将投诉事件作为案例对服务人员进行培训,改进服务质量。

阅读材料

美国 GE(通用电气公司)中心的抱怨处理体系

以一个体系来处理抱怨的典型案例,就是美国的 GE 中心。GE 中心要 24 小时受理公司所有产品、员工、售后品质和销售店面方面的问题,以及五花八门、形形色色、有关无关的抱怨、意见、不满。GE 中心设有免费服务热线，全美国的消费者都可以通过这个热线随时讲述自己比较简短的抱怨。负责接待和回答的员工固定为女性，她们接受了如何使抱怨客人放松的全方位教育，绝对不找回绝的借口，而是以温和的态度听取抱怨，最后以"非常感谢您给我们提供了宝贵意见"来结束交谈。据说，那些充满怒气拿起电话的客人，最后都会平和地结束谈话。这一点也不稀奇，因为他们有一个"优秀"地掌握了"使客人轻松"技巧的"体系"。

黄志刚. 前厅服务与管理 [M]. 北京：北京大学出版社，2012

讨 论

该公司设立了一个专门的中心来处理各类抱怨和投诉，可见其对投诉处理的重视。结合本材料分析正确有效地处理投诉对顾客满意度的影响。

项目小结

确立良好的宾客关系、掌握宾客投诉处理技巧是本项目的重点内容。本项目主要介绍了信息沟通的目的和过程、信息沟通的原则和方法、前厅部内部沟通的内容及与其他部门沟通的内容，介绍了顾客让渡价值、顾客满意和顾客终身价值的概念及确立良好宾客关系的措施，分析了宾客投诉产生的原因，介绍了投诉处理的原则和一般程序。

综合能力训练

········· 基本训练 ·········

一、解释

信息沟通　顾客让渡价值　顾客满意　投诉

二、多项选择

1. 有效沟通的条件有（　　）。
   A. 发送者必须知道把信息传播给什么样的沟通对象，期待目标沟通对象做出何种反应
   B. 发送者必须是编译信息的能手，要考虑目标沟通对象倾向于如何解释信息
   C. 必须通过能触及目标沟通对象的有效媒体传播信息
   D. 必须建立信息反馈渠道，以便了解沟通对象对信息做出的反应
2. 信息沟通的原则有（　　）。
   A. 准确性　　　　　　　　　　　B. 完整性
   C. 及时性　　　　　　　　　　　D. 策略性运用非正式组织
3. 信息沟通的方式有（　　）。
   A. 会议　　　　B. 函件　　　　C. 活动　　　　D. 培训

4. 前厅部的内部沟通包括（　　）。
   A. 预订处与礼宾部的沟通　　　　　　B. 预订处与接待处的沟通
   C. 礼宾部与接待处的沟通　　　　　　D. 接待处与前台收银处的沟通
5. 顾客总价值包括（　　）。
   A. 产品价值　　B. 服务价值　　C. 人员价值　　D. 形象价值。
6. 顾客总成本包括（　　）。
   A. 货币成本　　B. 时间成本　　C. 精力成本　　D. 精神成本
7. 投诉处理的原则有（　　）。
   A. 真诚地帮助客人解决问题　　　　　B. 不和客人争辩
   C. 维护饭店应有的利益　　　　　　　D. 第一时间处理

三、思考

1. 如何正确认识客人？
2. 与客人沟通的技巧有哪些？
3. 投诉的原因有哪些？处理投诉的一般程序是什么？

四、案例分析

接待来访

某日，一位男士来到酒店，对前台小高说："你好，小姐，请问你们酒店陈总在吗？我找他有事情。"

小高起身微笑着说："您好，请问您贵姓，有什么事，我能帮您转达吗？"

"不行，我姓李，是大野广告公司的，有事要同你们陈总亲自说。"

"好的，我帮您联系一下。"小高拿起电话拨通了陈总办公室的内线电话，接电话的是陈总。

小高问："您好，请问陈总在吗，这里有位大野广告公司的李先生找他。"

陈总说："哦，对不起，陈总外出办事去了。"

这时小高放下电话，又笑着说："李先生，对不起，陈总不在酒店，外出办事情去了。"

客人笑笑说："好的，我再同他联系。"

思考：
试分析小高的服务艺术，并结合案例谈谈确立并维持良好客我关系的注意事项。

••••• ••••• ••••• 技能训练 ••••• ••••• •••••

一、技能训练目的
掌握宾客投诉的处理原则和一般程序。

二、技能训练方式

情景模拟。

三、评分标准

考核要点	分值	得分
投诉处理的情境设计	20 分	
个人仪表	10 分	
语言沟通技巧	20 分	
非语言表达技巧	20 分	
投诉处理的程序	30 分	
总计	100 分	

项目八 前厅部服务质量管理

学习目标

知识目标：
1. 掌握服务质量的含义。
2. 了解前厅部服务质量的标准。

能力目标：
1. 能够胜任饭店质检部门的质量检查工作。
2. 学会如何对前厅服务质量进行控制与提升。

实训目标：
掌握撰写前厅服务质量检查报告的技巧。

任务一 了解前厅部服务质量的内容

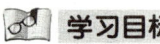

"固执"的服务员

某饭店大堂，陈女士于早上9点入住饭店，一切手续都办完后，陈女士告诉服务员她次日下午要赶飞机，能否下午3点退房，服务员说不可以。陈女士说明情况后又问了一遍，服务员再一次坚决地回绝了陈女士，而且表现得非常不耐烦，并说："如果超过中午12点退房，需要加收半天的房费。"陈女士非常生气，与服务员发生争执，双方僵持不下，最后由大堂经理出面才将此事妥善解决。

 案例中，这位服务员的问题出在哪里？

一、理解"服务质量"

什么是服务？服务的本质是一方向另一方提供益处的一种行为或表现，是一种经济行为。柯利尔指出，服务是一种不直接生产物理产品的行为，它可以是点子、娱乐、资讯，能改变顾客健康、知识、安全或其他任何方面的表现。

饭店服务是在一定经济发展阶段的一种综合性服务现象，是发生在饭店服务提供者和接受者之间的一种无形互动作用。饭店服务的供需双方在交换中实现了各自的利益满足，但互动过程不涉及所有权的转移。

国际标准化组织指出，"质量是能够满足阐明的或隐含的需求的产品或服务特性与特点的总和"。企业除了保证产品质量以外，还旨在增进顾客满意度。

有观点认为，饭店服务质量是饭店以其所拥有的设施设备为依托，为客人提供的服务在使用价值上适合和满足客人物质和精神需要的程度。适合，是指为客人提供服务的使用价值能为客人所接受和喜爱；满足，是指该使用价值能为客人带来身心愉悦和享受，使客人感觉到自己的愿望和企盼得到了实现。

饭店服务质量由硬件质量和软件质量构成。硬件质量是指设施设备、实物产品、服务用品、环境等可用客观指标度量的实物质量。软件质量是指饭店提供的各种劳务活动的质量。服务质量多被聚焦在员工的劳务质量上，体现在员工的仪容仪表、言行举止、服务态度、业务知识、服务技能和应变能力等各方面，要求饭店所有的员工达到相应标准。

对饭店而言，服务能否满足客人或感动客人，既取决于服务活动的最终结果，也取决于服务活动的全部过程以及每一个细节。同时，服务质量既取决于客人对既有消费需求的满足程度，也取决于客人对隐含消费需求的满足程度。

二、前厅部服务质量标准

前厅部服务质量标准的内容通常包括前厅部各项服务程序、服务时限、必需的设施设备以及员工应有的工作态度、工作状态等。

（一）服务程序

前厅部服务程序，即各项基本服务的正确操作规程和操作步骤。服务程序规范服务人员的服务行为，确保客人任何时间入住同一集团下任何一家饭店，都能够享受到同等服务。

各饭店都在根据客观实际情况不断调整服务程序，弥补原有程序中存在的缺陷和漏洞。经过长期实践检验的服务程序，有助于在服务过程中防止意外，保护饭店的根本利益不受损失。

（二）服务时限

在饭店的前厅服务过程中，客人都希望得到方便、准确、快捷的高效率服务。因此，前厅服务时间的长短就成为衡量服务效率和质量的一项重要标准。前厅部作为客人信息和接待服务信息的集散地，服务员的时间观念可以反映出整个前台接待系统中各部门、各岗位及各班次在协调合作上的一致性特点。时间方面出现不协调的现象是前厅服务过程中不允许的，否则，将使客人期待的相关服务得不到实现。

为了保证前厅部各项服务工作的质量，各岗位都限定了一定的服务时间，以确保员工在规定时间内准确、成功地完成对客服务。这一时限的确定既要考虑员工的业务能力，又要考虑到客人的期望和同行业的情况。

（三）服务设施设备

服务设施设备是保证前厅部向客人成功、高效地提供全面服务的基础，包括各岗位的机器设备、办公用品、宣传销售资料等具体可见的硬件。服务设施决定了前厅的主要服务内容，而设备用品决定了服务能否按照程序要求准确无误地完成。在服务质量标准中必须明确规定，为保证在规定时间内完成规定服务程序，应该提供相应的设施设备支持，以保障对客服务高效成功地完成。

（四）服务态度

服务人员对待客人的态度与感情对客人感知服务质量有很大影响。因此，员工形体、表情、言语、精神状态等都应在服务质量标准中加以规范。明确哪些语言、行为、举止的使用能给客人带来良好印象，哪些又会引起客人的反感。服务态度应表现为主动、热情、礼貌，对客服务过程中，还要做到真诚，表现出高度的责任感，并且将微笑始终贯穿于每次服务的全过程。

（五）前厅服务质量通用内容

前厅服务质量的通用内容是从客人的角度出发提出的最基本要求，是前厅部每个岗位在服务中都应当做到的基本标准。

第一，凡是客人看到的必须是整洁美观的。

前厅的装修要精致典雅，各种物品的摆放要整齐有序，环境要整洁美观，为客人提供一种美的享受。

第二，凡是提供给客人使用的必须是有效的。

服务有效表现在服务设施、服务用品以及服务项目等方面，前厅要为客人提供能够满足客人需求的方便与高效的服务。

阅读材料

种子的秘密

弗兰克大叔是一个老实巴交的农民，经营着一家农场。他对在地里种庄稼非常在行，经常在村镇里举办的各种农业比赛中获得大奖。

每年秋天的种子交易会上，他家的粮食和蔬菜种子卖的价格最贵，即使这样还经常供不应求。弗兰克大叔年纪大了，决定把农场交给儿子打理。交代好了农场大大小小的事情后，弗兰克对儿子严肃地说:"还有一件非常重要的事,你一定要牢记在心。每年秋天,无论咱们家的种子多么紧缺,都要挑一批最好的种子送给邻居们。"

儿子听了很不理解爸爸:"我们家种的粮食、蔬菜远近闻名,每年秋天,我们家的种子也是最抢手的,卖的价钱也最贵。您为什么放着高价不卖,反而要免费送给邻居呢?"

"孩子啊,我们家的蔬菜和粮食能越种越好,其中有一个秘密,就是因为我把好种子送给了邻居们,"弗兰克大叔说,"因为植物的花粉被风从一片地里吹到另一片地里。如果邻居用了劣质种子,种子开的花质量就不高,而劣质的花粉被风吹过来,就会影响到我们家的蔬菜和粮食。所以为了保障我们的粮食和蔬菜质量,邻居地里的种子和我们自己的种子一样重要。"

讨 论

1. 以上故事对你有何启发?
2. 你对前厅质量管理有什么感想?

任务二 做好前厅部的服务质量监控

案例导入

"热水澡"的烦恼

住在宾馆1101房间的周先生早上起来想洗个热水澡放松一下,但洗至一半时,水突然变凉。周先生非常懊恼,匆匆洗完澡后给总台打电话抱怨。接到电话的服务员正忙碌着为前来退房的客人结账,一听客人说没有热水,一边工作一边回答:"对不起,请您向客房中心查询,电话号码是68。"本来一肚子气的周先生一听更来气,嚷道:"你们饭店怎么搞的,我洗不成澡向你们反映,你竟然让我再拨其他电话!"说完"啪"的一声就把电话挂了。

1. 如果你是接电话的总台服务人员,你将如何处理这个问题?
2. 通过这个案例你得到什么启示?

前厅服务质量控制是指采用一定标准和措施来监督和衡量服务质量管理的实施与完成情况,并随时关注服务质量管理目标的实现,从全局出发,将前厅作为一个整体,以控制前厅服务的全过程、提供最优质的服务为目标,运用一整套服务质量管理体系、手段和方法,以服务质量为管理对象进行的系统管理活动。

一、前厅服务质量控制的特点

（一）全方位

前厅部的每一个岗位都涉及前厅部的服务质量管理。

（二）全过程

前厅部的每一个岗位的每一项工作，从开始到结束，从客人抵店前到离店后，都要进行服务质量管理。

（三）全员参与

前厅部的全体员工都要参与前厅部的服务质量管理。

二、前厅服务质量控制的任务

（一）实施服务质量控制所要涉及的一系列程序化工作

实施服务质量控制所要涉及的一系列程序化工作包括建立服务质量控制的组织机构、制定服务标准、进行检查处理、对存在的服务质量问题进行分析等。

（二）落实前厅部各岗位具体的服务质量控制体系

前厅部各岗位具体的服务质量控制体系就是把每一方面的内容落实到每一个岗位的具体工作中去。

（三）建立严格的操作规范

在前厅部各项工作中，将服务人员重复性的操作行为予以规范，并进一步制度化，是前厅部服务质量控制的关键。由于前厅服务工作多以手工操作为主，灵活性较强，存在不同客人的不同需求，因此，规范前厅服务员的操作主要有两种重要意义：第一，把规范化的服务标准上升为制度化，从而在很大程度上消除前厅服务员因个人主观臆断造成的操作随意性；第二，有利于前厅服务员在今后的工作实践中不断进行自我完善和提高。规范前厅服务员的操作行为，进而达到制度化，本身就是一个不断完善的发展过程，并最终形成服务人员共同遵循的行为标准。规范化、制度化的完善包括前厅部各岗位工种在提供服务过程中每一项具体的操作步骤、要求、各类管理表格、工作质量原始记录、反馈意见、分析总结和修订实施等内容。

三、提高前厅服务质量的途径

（一）坚持全面质量控制意识

全面质量控制（Total Quality Control，简称TQC），起源于20世纪60年代美国的工业企业，后又推广应用到服务性行业。饭店全面质量控制是指饭店为保证和提高服务质量，组织饭店全体员工共同参与，综合运用现代管理科学，控制影响服务质量的全过程和各种因素，以全面满足宾客需求的系统管理活动。它是饭店以宾客需求为依据、以宾客满意为标准、以全过程管理为核心、以全员参与为保证、以科学方法为手段，对饭店服务质量进行管理的一种有效方式。其中的全过程控制是指对服务的事前、事中、事后各环节进行质量控制。

从全面质量控制这种系统观念出发，有效地控制前厅服务质量，主要包含以下四个方面的意识：对前厅部所有服务的质量进行控制，即全方位的控制，而不是只关注局部；对服务前的组织准备、服务中的对客服务、服务后的善后处理这一服务全过程进行控制；前厅部全体员工都参与质量管理与控制工作；管理者能够针对具体情况，灵活运用各种现代管理与控制方法。

（二）明确服务质量标准

饭店树立了明确的质量理念，还需要明确总台、总机、商务中心、预订、礼宾、大堂副理等岗位应完成的工作目标、为完成该目标所需经过的程序以及各个程序的质量标准。服务标准通常在饭店开业时已经拟写，供服务人员参照，但在实际过程中，饭店还将根据宾客需求、员工意见等信息，对服务标准进行调整，使其更科学、更合理。服务质量标准确定后，还要结合对员工进行的职业道德、业务技能方面的教育培训，使前厅部全体员工充分了解并掌握这一标准，并严格按照标准中规定的劳力调配、服务程序、设施设备维护保养、服务态度、细节事项等，实现优质的对客服务。

（三）坚持标准化和制度化服务的结合

服务质量的基本保证首先是标准化，也就是说，服务工作的基本程序和标准应该是规范和统一的，只有这样才能保证由众多员工协作完成前厅服务工作。标准化服务的关键是建立标准并严格执行。

在前厅部实践工作中，要使服务质量令人满意，关键在于将服务人员重复性的操作行为在规范化的基础上进一步制度化，并要求服务人员在处理不确定的客人实际需求中合理、灵活地寻求平衡。与此同时，在这一过程中应始终贯彻优质服务的真谛：微笑、真诚、友好和诚实。

将服务人员重复性的操作行为规范化进而制度化主要有两大益处。第一，将规范化的服务标准上升为制度化，是用共同的行为标准代替了在实践中可能出现的因人而异的经验服务，从而在某种程度上消除了服务人员因个人主观因素造成的最终服务的随意性、不可预知性。第二，将重复性的操作行为规范化、制度化有利于服务人员在以后的实践中不断完善工作质量。

获取令人满意的服务质量是一个精益求精的追求过程,规范化的操作行为为服务人员不断反省、改进提供了一个客观的参考依据,最终形成每一位服务人员可以共同遵循的标准。

前厅服务标准化、制度化得以实现是培训的结果,也是长期深入渗透为客人创造满意服务理念的结果。服务质量标准是动态的,但只要把握其中的精髓,每一家饭店都会在经营中有所收获。

> **知识链接**

前厅部服务质量控制的实践运用

(一)同时服务一位以上客人时

1. 尽快招呼等候着的客人:尽管只是一句简单的问候语,但至少让客人感觉到你对他的重视。
2. 为第一位客人服务一个自然时间段,告辞,去询问第二位客人你能为他提供何种帮助:能做到这点,需要总台员工的经验积累。
3. 对第二位客人的要求做出反应,然后在适当的时候再回到第一位客人处。可以在客人思考、与朋友讨论或者填表时说"请稍等",回到第一位客人处,并说"抱歉,让您久等了"。
4. 在客人们之间穿梭服务,直到服务结束,这是一名优秀的前厅部员工必须具备的能力。同时应时刻保持头脑清醒,记住每位客人的要求,不要搞错。

(二)处理有争议的账单时

1. 聆听(切忌打断客人),并做出同情的反应:千万不要对客人说"你让我说完……"这样的话,客人都对这句话很反感。
2. 从客人处获取你所需要的任何信息:仔细询问,引导客人长话短说,将他的思路引入你的思路,千万不能在谈话中被客人的思路或者语言方式影响。
3. 解释收费原因,可能的话,出示恰当收据,原始单据是最有力的证据。
4. 如果客人表示满意,继续结账,此时也要注意服务态度。
5. 如果客人仍然不满意,用客人的口吻将问题作小结,并转报给你的上司或经理。小结时,可以回避客人,但大多数客人希望你的上司或经理能给他满意的答复。所以,你可以说"我请示一下……但不知道成不成……我会尽力帮助您的"。

(三)处理被延误的服务时

1. 聆听,切忌打断客人的投诉。
2. 用客人的口吻对问题作小结,并做出同情的反应,你可以说"如果我是您,我也会很生气"。
3. 解释延误的原因。客人比较反感的话有"是电脑的问题""因为是实习生(或新人)"等,这些尽量不要说。
4. 告诉客人你将采取何种行动去帮助他解决问题,这是实质,也是客人最关心的问题。
5. 跟进,并将事情的进展随时通报给客人。

(四)需要满足急躁的客人时

1. 招呼客人并对延误表示歉意。急躁的客人需要你的快速行动,所以,你的言语最好少些。
2. 告诉客人你会尽快为他服务。
3. 尽快、高效地处理目前的事务,并在必要时反复安抚急躁的客人。
4. 对客人的等候表示感谢,并尽可能快地提供服务。
5. 再次对客人表示感谢(尽可能用姓氏称呼),并为所造成的不便表示歉意。

(五)无某项服务时

1. 首先对无法提供某项服务表示歉意,并告诉客人你的原因和难处。比如,客人住的是大床间,想多要条被子,你告诉他由于床上用品都是配好的,没有多的了,但可以提供毛毯和被套,由于是自助式经济型饭店,毛毯需要到总台交押金,被套由服务员送到客房。
2. 聆听,不要打断客人,然后告诉客人你了解他失望的心情。有时客人打电话给你,真的只是发泄一下心中的不满,挂断电话后,他也可能坐在电话机旁发呆,后悔刚才的冲动。所以,你不必一定要说服他毛毯和被子没什么不同,你只要安慰他、同情他。
3. 假如客人所要求的东西无法提供,主动向客人推介别的替代选择。如果客人坚持要被子,可以跟他说,空调温度可以调高点,要不,明天早晨有客人退房后可能会有多余的被子,或者两条毛毯……总之,替代选择是灵活的,总有一个是客人能接受的,只是看你愿不愿意去替客人想。
4. 假如客人仍不满意,用客人的口吻将问题报告给上司或经理。

(六)接待要求很多的客人时

1. 聆听客人要求,适时进行小结。小结时要得到客人的确认,以免出错,同时也是让自己再记忆一遍。
2. 尽可能快地满足客人的要求。
3. 如客人不满意,道歉并提出某些选择建议。
4. 将此次服务过程中的特别之处以及客人的要求报告给你的上司或者经理。要求很多的客人往往是住宿经验丰富的客人,他们的要求可能就是对饭店服务工作的建议和批评。所以,责任心强的你应该告诉上司。比如,某饭店采取电梯"门禁卡",这是一位清洁工阿姨提议的。虽然有好处,但有些客人不习惯,如果和家人的房间不在同一楼层,由于"门禁卡",电梯到不了,还得让家人在电梯口等着,这样才能碰面。

项目小结

本项目主要介绍了饭店前厅服务质量的内容、前厅服务质量标准、前厅服务质量控制的特点及任务,提出了做好前厅服务质量监控的方法。前厅服务质量的好坏直接关系到客人对饭店整体服务质量的评判,前厅部全体人员都应树立很强的质量意识,明确管理要求和质量标准,掌握管理方法与要点,并注重质量控制的全程跟踪与全员参与。

综合能力训练

基本训练

一、解释

服务　服务质量　服务质量控制　全面质量控制

二、选择

1. 在饭店中，给客人留下第一印象和最后印象的部门是（　　）。
   A. 客房部　　　　　　　　　　　B. 餐饮部
   C. 前厅部　　　　　　　　　　　D. 康乐部
2. 西方饭店认为 SERVICE（服务），每个字母都有丰富的含义，其中 R 是指（　　）。
   A. Ready 准备好　　　　　　　　B. Right 正确的
   C. Responsibility 责任心　　　　D. Reasonable 合理的

三、思考

1. 简述服务质量的内涵。
2. 顾客评价服务质量的标准有哪些？
3. 如何做好前厅部的服务质量控制？

技能训练

一、任务名称

服务质量检查报告。

二、任务目标

1. 去邮局、银行、商店等地方体验一次消费服务，留意对方的服务方式与过程，关注其服务细节。
2. 通过撰写服务质量检查报告，更加熟悉如何控制服务质量，培养灵活解决实际问题的能力。

三、任务实施

1. 对所教班级进行分组，每组 6~8 人为宜。
2. 小组内进行任务分工、讨论。
3. 对体验结果进行汇总并展开讨论，形成报告。
4. 选出一名代表发言汇报，要求主题突出，简明扼要，语言表达清晰流畅。
5. 老师适时指导。
6. 时间：2 周。

四、成果考核

1. 撰写调查报告,字数 1 000 字。
2. 教师根据学生表现及调研报告计分,并纳入平时成绩。

项目九 前厅部人力资源管理

学习目标

知识目标：
1. 掌握前厅部人力资源管理的内涵、任务和功能。
2. 了解前厅人员素质要求。
3. 熟悉前厅部员工招聘的途径和过程。
4. 了解前厅部员工培训的意义及流程。
5. 了解前厅部员工评估、激励的方法。

能力目标：
1. 能够模拟展开前厅部员工的招聘、培训等流程。
2. 能够制定前厅部评估及激励方案。

实训目标：
能够撰写前厅部培训方案。

任务一 了解前厅部的人力资源管理

案例导入

"十一"小长假发生的意外停电

南方 LHS 度假村为抓住"十一"小长假期间的销售时机，做了大量的前期产品设计与推广工作，包括推出餐厅自助火锅、登山观景、本地民间艺人表演等。10 月 1 日上午，度假村迎来了一批又一批的客人，很快大部分预订客房的客人都抵店进入了客房，登山观景、民间艺人表演和餐厅自助火锅项目也都座无虚席。

可就在人们沉浸在欢乐的节日气氛中时，度假村突然停电了。刚刚入住饭店客房的客人和正在享用自助火锅的客人，都因太热纷纷打电话到度假村前厅了解什么时候能恢复供电。前厅员工一边忙着接听电话安抚客人，一边与饭店相关管理人员联系，希望能得到可以回复客人的明确的恢复供电的时间。然而，前厅员工非但联系不上饭店相关管理人员，连前厅部经理、主管也都"隐身"了。

随着停电时间的延长，在饭店前厅等待答复的客人越来越多，客人的情绪也开始变得激动，话语用词更是愈加激烈。有的提出要退房，有的提出赔偿等各种要求。面对这样的局面，前厅员工只能一味地向客人赔礼道歉，不能为客人提供任何实际的帮助，可想而知，度假村内是一片混乱。

思 考
1. 度假村在这次停电事故中暴露出哪些现场管理问题？原因是什么？
2. 如何杜绝同样性质的问题再次发生？

一、前厅部人力资源管理的内涵

（一）人力资源

经济学把可以投入生产中并创造财富的生产条件和物质统称为资源。遵循这一思路，人们把能推动社会发展和经济运转的人的劳动能力称为人力资源。显然，这是人力资源的宏观定义，是社会学、经济学、人口学等经常使用的概念。与此相对应，企业的人力资源则是一个微观概念，指的是特定社会组织所拥有或潜在可获得的，能推动其发展、实现目标的人的能力的总和。

（二）前厅部人力资源管理

现代企业普遍把人力资源纳入自己的管理范畴，称为人力资源管理。饭店前厅部人力资源管理就是饭店的前厅部门对本部门所需的人力资源进行有效开发、合理利用和科学管理的过程。从开发的角度看，它不仅包括对饭店前厅部人员的智力开发，也包括前厅部人员的思想文化素质和道德觉悟的提高；不仅包括对饭店前厅部人员现有能力的充分利用，也包括对前厅部人员潜在能力的有效挖掘。从利用的角度看，它包括对前厅部人才的发现、鉴别、选拔、分配和合理使用。从管理的角度看，它既包括前厅部人力资源的预测与规划，也包括人力资源的组织、培训和激励机制等。

二、前厅部人力资源管理的任务和功能

前厅部人力资源管理的主要任务是指前厅部的人力资源管理工作主要应完成哪些目标，而功能则是指为了达到这样的目标需要发挥哪些作用。

（一）任务

前厅部人力资源管理的基本任务，就是根据企业战略发展的要求，通过有计划地对本部门人力资源进行合理配置，做好对企业员工的培训和人力资源的开发，采取各种有效措施，激发员工的积极性，充分发挥他们的潜能，做到人尽其才、才尽其用，更好地促进工作效率和经济效益的提高，进而推动企业各项工作的开展，以确保企业战略目标的实现。

（二）功能

为了实现上述任务，前厅部人力资源管理必须发挥如下功能。

1. 获取

获取即获取本部门所需的各种人力资源。为此，首先要设计好组织结构，做好人力资源近期、中期与远期规划；然后要吸引所需人才，做好招聘、考评、选拔、委任与安置等工作，以获取所需的人力资源。

2. 整合

整合即采取各种有效的管理措施，使招录和已获取的人力资源不仅在组织上加入本企业的行列中来，而且在思想上、感情上、心理上认同企业并与企业融为一体。

3. 保持与激励

保持与激励是指对所招录和已获取的人力资源采取适宜的措施，让他们对工作环境和工作条件感到满意，并注重培养、激发他们对工作的积极性、主动性、创造性，使他们保持足够的工作热情。

4. 控制与调整

控制与调整主要是指设立合理而完善的人力资源考评体系并有效地运作。在考评的基础上提出调整计划和方案，如晋升、调迁、解雇、离退、奖励、惩戒等，使员工的个人行为、个人利益与组织目标和利益达到最大限度的协调，以提高组织人力资源的整体水平，适应不断变化的环境要求。

5. 开发和发展

开发和发展主要是指组织为有效地发挥员工才干、提高他们的能力而采取的一系列活动。开发活动的主要环节包括人才发现、人才培养、人才使用与人才调剂。它的目标有两个：一是提高人力资源的质量水平；二是提高员工的活力和创造性。

以上五个方面的功能互相联系、互相制约，贯穿于前厅部人力资源管理的始终。

三、前厅部人员素质要求

（一）仪容仪表

良好的仪表风度、亲切真诚的微笑以及开朗的性格是前厅部员工必须具备的基本条件。前厅部员工应衣着得体，在个人卫生方面有高标准的要求。整洁的仪容、恰到好处的修饰显示出前厅部员工的修养及对工作的信心。

（二）礼节礼貌

在言谈举止方面要注重礼节，待人彬彬有礼，多使用敬语和服从性语言，注重语言艺术，注意肢体语言的礼貌性。

(三) 人际关系与修养

要与人为善，热情好客，善于交际，乐于助人。同时，员工应受过良好的教育及专业训练，谈吐优雅，举止文明，殷勤有礼，能控制自己的情绪。

(四) 责任心与团队精神

学会尊重他人，学会守时，对待他人、对待工作有高度的责任感。在对客服务及与管理人员和其他同事的相处过程中，都能以诚待人，具有良好的团结协作精神。

(五) 品德意识

具有良好的品德素质、服务意识、服从意识和宾客至上意识。

(六) 职业能力

前厅部员工因与客人直接接触，所以要有良好的职业能力，主要表现在以下方面：沟通能力、理解力、应变能力、推销能力、计算机操作能力、文字处理能力等。

阅读材料

管理饭店员工是一门艺术，管理人员除了本身需要掌握更多的管理知识外，还需要不断总结和积累管理经验，同时，还要深入一线不断提高专业技能，因为优秀的专业能力是管理者树立自己的权威之本。国内员工普遍认为自己的领导一定要在各方面都比自己强，否则就不配做领导。因此，管理者的专业权威越强，越能满足所辖员工对权力差距的敬畏感。员工对管理者指令的服从性越高，管理人员在使用行政授权与专业权威时越能相得益彰，这样就能在部门岗位上充分发挥管理效益。

管理人员在管理工作中，要避免在员工心目中的形象成为森林中的"狮子王"——狂野，骄傲，过度强硬，没有亲和力；同时，也要杜绝太在乎部门员工之间保持一团和气而过于温和，失去了对员工不良行为的严厉管理，这样的管理者在员工的眼中就是一只随和的"小绵羊"。一个具有管理能力和技能的管理者既要有坚持原则、不迁就员工错误行为的工作魄力，又要善于对员工的良好表现进行夸奖和赞美。如何形成自己独特的管理风格和人格魅力，是每个饭店管理者都应该认真思考，并在每一天的工作当中具体实践、认真对待的问题。

任务二 开展前厅部员工的招聘与培训

案例导入

饭店的李先生是一位工作热情很高的培训经理,可当大家讨论到如何组织专题培训时,他却担忧起来。原来,不久前他花费许多精力,经过多方联系,终于找到了在全国饭店业都非常知名的高教授来饭店做培训讲座。高教授是到当地出差的,临时接下了这项培训任务,于是就根据自己的研究方向给饭店全体员工做了企业文化建设专题讲座。高教授渊博的知识、幽默的语言、高超的授课技巧给大家留下了深刻的印象,课堂气氛非常活跃,员工反映良好。小李也为成功地举办了这次活动而感到欣慰,不过,为这次培训,饭店也支出了不少的费用。当小李要面对培训项目评估时却有些为难了,说心里话,他并没有发现这次培训带来了多大的实际收益,企业员工的士气和凝聚力几乎与以前没有什么两样。

1. 花这么多钱开展这样的培训值得吗?
2. 培训实际收益不高的原因在什么地方?
3. 培训的作用是什么?

一、前厅部员工招聘

不同的岗位规定了其相应的岗位职责和任职资格,前厅部门的人员招聘就应该依据各部门的岗位要求和任职资格,考查应聘者的基本素质和资格,做出招聘录用决策。

(一)员工招聘的途径

1. 广告招聘

广告招聘即饭店通过当地、全国性或国际性的报纸杂志、广播、电视等各种媒体刊登招聘广告,面向社会公开招聘员工。这一招聘方式是目前饭店业较常用的方式,优点是选择面广、影响力大,在招聘员工的同时也宣传了饭店自身的形象和实力,但是招聘工作所耗费的资金、时间相对较多,所招聘的人员社会背景较为复杂,相当一部分缺乏饭店工作所需的技能和经验,需要经过相应的职业培训才能够上岗工作。这一招聘方式适合于饭店开业或扩大经营规模时采用。

2. 通过互联网招聘

饭店可在国际互联网上发布招聘信息,吸引世界各地的专业人员。近年来这一方法随着网络电子商务的发展而越来越普及。我国目前大多数网站都建立了人才交流专栏,便于用人单位和闲置人才的交流。这一方式的特点是成本低、见效快，应聘人员素质较高，可跨地区、跨国界招聘，适用于招聘饭店中的高层管理人员。这是国际饭店业招聘专业人才的主要方法之一，而且在中国饭店人员招聘工作中也逐渐起到越来越大的作用。

3. 向相关院校招聘

前厅部是饭店中对员工素质要求较高的部门，尤其是预订、接待、总机、值班经理等岗位，对员工的语言、应变等能力都有很高的要求，因此饭店通常从大中专学校中招聘语言和综合能力较强的优秀毕业生负责前厅部各岗位的工作。

4. 通过专业机构招聘

通过专业机构招聘即通过专门的劳务或人才市场，面向社会招聘所需员工，这也是目前饭店业及很多行业招聘员工的主要渠道。同广告和网络招聘相比，这一方式能使招聘者和应聘者直接面对面交流，招聘者可以较为全面客观地考察应聘者的综合素质，选拔出符合饭店要求的应聘人员，节省大量的资金和时间。

5. 通过猎头公司招聘

通过猎头公司招聘即通过专门的人力资源获取机构，利用各种优厚的条件吸引人才加盟。起初，各饭店大多利用私人关系运作，近年来则通过专业的人事公司招聘专业人才。饭店将招聘要求告知人事公司，由人事公司负责搜集符合条件的人员资料，经饭店审核认可后，再由人事公司安排饭店与招聘对象接洽，最终完成招聘。很多新开业饭店常通过这一途径招聘中高层管理人员。

6. 内部招聘

虽然管理者可以从饭店外部招聘优秀人才，但从饭店前厅部或其他部门内部选拔人才也是许多饭店招聘人才的重要手段，尤其是各部门各级管理人员的招聘更应该首先考虑从本部门员工中招聘。内部招聘可以有效地激励员工，提高员工的工作积极性，培养员工对饭店的忠诚度，增强饭店的凝聚力。但内部招聘受企业本身和组织文化影响，也有一定的局限性，如申请者思想观念容易固化、管理理念创新不强等。

（二）招聘的过程

1. 确定招聘岗位及数量

前厅部门由于人员流动或组织调整会出现人员不足的情况，各部门、各岗位管理人员应根据本部门的实际运营需要，确定空缺职位和所需招聘人员的数量。

2. 制作和发布招聘广告

人力资源部门依据所聘岗位的职责和资格要求制作招聘广告。饭店通过报纸、广播、电视、网络、公共信息牌等各种宣传途径对外发布招聘信息，吸引应聘者。招聘广告应主题明确，内容真实明了，用词简洁通俗，易于应聘者理解。招聘广告应明确说明所招聘的具体岗位和对应聘人员的资格要求。合格的招聘广告应明确给出所招聘岗位的工作范围、工作内容、工作条件、工资福利待遇、人员基本素质要求等内容。

另外，由于广告费用的多少取决于广告所占的时间或版面，所以广告用语应尽量简洁，避免冗长含糊，力求以最少的文字传达最多、最明确的信息，充分发挥广告宣传的作用。

3. 初选

人力资源管理部门及前厅部有关人员共同对应聘者资料进行整理和筛选，确定基本符合应聘资格的初选对象。应聘申请者应提供个人简历、相关学历证书和经历证明的复印件，以及其他各种职称、技能证书的复印件。选择通常是以应聘者的个人简历（包括经历、学历、技能等，以相应证书或证明为凭）是否符合饭店的要求、相关证明文件是否真实为标准。

4. 面试

由初选选出的符合饭店招聘要求的应聘人员要参加面试，以考查应聘者的性格、应变能力及个人综合素质。

主持面试的人员一般包括饭店人力资源管理部门及相关部门、岗位的管理人员，以考查应聘者是否适合特定工作岗位的要求。面试的方式多种多样，有结构化面试和非结构化面试，有时还辅之以心理和能力测评等，面试经常使用面试考核清单。

5. 汇总面试结果，安排体检

完成对应聘者的综合测试之后，由参与测试的人员共同评定每位应聘者的综合得分，按一定比例选择成绩优秀者参加体检。因为饭店业属于服务性行业，所有从业人员必须保证身体健康，无任何传染性及其他不适合服务性工作的疾病，持"健康证"才能上岗工作。

6. 录用

饭店人力资源管理部门和前厅部共同根据面试、体检结果，择优录用面试成绩优秀、身体健康、具有良好的人际沟通能力和高度敬业精神、能够胜任本职工作、具备良好发展潜力的优秀人才，并以书面及电话形式通知被录用人员办理录用手续。

知识链接

如何进行有效面试

（一）初选

对于应聘资料要进行初步筛选，把不合格的简历排除掉。有时应聘人员会很多，如果每一个人都面试，会浪费很多的时间和精力。对于关键岗位候选人的简历要进行备注，对有疑问的地方要做好记录。

（二）设计面试问题及评价表格，选择面试人员

针对不同的应聘人员要设置不同的面试人，有时需要人力资源部和专业技术人员参加，有时需要部门经理参加。对于公司需要的高级人才，有时需要公司最高领导者亲自面谈。

（三）选择面试方式

各企业面试方式有所不同，有些企业会对候选人进行笔试和素质测评，有些企业可能会进行情景演练和实际操作。面试时要注意以下几个问题：首先是应聘人的道德品质，"德者，事业之基，未有基不固而栋宇坚久者"，没有好品质，就不可能做好工作；其次要考虑应聘人的能力是否能够胜任所聘岗位；最后要考虑应聘人与公司企业文化的匹配度。

二、前厅部员工培训

（一）员工培训的含义

饭店员工培训是指饭店通过各种方式使员工具备完成现在或者将来工作所需要的知识、技能，以改善员工在现有或将来职位上的工作业绩，并最终实现企业整体绩效提升的一种计划性和连续性活动。

培训从效果上看具有短效和长效之分。前者更多的是一种实现短期目标的行为，目的是使员工掌握当前所需的知识和技能，例如餐厅服务员摆台、点菜的技能技巧培训，饭店新员工的入职培训，礼貌礼仪培训等。而后者则更多的是一种实现长期目标的行为，目的是使员工掌握将来所需的知识和技能，以应对将来工作所提出的要求。这两者的实质是一样的，都是要通过改善员工的工作业绩来提高企业的整体绩效，只是关注点有所不同，一个关注现在，而另一个更关注将来。

准确理解培训的含义，需要把握以下几个要点。

1. 培训的对象是饭店的全体员工，而不只是某部分员工

这并不意味着每次培训的对象都必须是全体员工，而是说应当将全体员工都纳入培训体系中来，不能将有些员工排斥在培训体系之外。

2. 培训的内容应当与员工的工作有关

与工作无关的内容不应当包括在培训开发的范围之内。此外，培训的内容还应当全面，与工作有关的各种内容都要包括进来，如专业知识、专业技能、工作态度、饭店的战略规划以及饭店的规章制度等都可作为培训内容。

3. 培训的目的是改善员工的工作业绩并提升饭店的整体绩效

应当说这是饭店进行培训的初衷，也是衡量培训工作成败的根本性标准，如果不能实现这一目的，培训工作就不能算是成功的。

4. 培训的实施主体是饭店，也就是说培训应当由饭店来组织实施

有些活动虽然客观上也实现了培训的目的，但是实施主体并不是饭店，因此不属于培训的范畴。例如，员工进行自学，虽然同样会改善工作业绩，但不能等同于培训。如果这种自学是由饭店来组织实施的，那么就属于培训。

（二）员工培训的意义

很多国内、国际饭店或饭店集团之所以重视培训开发工作，是因为培训开发工作具有非常重要的作用和意义，这主要表现在以下几个方面。

1. 培训有助于改善饭店的经营管理成果

饭店经营管理目标的实现是以员工个人绩效的实现为前提和基础的，有效的培训工作能够帮助员工提高知识和技能水平，增进他们对企业战略、经营目标、规章制度以及工作标准等的

理解，从而有助于改善他们的工作业绩，进而提高饭店的经营效益。

2. 培训有助于增进饭店的竞争优势

构筑自己的竞争优势，是所有饭店在激烈的竞争中谋求生存和发展的关键所在。当今时代，随着知识经济的迅猛发展和科学技术的突飞猛进，饭店的经营环境日益复杂多变，通过培训，员工可以及时掌握新的知识、新的技术，增强饭店的竞争优势。

3. 培训有助于增强员工的满足感

对员工进行培训，可以使他们感受到饭店对自己的重视和关心，这是增强其满足感的一个重要方面。此外，对员工进行培训，可以提高他们的知识技能水平，而随着知识技能水平的提高，员工的工作业绩能够得到提升，这有助于他们获得成就感，也是增强其满足感的一个重要方面。

4. 培训有助于培育饭店的企业文化

学者们的研究表明，良好的企业文化对员工具有强大的凝聚、规范、导向和激励作用，这些对饭店来说有着非常重要的意义，因此，很多饭店越来越重视企业文化建设。作为饭店成员共有的一种价值观念和道德准则，饭店的企业文化必须得到全体员工的认可，这就需要不断地向员工进行宣传教育，而培训就是其中一种非常有效的手段。

（三）前厅部员工培训的内容

1. 入职培训的内容

培训的意义在于传播企业文化，提高员工个人素质和技能操作水平，提升服务质量，强化职业安全感，促进员工个人发展。饭店对于新进员工的入职培训主要是为了让员工上岗前对工作环境和要求有比较全面的了解，其分为两个部分：由人力资源部进行的普识类培训和由前厅部进行的工作培训。

入职培训主要包括如下项目：

（1）饭店从业人员职业道德、服务意识；

（2）饭店的各类规章制度，包括员工手册；

（3）旅游和饭店业的基本知识；

（4）本饭店介绍，如饭店历史、饭店部门划分、饭店管理人员、饭店服务项目等；

（5）仪容仪表和接待礼仪；

（6）安全消防知识。

针对前厅部的特点，一般的培训内容有：

（1）部门内工作网络与衔接；

（2）岗位职责；

（3）工作程序与操作标准；

（4）岗位计算机操作系统；

（5）外语。

2. 技能培训的内容

技能培训是前厅部员工培训的重要内容，主要任务是对受训者所具有的工作能力加以提升，其目标是要解决"会"的问题。技能培训针对前厅部各岗位员工实施，目的是促使他们掌握本岗位工作所需的业务技能。培训内容通常有较强的专业性和针对性，适用于特定岗位的工作需求，不同于能适用于任何部门和岗位的一般性培训，例如，前厅接待处和客房预订处的客房销售技巧培训、问讯和总机岗位客人来访程序培训以及旅游团队等团体接待程序培训等。这些培训都是在员工已具备一定对客服务经历的前提下实施的，能促使他们的专业技能和服务水平达到一个新的高度。保证员工受到适当的培训是前厅部经理的主要职责之一，这并不是说经理一定要做培训老师，实际培训工作可以交给培训老师、部门里的主管甚至是优秀的员工，然而，前厅部经理应负责部门内外培训计划的实施。绝大多数经理和培训员都知道，培训的目标是帮助员工获得做好工作的技能，但是许多经理和培训员都不知道培训的最佳方法，他们常需要一个培训框架。

3. 培训的流程

前厅部的员工培训必须具有高度的计划性，按照程序按部就班地实施。

（1）了解培训需求，确定培训主题。

前厅部经理和各岗位主管应加强对员工的管理和对对客服务流程的控制，及时发现员工工作中存在的缺陷和不足，了解客人不断变化的需求和饭店服务程序中的问题，并以此作为培训员工的契机，确定各岗位培训的主题，有针对性地进行培训准备。

例如，某饭店客人近期对总机话务员服务态度和礼貌用语有较多意见和投诉，前厅部经理及时了解到这一情况后责成总机主管尽快整改，并以此为契机，在前厅部开展了以"提高职业道德水平，微笑礼貌服务"为主题的素质培训。

再如，前厅部经理调查同期客人投诉发现，客人对一些骚扰电话的投诉占较大比例。通过仔细分析，发现总机话务员转接客人电话的工作程序存在漏洞，缺乏对客人外线电话的过滤和控制。针对这一情况，前厅部管理人员对前厅各个岗位的工作和服务程序都重新进行了分析和评估，修补了其中存在的漏洞，并对服务程序进行了相应的调整和修改，接着开始培训员工掌握新的程序。

（2）制订培训计划，确定培训目标。

在确定了培训主题之后，前厅各级管理人员必须制订切实可行的培训计划，确定培训目标。培训计划应包括培训负责人员、参加培训对象、培训主题和主要内容、培训计划时间、培训目标和考核办法等内容。培训目标难度适中，既要具有可行性，也要具有挑战性，确保员工经过努力能够达到。培训目标应考虑到员工短期、中期、长期的不同发展，循序渐进，逐步实现。

（3）选择培训方式，确定培训内容。

培训计划制订之后，应由培训实施人员确定培训的主要内容，准备相关的培训材料，确定培训的方式和场地。

培训内容应紧密结合培训主题和实际需要，保证实用、实际、实在，相关资料应全面翔实，通俗易懂。前厅部的培训内容主要包括饭店基本常识（主要产品和服务项目、收费标准、营业时间等），饭店从业人员职业道德，外事接待礼仪，各部门、各岗位业务技能、服务程序，各类服务设施设备的使用与维护，计算机操作，保安消防以及服务用语等知识，既包括完成本岗位工作所需的知识与技能，也涉及不同岗位、部门间的知识与技能。以前厅部培训为例，接待、预订、问讯等岗位员工不仅要接受本岗位的专业培训，同时还要接受几个不同岗位间的交叉培训，以掌握多种服务技能，胜任多个工作岗位。

饭店外派员工参加的岗前培训和脱产培训大多安排在饭店以外的专门机构或场所进行，而饭店组织的岗前知识和职业道德培训及各部门组织的业务培训基本在饭店内部完成，前厅部的在职业务培训大多直接在业务岗位上进行实际演示和说明。

（4）召集培训人员，实施培训作业。

培训组织人员根据拟定的培训计划，通知、召集参加培训人员。开始培训前应向参加培训的员工充分说明培训的必要性和对他们个人发展的益处，提高他们参加培训的积极性和主动性。培训应注意避免使用过分死板生硬的方法，培训材料应以文字材料为主，由培训实施人员讲解和辅导，帮助被培训员工在计划时间之内完成培训计划，达到培训目标。

（5）考核受训员工，检验培训结果。

培训计划完成后，由培训实施人员对参加培训的员工进行考核：合格者予以奖励；不合格者要再次接受培训，并在限期内达到培训目标；若再次考核不合格者则可考虑调换其他工作。

培训组织者还应对培训效果进行相应的评估：培训目标的设定是否符合饭店、前厅部和员工的实际情况；培训方法是否有利于员工掌握培训内容；培训是否取得了预期的效果。假如答案是肯定的，就应该总结成功经验以指导以后的培训工作；假如答案是否定的，就必须认真分析原因，调整并纠正培训过程中的偏差，防止今后的培训工作再犯类似错误。

 **知识链接**

怎样写培训授课方案

前厅部的基层管理人员或部门经理在从事服务、管理的同时，还肩负着培养新员工的责任。当有新入职的员工时，岗位培训不可或缺，这种培训有时可请老员工以师傅带徒弟的方式进行，但管理人员的有效参与和指导也是十分重要的。

如何给新员工上一堂培训课？令人满意的结果来自良好的方案。上课前先要进行备课，即针对授课对象和实际情况准备上课的内容、方式等。制定了完整的授课方案，可以使授课不失条理、重点突出。

一堂课或一次课的培训/授课方案形式可以多样，如表格式、文字描述式，但通常包括以下方面的内容。

（1）授课主题：要培训的内容是什么。

（2）教学目标：通过授课，希望学员学到什么知识、掌握什么技能，或有什么收获等。

（3）授课者：培训教师。

（4）授课对象：对象特征和人数，如"前厅部新入职员工5人"。

（5）授课时间及课时数：本部分内容需多少时间授课，以及上课的具体时间。在饭店中的培训，一般以1小时为1个授课课时。具体时间要确定到"分"，如2016年8月5日上午9：00～下午1：30。

（6）教学重点及难点：列出教学重点与难点，可以帮助学员更好地理解与掌握这些学习内容。

（7）授课地点：说明在哪里进行培训，例如"饭店培训教室"。

（8）教具要求：说明授课时需要的辅助设备及物品，如投影仪、电脑、白板等。

（9）教学方法：建议授课时多种教学方法相结合，以提高学员的兴趣，提升学习效果。通常的教学方法有：讲授、讨论、案例分析、操作示范、角色扮演、游戏、多媒体视听等。

（10）教学过程及内容：这部分是授课计划的核心，具体说明准备如何上课，先讲什么后讲什么，何时该提问及问什么问题，何时请学员讨论或游戏，何时做总结及如何总结等。

（11）思考或评估：对学员提出思考要求，可以问题的形式来表现，或以测试的方式来评估学习效果。

以上只是培训方案的参考，培训者可以创新地安排授课，最终目标是使培训实现良好的预期与目的。学会并掌握培训新员工的方法，也是"前厅高级服务员"国家职业资格考试的考核内容之一。

任务三　实施前厅部员工的评估与激励

案例导入

特别的激励方式

一大早饭店门前，前厅部的全体员工列成两排，服装统一、整齐，挺身直立，双手后背，眼睛平视有神。一位主管昂首挺胸，姿态端正，从容地从他们面前走过，一边走一边用洪亮的嗓音说道："早上好！"员工也立刻整齐而响亮地回应："早上好！"他来到队伍的正前方，站定，用5分钟的时间宣布当天的工作安排和注意事项，并鼓励大家保质保量地完成。之后，他亲自带领大家做了一套轻松而简单的健身操。最后，他再一次用洪亮的声音喊出一串响亮的口号："××（饭店名称），××！我为人人！××，××！勇往直前！"所有员工也用饱满洪亮的声音跟着他喊，他喊一遍，员工集体喊一遍，一共喊了三遍，引来许多行人驻足观看。当主管宣布"完毕"后，所有员工整齐地回到了饭店，开始一天的工作。当问到一些员工怎么看待这样的活动时，有的说很好，能够加强和明确当天工作的重点；有的则认为这样的方式新鲜时尚；还有一些人认为这种方式比较适合于西方，稍显做作。

思　考
1. 上述案例中的活动形式通常的名称是什么？
2. 这种活动形成制度有没有必要？请具体分析说明。

一、如何评估员工

员工评估是饭店和部门按照一定的程序和方法，依照管理者预先确定的内容和标准对员工德、能、勤、绩等方面进行的考查和评价。定期或不定期地对前厅部员工的工作表现进行考评，旨在衡量员工优点、特点和工作能力，是了解员工的重要依据，也是推动员工努力工作的重要动力。对员工的考评依据各岗位的"岗位职责"或"工作说明书"进行，从而对员工履行岗位职责的情况进行评估。工作评估的方法很多，一般有以下几种。

（一）员工自我考评

员工自我考评是在考评期内，员工本人按照岗位职责、工作程序和标准进行总结和鉴定。

（二）管理人员评价

管理人员评价是由两名以上熟悉被考评员工工作的管理人员组成评价小组对员工工作进行考评，或由员工所在组织的组员对其在考评期内的工作表现进行考评。

（三）比较式考评

比较式考评主要是按照考评内容和标准，对员工进行相互比较、相互对照而得出比较性的考评结果，相同职务的员工较适用于比较考评。

（四）目标考评

目标考评根据被考评人员完成工作的目标情况来进行。管理人员应事先与被考评人就需要完成的工作内容、时间期限、考核标准进行沟通并达成一致，在期限结束时，依照原先制定的考核标准进行考评。

（五）综合考评

综合考评一方面是指对员工在考评期限内各方面的表现做全面的综合评价，另一方面是将各类考评方法进行综合应用，以提高考评结果的客观性和可信度。

二、如何激励员工

员工激励是管理者激发员工的工作积极性、能动性和创造性的过程。有些前厅员工具有较高的素质和较好的服务技能，但在工作中却缺乏积极性、能动性，以致影响服务质量，这可以说是组织缺乏激励的表现。这就需要管理人员运用激励方法，很好地激发员工的工作潜能。激励的方法总体可分为正面激励和负面激励两大类。

（一）正面激励

1. 认可激励

客人、管理人员及同事的表扬都是强大的推动力。当客人对前厅部员工的工作给予表扬时，前厅部管理人员应及时地转告员工，作为对其工作的认可。前厅部还可以对受到客人表扬的员工给予物质或精神奖励，如评选"服务之星"并予以表彰，给被表扬的前厅员工发一定数额的奖金等，有的饭店会给表现优秀的员工发放饭店餐厅用餐券等消费券作为激励。

2. 沟通激励

沟通激励是指管理人员通过传递各种信息，使员工随时了解饭店或部门有关管理或运转情况，这能使员工感受到饭店对其的尊重，从而使他们产生更强的归宿感和成就感。前厅部可通过设立告示栏、举办班前会等方式保持与员工的良好沟通。告示栏可以张贴前厅部的工作安排或工作提示、备忘录、通告等，也可以将饭店的特殊活动、培训通知以及员工生日等有关信息通过图文并茂的形式进行展示。

3. 培训激励

对员工实际工作和个人发展有益处的各类培训也是一种激励。培训能告诉员工管理人员非常注重为他们提供必要的指令和指导，以保证他们的成功。饭店部门间的交叉培训对前厅部管理层和普通员工双方都有裨益。对管理者来说，交叉培训能增加工作安排的灵活性；对员工来说，交叉培训也是掌握其他工作技能的机会。由于交叉培训能使员工执行数种工作职能，为员工的职业成长创造了良好条件，因此，它也被视为宝贵的激励工具。

4. 情感激励

情感激励具有强大的凝聚力，有助于形成团队精神。情感激励是指管理人员通过与员工建立真挚感情，获得员工的信任，使员工产生归属感，从而达到推动工作有效开展的目的。情感激励包含着管理者对员工的关怀、对员工的尊重以及自身的榜样示范，这对前厅部经理和基层管理人员来说是一个挑战。

（二）负面激励

负面激励也是饭店前厅部常用的激励方法，如针对犯有错误、过失或因违反饭店规章制度而对饭店造成经济损失和败坏饭店声誉的员工，分别视严重性给予警告、经济处罚、降职、降级、留用察看甚至开除等处罚。这些手段虽然带有强制性、威胁性，但有助于饭店树立正气。要注意的是，滥用惩罚不仅不能起到激励作用，反而会带来消极影响，所以惩罚要合理、恰当，还要把握公平的尺度。

将正面激励和负面激励相结合，可以较好地起到扶正祛邪的效果，对形成良好的工作氛围、推动员工努力工作有积极作用。在前厅管理中，应坚持以正面激励为主、负面激励为辅的原则。

阅读材料

百度员工的激励

百度公司在创业初期，为了激励公司员工更好地为公司发展充分发挥自己的智慧和才干，对业绩突出的高层管理者及中层管理者给予一定的公司期权千分比（相当于公司的年度纯利润的千分之几）作为激励奖金，从而使员工真正将公司看成自己的公司去努力，去拓展，公司各部门之间的运作协调也更紧密，更高效，最终公司从上到下形成了一种团结一心、目标一致、共同努力的高效企业氛围，公司的发展走向了良性循环轨道。

百度在美国上市后，公司又进行新的调整，把原有的"期权"持有权改为"股票"持有权。第一天股票上市一路飙升至原发行股的253%收盘，出现了媒体登出的《百度上市一夜之间创造数十名百万富翁》的新闻，这进一步将公司的兴衰成败紧紧地同每位员工的切身利益联系在一起，更好地激励每一名员工为公司的发展做出更大、更好的贡献。

项目小结

人是经营之本，一切管理行为都要通过员工贯彻落实，因此，无论是管理部门还是管理者都需要在人力资源管理观念和技巧方面具有扎实的功底。前厅部是饭店服务的中心，前厅部的人力资源管理工作直接关系着整个饭店的经营管理状况。前厅部作为饭店服务工作的中心，是饭店形象的突出标志，所以有效的人力资源及制度管理对这一部门至关重要。本项目介绍了前厅部人力资源管理的基本概念，分析了前厅部员工招聘的方法、员工培训的内容和流程，提出了员工评估和激励的措施。

综合能力训练

基本训练

一、思考

1. 简述前厅部人力资源管理的含义。
2. 简述前厅部员工的基本素质要求。
3. 员工招聘主要有什么途径？
4. 简述前厅部员工的培训内容与流程。
5. 谈谈如何做好前厅部员工的激励工作。

二、案例分析

林肯电气公司的激励方法

林肯电气公司年销售额为44亿美元，拥有2 400名员工，多年来形成了一套独特的激励员工的方法。

林肯电气公司的生产工人按件计酬,他们没有最低小时工资。员工为公司工作两年后,便可以分享年终奖金。该公司的奖金制度有一整套计算公式,全面考虑了公司的毛利润及员工的生产率与业绩,可以说是美国制造业中对工人最有利的奖金制度。在过去的 56 年中,平均奖金额是基本工资的 95.5%,该公司中相当一部分员工的年收入超过 10 万美元。近几年经济发展迅速,员工年均收入为 44 000 美元左右,远远超出制造业员工年收入 17 000 美元的平均水平。在不景气的年头里,如 1982 年的经济萧条时期,林肯电气公司员工收入降为 27 000 美元,这虽然相比其他公司还不算太坏,可与经济发展时期就差了一大截。

公司自 1958 年开始一直推行职业保障政策,从那时起,他们没有辞退过一名员工。当然,作为对此政策的回报,员工也相应要做到以下几点:在经济萧条时他们必须接受减少工作时间的决定;接受工作调换的决定;有时甚至为了维持每周 30 小时的最低工作量,而不得不调整到一个报酬更低的岗位上。

林肯电气公司极具成本和生产率意识,如果工人生产出一个不合标准的部件,那么除非这个部件修改至符合标准的部件,否则这件产品就不能计入该工人的工资中。严格的计件工资制度和高度竞争性的绩效评估系统,形成了一种很有压力的氛围,有些工人还因此产生了一定的焦虑感,但这种压力有利于生产率的提高。据该公司的一位管理者估计,与国内竞争对手相比,林肯电气公司的总生产率是其他公司的两倍。自 20 世纪 30 年代经济大萧条以后,林肯电气公司年年获利丰厚,前不久该公司的两个分厂被《财富》杂志评为全美十佳管理企业之一。

思考题:
1. 你认为林肯电气公司使用了何种激励来调动员工的工作积极性?
2. 为什么林肯电气公司的方法能够有效地激励员工?
3. 你认为这种激励制度可能给公司管理者带来什么问题?

•••• ••••• ••••• 技能训练 ••••• ••••• ••••

一、任务名称

撰写培训方案。

二、任务目标

假设你是一名前厅部主管,要对新员工开展入职培训。请选择一个前厅工种及一项培训主题,编写一份两课时的培训方案(可通过填写下表完成)。

培训方案

授课主题	
教学目标	
授课者	
授课对象	
授课时间及课时数	
教学重点及难点	
授课地点	
教具要求	

培训方案

续 表

教学方法	
教学过程及内容	
思考或评估	
备注	

三、任务实施

1. 对所教班级进行分组,每组 6~8 人为宜。
2. 小组内进行任务分工、讨论并完成培训方案。
3. 选出一名代表发言汇报,要求主题突出,简明扼要,语言表达清晰流畅。
4. 老师适时指导。
5. 时间:2 周。

四、成果考核

1. 完成培训方案编写。
2. 教师根据学生表现及培训方案编写情况计分,并纳入平时成绩。

参考文献

[1] 孟庆杰. 前厅与客房管理 [M]. 北京：旅游教育出版社，2008
[2] 孙茜. 饭店前厅客房服务与管理 [M]. 北京：旅游教育出版社，2008
[3] 王赫男，郭亚军. 前厅部运营管理 [M]. 北京：电子工业出版社，2009
[4] 吴希敏，孙诗靓. 前厅服务与管理 [M]. 北京：北京师范大学出版社，2010
[5] 黄志刚. 前厅服务与管理 [M]. 北京：北京大学出版社，2012
[6] 滕玮峰. 酒店前厅实务 [M]. 南京：南京师范大学出版社，2012
[7] 陈的非，刘秀珍. 饭店前厅服务与管理 [M]. 北京：中国轻工业出版社，2012
[8] 赵燕兰. 前厅客房服务与管理 [M]. 西安：西安交通大学出版社，2012
[9] 谭金凤，唐继旺. 前厅与客房服务实训教程 [M]. 北京：北京师范大学出版社，2011
[10] 阚志霞，黄志刚，汪锋. 前厅客房服务与管理 [M]. 北京：国防工业出版社，2012
[11] 曹红，方宁. 前厅客房服务实训教程 [M]. 北京：旅游教育出版社，2009
[12] 廖建华. 前厅客房服务与管理 [M]. 大连：大连出版社，2012
[13] 时永春. 前厅服务技能与实训 [M]. 北京：清华大学出版社，2012
[14] 谢荣平. 前厅与客房服务 [M]. 北京：北京师范大学出版社，2010
[15] 钟志平. 饭店管理案例教材 [M]. 北京：中国旅游出版社，2010
[16] 王春林. 饭店管理沟通实务与技巧 [M]. 北京：中国旅游出版社，2012
[17] 吉根宝. 酒店管理实务 [M]. 北京：清华大学出版社，2011
[18] 易钟. 酒店管理工具箱 [M]. 北京：机械工业出版社，2013
[19] 王大悟，司马志. 酒店管理实践案例精粹 [M]. 北京：中国旅游出版社，2009
[20] 赵涛. 酒店管理制度表格流程规范大全 [M]. 北京：电子工业出版社，2012
[21] 李雯. 酒店管理职位工作手册 [M]. 北京：人民邮电出版社，2012
[22] 何加红. 酒店管理英语 [M]. 北京：首都经济贸易大学出版社，2012
[23] 周鸿. 酒店管理工作细化执行与模板 [M]. 北京：人民邮电出版社，2011
[24] 梭伦. 新编酒店员工培训教程 [M]. 南京：江苏美术出版社，2013
[25] 胡兵，林玲，郭淑芳. 酒店管理实例与问答 [M]. 广州：广东经济出版社，2013
[26] 陈文力. 酒店管理信息系统 [M]. 北京：机械工业出版社，2012
[27] 石应平，冷奇君. 酒店管理信息系统实务 [M]. 北京：高等教育出版社，2011
[28] 陈安萍. 酒店财务管理 [M]. 北京：中国旅游出版社，2012
[29] 郭一新. 酒店前厅客房服务与管理实务教程 [M]. 武汉：华中科技大学出版社，2010
[30] 袁照烈. 酒店前厅部精细化管理与服务规范 [M]. 北京：人民邮电出版社，2011